W0367925

Der Autor

Dr. Michael Fröhlich, geb. 1960 in Dortmund, studierte Geschichte und Anglistik in Münster; mehrere Jahre Wissenschaftlicher Angestellter des Instituts für Zeitgeschichte, München; Mitarbeit an der Edition ›Akten zur Auswärtigen Politik der Bundesrepublik Deutschland‹. Veröffentlichungen u. a.: ›Von Konfrontation zur Koexistenz. Die deutsch-englischen Kolonialbeziehungen in Afrika zwischen 1884 und 1914‹ (1990); ›Von der Besatzung zur Souveränität. Die Vor- und Frühgeschichte der Bundesrepublik Deutschland (1945–1955)‹ (1993).

Deutsche Geschichte der neuesten Zeit
vom 19. Jahrhundert bis zur Gegenwart

Herausgegeben von Martin Broszat,
Wolfgang Benz und Hermann Graml
in Verbindung mit dem Institut für Zeitgeschichte, München

Michael Fröhlich:
Imperialismus
Deutsche Kolonial- und Weltpolitik
1880–1914

Deutscher
Taschenbuch
Verlag

Originalausgabe
Januar 1994

Umschlagtypographie: Celestino Piatti
Vorlage: Großkampfschiff ›Posen‹ im Jahre 1912
(Bilderdienst Süddeutscher Verlag)
Satz: IBV, Berlin
Druck und Bindung: C. H. Beck'sche Buchdruckerei,
Nördlingen
Printed in Germany · ISBN 3-423-04509-4

Inhalt

Während im südlichen Afrika der Burenkrieg tobt, England über eine strategische Überbürdung klagt und sich nicht nur Rußland und Frankreich als unangenehme Teilnehmer im Wettrennen um überseeischen Besitz und Einfluß präsentieren, sondern auch das Deutsche Reich, publiziert der Schriftsteller Joseph Conrad im Jahre 1900 einen Roman mit dem schlichten Titel ›Lord Jim‹. Der Leser begegnet darin zwei unterschiedlichen deutschen Charakteren, die von Wissenschaftlern[1] als Repräsentanten der »two Germanies« interpretiert werden. Da ist zum einen der Kapitän der ›Patna‹, der dem Seeoffizier Jim als Personifikation des Destruktiven erscheint, brutal, heimtückisch, bar aller Fürsorge für die ihm Anvertrauten, ein Mann, der nicht selten eine »Blut- und Eisenmiene« an den Tag legt. Der Kapitän ist sozusagen eine »Holding« negativer Deutschlandklischees. Aber im 19. Jahrhundert und auch im Zeitalter des Imperialismus ist das Deutschlandbild nicht einheitlich, sondern von Abneigung wie von Germanophilie geprägt. Daher dürfte es den literarisch Interessierten nicht überrascht haben, auf einen zweiten Charakter zu stoßen, der sich in allem von dem Kapitän angenehm abhebt. Der Bayer Stein wird als vermögender Kaufmann vorgestellt, sein Gesicht trägt Züge von Wohlwollen, Intelligenz, ja von Gelehrsamkeit. Zudem kann er auf eine bewegte Biographie zurückblicken: 1848 nahm er an der Revolution teil, mußte fliehen und brachte es trotz allem zu Reichtum und Ansehen. Kurzum: ein angenehmer Gesprächspartner, wissenschaftlich interessiert und sogar in der Lage, die Literatur zu zitieren.

Wann auch immer dieses zwiespältige Deutschlandbild entstanden sein mag, in der ersten Hälfte des 19. Jahrhunderts oder erst in der Bismarckzeit, die Experten sind sich darüber einig, daß es nicht die Reichsgründung gewesen ist, die das Pendel schließlich ins Negative ausschlagen ließ. Entscheidend waren die Ereignisse der neunziger Jahre und ihre Folgen, also der Eintritt in die »Weltpolitik« und der Beginn des Schlachtflottenbaus. Dieses Konfliktpotential spiegelt sich in der Literatur und in anderen Publikationen. 1902 erscheint ›The Enemies of England‹ von George Peel; genannt werden das historische Holland, Spanien und Frankreich, ausführlich

[1] Vgl. Günther Blaicher, Das Deutschlandbild in der englischen Literatur. Darmstadt 1992, S. 160f.; Bernd-Jürgen Wendt (Hrsg.), Das britische Deutschlandbild im Wandel des 19. und 20. Jahrhunderts. Bochum 1984, S. 34f.

erörtert dagegen wird die aktuelle Bedrohung durch das Deutsche Reich.

Diese Perzeption hat Entsprechungen auf deutscher Seite. Nationalismus und Imperialismus haben beiderseits des Kanals und als europäische, ja globale Phänomene entlang vieler Grenzen Feindbilder produziert und in ihren unterschiedlichen Ausprägungen nicht nur die Rhetorik bestimmt. Die imperialistische Öffentlichkeit läßt es sich keineswegs nehmen, ihrerseits auf die Außenpolitik einzuwirken. Allerdings: Niemandem werden Nationalismus und Imperialismus oktroyiert. Es mag schwerfallen, sich den Flottenenthusiasmus ohne Tirpitz und Wilhelm II. vorzustellen, noch schwerer aber ist es, über die Begeisterung der Massen hinwegzusehen. Das gilt nicht weniger für die konturlose deutsche »Weltpolitik«, die von Staatssekretär Bülow in seiner berühmten Reichstagsrede am 6. Dezember 1897 rhetorisch wirkungsvoll artikuliert, aber keineswegs erst zu diesem Zeitpunkt in das allgemeine Bewußtsein verpflanzt wird.

So problematisch der sich einer präzisen Definition entziehende Imperialismusbegriff auch ist, deutsche Spezifika sind im internationalen Vergleich unschwer auszumachen. Bis 1914 findet sich in der ausländischen Publizistik häufig das wenig schmeichelhafte Attribut des »Nachzüglers«. Daran läßt sich schon in den achtziger Jahren nichts mehr ändern; das Reich ist beim »scramble«, bei der Jagd nach Einfluß und Besitz, objektiv zu spät gekommen. Diese Tatsache verleiht der Außenpolitik einen parvenühaften Charakter. Selbst der ehemalige Staatssekretär Tirpitz spricht in seinen ›Erinnerungen‹ von dem »Hans Dampf in allen Gassen«. Zur deutschen Unbeliebtheit trägt aber auch bei, daß aus der Sicht der Nachbarn auf vielen Gebieten eine erschreckende Effizienz zu beobachten ist. Der Finger wird auf die rasante Entwicklung der deutschen Wirtschaft gerichtet, auf ihren Einstieg in die Weltwirtschaft und die damit verbundenen Folgen. Denn die Konkurrenz um Exportmärkte ist alles andere als ein Sport. Doch welche Chancen der Expansion und welche Alternativen zur Kolonial- und »Weltpolitik« für das Reich in der Epoche des Imperialismus auch immer bestanden haben mögen, mit der Entscheidung für den Schlachtflottenbau werden der außenpolitische Manövrierraum auf ein Minimum reduziert und das Deutschlandbild allmählich negativ eingefärbt.

Die folgende Darstellung beschreibt den Weg zu einem deutschen Kolonialreich, die Absage an Saturiertheit und Selbstbeschränkung vor dem Hintergrund internationaler Rivalität sowie den Eintritt in die »Weltpolitik«, die schon Zeitgenossen im In- und Ausland vor definitorische Probleme stellte und die als überseeische Expansion im weitesten Sinne die deutsche Außenpolitik mit einer ruinösen Etikette versieht. »Es genügt für die Bedürfnisse der modernen Kulturstaaten heute nicht«, so 1891 der Kolonialpropagandist Friedrich Fabri, »nur Kolonialpolitik im eigentlichen Sinne dieses Wortes zu treiben; zu ihr muß sich auch eine *überseeische Politik* in der allgemeinsten und umfassendsten Bedeutung dieses Wortes gesellen [...]. Ich meine diese Unterscheidung in dem Sinne, daß die Kolonialpolitik eines Staates sich auf die überseeischen Ländergebiete, welche der Flagge desselben unmittelbar unterstellt und in den staatlichen Besitz übergegangen sind, bezieht, während der überseeischen Politik die Aufgabe zufällt, die wirtschaftlichen und nationalen Interessen des Mutterlandes auf allen Punkten der Erde, in den verschiedensten überseeischen Ländern mit Einsicht und Entschiedenheit zu beobachten und wahrzunehmen.«[2] Damit ist die »Weltpolitik« ins Visier genommen.

[2] Zit. nach der grundlegenden Studie von Klaus J. Bade, Friedrich Fabri und der Imperialismus in der Bismarckzeit. Revolution – Depression – Expansion. Freiburg i. Br. 1975, S. 361.

Die Reise ins Heilige Land

»Die Kaiserfahrt nach Palästina fand«, wie in einer offiziösen Darstellung zu lesen ist, »unter so außergewöhnlichen Verhältnissen, so großartigen und bis in das Kleinste durchdachten und mit fast unglaublicher Mühe und Sorgfalt ausgeführten Vorbereitungen statt, daß sie dadurch ein ganz eigentümliches Gepräge an sich trug und sich so überraschend gestaltete, wie es keine frühere Zeit erblickt hat und wie es jetzt niemand hätte ahnen können.«[1] Unruhige See wird erwartet, als sich am Morgen des 17. Oktober 1898 eine mehr als zweihundert Personen zählende Gesellschaft in Genua einschifft. Der nächste Tag zeigt, daß den Reisenden Leiden und Beschwerden einer stürmischen Seefahrt nicht erspart bleiben. Auf ihrer Fahrt erhält die ›Mitternachtssonne‹ einen weiteren Namen, nämlich ›Schiff der Kirche‹. Denn an Bord befinden sich die offizielle Vertretung der evangelischen Christenheit und – so wird es in einer späteren Berichterstattung heißen – der »Geist des evangelischen Glaubens«, der die heterogene Gruppe einigt. Die Schar setzt sich aus Geistlichen und Laien, älteren und jüngeren Teilnehmern unterschiedlichster Herkunft zusammen. Man empfindet sich gewissermaßen als Kreuzfahrer des 19. Jahrhunderts.

Am 22. Oktober erreicht das Schiff Alexandria, zu beklagen ist allerdings ein Toter, ein Vertreter des christlichen Buchhandels. Nach der Trauerfeier lernt die Reisegesellschaft das orientalische Leben kennen. Eine Eisenbahnfahrt führt sie weiter nach Kairo, mitten durch das Nildelta mit seinen zahlreichen Armen, Kanälen und Wasserläufen. Am nächsten Morgen Besichtigung der Pyramiden von Giseh, die von einem Teil der Reisenden bestiegen werden. Die Belohnung ist ein großartiger Umblick von der Höhe, ein Hoch wird auf das Kaiserpaar ausgebracht, das – von der Gesellschaft getrennt – mit der ›Hohenzollern‹ nach Palästina aufgebrochen ist. Am Nachmittag des 24. Oktober verläßt die ›Mitternachtssonne‹ dann wieder den afrikanischen Strand, um nach zwanzig Stunden die Reede von Jaffa zu erreichen. Alt und jung haben sich inzwischen auf dem Oberdeck versammelt, die See ist spiegelglatt, als das Schiff langsam seinem Ankerplatz zufährt. »In weihevoller Stimmung, still

[1] Hier und im folgenden zit. nach: Das deutsche Kaiserpaar im Heiligen Lande im Herbst 1898. Mit allerhöchster Ermächtigung Seiner Majestät des Kaisers und Königs. Bearbeitet nach authentischen Berichten und Akten. Berlin 1899, S. 11. Vgl. auch Ludwig Schneller, Die Kaiserfahrt ins Heilige Land. Leipzig 1900.

und ernst, ein jeder von der Bedeutung des Augenblicks bewegt, betrat man den Boden des Gelobten Landes und ging im Zuge durch die Stadt, um in der deutschen Kolonie kurze Rast zu machen. Das Ziel der Sehnsucht unzähliger Christenherzen war erreicht.« Es blieb noch der Wunsch, gemeinsam mit dem Kaiser an der Einweihung der Erlöserkirche in Jerusalem teilzunehmen.

Dieser ist in Venedig an Bord der ›Hohenzollern‹ gegangen, um sich über Konstantinopel nach Palästina zu begeben. Nach Verabschiedung durch das italienische Königspaar und fröhliche Menschenmassen wird die Jacht auf offener See von dem neuen Panzerschiff ›Hertha‹ und dem kleinen flinken Kreuzer ›Hela‹ begrüßt. In der Nacht passiert das Schiff Korfu, am 15. Oktober die öde, bergige Insel Kephalonia. Das Leben an Bord verläuft regelmäßig: Vor dem Frühstück obligatorische Freiübungen an Deck, Mahlzeiten um 9.00, 13.00 und 19.00 Uhr. Zwei Tage später dann die Ankunft bei den Dardanellen. Zur Begrüßung ist der deutsche Botschafter in Konstantinopel, Adolf Freiherr Marschall von Bieberstein, auf der in der Türkei stationierten ›Loreley‹ der ›Hohenzollern‹ entgegengefahren. Auch eine türkische Jacht ist aufgeboten, um das deutsche Kaiserpaar zu empfangen. Bereit zum Empfang ist sogar der ehemalige türkische Botschafter in Berlin, Said Pascha, der bald achtzig Jahre alt wird. Sie alle kommen an Bord der ›Hohenzollern‹, die nach den Begrüßungsworten in die Dardanellen einfährt. Während der Fahrt bleibt Wilhelm II. auf der Kommandobrücke. Nach mehreren Stunden laufen die Schiffe in den schmalen Bosporus ein. Kaiserpaar und Gefolge besteigen die Boote, Wilhelm II. trägt einen kostbaren türkischen Säbel, den ihm der Sultan in Berlin vor einigen Jahren überreichen ließ. Es folgt ein strenges, feierliches Begrüßungszeremoniell. Tage der Besichtigung schließen sich an, die Gelegenheit geben, die traditionelle deutsch-türkische Freundschaft[2] zu bekräftigen.

Mit der Reise, die weiter nach Jaffa und Jerusalem führt, verbindet der Kaiser primär keine politischen oder gar weltpolitischen Ambitionen. Wilhelm II. zeichnet sich durch ein Sendungsbewußtsein aus, das dynastischen und deutsch-protestantischen Charakter trägt. Ihm geht es in erster Linie um die »sakrale Wiederbegründung und Überhöhung des noch jungen Kaisertums«[3]. Ungeachtet der

[2] Vgl. Gregor Schöllgen, »Dann müssen wir uns aber Mesopotamien sichern!« Motive deutscher Türkenpolitik zur Zeit Wilhelms II. in zeitgenössischen Darstellungen. In: Saeculum 32 (1981), S. 130–145.

[3] Horst Gründer, Die Kaiserfahrt Wilhelms II. ins Heilige Land 1898. Aspekte deutscher Palästinapolitik im Zeitalter des Imperialismus. In: Heinz Dollinger, Horst Grün-

Motive, die ihm in den europäischen Metropolen[4] unterstellt werden, denkt der Monarch vornehmlich an eine Bestätigung des »Gottesgnadentums« seiner Regentschaft. Erst in zweiter Linie möchte Wilhelm II. sich für einen Zusammenschluß der evangelischen Landeskirchen engagieren, und er denkt auch daran, dem englischen Rivalen Deutschlands Anspruch als Schutzmacht der evangelischen Christen vor Augen zu führen. Dem »Deutschen Verein vom Hl. Lande« bzw. den katholischen Untertanen will er durch die Schenkung der »Dormitio Mariae« seine Gunst bezeugen. Beabsichtigt ist schließlich auch, seiner Forderung nach einer Nationalisierung des französischen katholischen Religionsprotektorates Nachdruck zu verleihen. Ein ganzes Bündel an Motiven also hat ihn zu dieser Reise veranlaßt, die im In- und Ausland mit Argusaugen verfolgt wird.

In Frankreich beispielsweise argwöhnt die Presse, der deutsche Kaiser wolle die Nachfolge Friedrich Barbarossas antreten. Aber nicht nur das! Hat Staatssekretär Bülow, der den Kaiser im übrigen begleitet, nicht ein Jahr zuvor einen deutschen »Platz an der Sonne«[5] gefordert? Immerhin wurde 1897 Kiautschou »erworben«. Geht es vielleicht um einen Mittelmeerstützpunkt? Solche Spekulationen sind von der Wirklichkeit weit entfernt, aber sie verdeutlichen, daß Außenpolitik in der Wilhelminischen Epoche zwangsläufig mit dem Odium formeller oder informeller Machtausdehnung behaftet ist. Denn wie immer die Expansion motiviert und in der Rückschau interpretiert wird, sie ist zeitgenössische Normalität, gewissermaßen »Alltagsgeschichte«, in Frankreich wie in England, in Rußland wie in Italien und natürlich im Deutschen Reich, das verspätet, aber lautstark sein »Recht« einklagt.

Analog zur Fahrt nach Palästina sind es wieder zwei Züge, die durch die festlichen Straßen Jerusalems zur Erlöserkirche ziehen: das Kaiserpaar mit seinem Gefolge und der Festzug der anderen Teilnehmer, die sich vom Lloyd-Hotel zur Kirche begeben, geführt von den Söhnen der drei in Jerusalem anwesenden Mitglieder des Kuratoriums der Evangelischen Jerusalem-Stiftung. Ihnen folgen die geistlichen Teilnehmer, die Ritter des Johanniterordens, die Damen und Herren der offiziellen Festfahrt, der preußische Minister der geistlichen, Unterrichts- und Medizinalangelegenheiten

der und Alwin Hanschmidt (Hrsg.), Weltpolitik. Europagedanke. Regionalismus. Festschrift Heinz Gollwitzer. Münster 1982, S. 363–388, hier S. 370.

4 Vgl. An., The German Emperor and Palestine. In: FR 64 (1898), S. 548–555.

5 Vgl. die Rede Bülows im Reichstag über Grundfragen deutscher Außenpolitik am 6.12.1897. In: Hans Fenske (Hrsg.), Unter Wilhelm II. 1890–1918. (Freiherr vom Stein-Gedächtnisausgabe, Bd. VII), Darmstadt 1982, S. 131ff.

sowie Kirchenvertreter aus Schweden und Norwegen, Holland und Nordamerika, Ungarn, der Schweiz und Italien. Es schließen sich Repräsentanten der deutschen Kirche an, den Schluß bildet das Kuratorium der Evangelischen Jerusalem-Stiftung. Die Geistlichen tragen Talar, der größte Teil der übrigen Herren trägt Uniform.

Dem Festzug des Kaisers reitet türkische Kavallerie voran, Paschas und Offiziere, Beduinenhäuptlinge in malerischen Trachten, denen die Kaiserin im Galawagen folgt. Wilhelm II., in Garde du Corps-Uniform, trägt einen goldleuchtenden Helm und Küraß. Es schließen sich Generale und Adjutanten an, die kaiserliche Leibgarde und wieder türkische Kavallerie. Zu Fuß geht es durch die Davids-Straße und von dieser abbiegend zum Tor des Muristan an der Kronprinz-Wilhelm-Straße. Bei den Trümmern des ehemaligen Johanniter-Hospitals werden die Majestäten durch eine Abordnung des Ordens empfangen; unter Glockengeläut geht es weiter zu dem etwa hundert Schritt entfernten Hauptportal der Erlöserkirche. Nach der Schlüsselübergabe folgt der feierliche Einzug, die Weiherede hält der Oberhofprediger, Generalsuperintendent D. Dryander[6], die Liturgie Generalsuperintendent D. Faber.

Die Rückreise des Kaiserpaars ist für den 4. November vorgesehen, über Beirut, Damaskus und Baalbek. In Beirut läßt Wilhelm II. es sich nicht nehmen, die Kaserne des türkischen 7. Regiments zu besuchen – eine außerordentliche Auszeichnung! In der Stadt trennt sich die Reisegesellschaft wieder. Ein Teil reist mit der ›Hertha‹ ab, der deutsche Botschafter in der Türkei verläßt auf der ›Loreley‹ den Hafen, die ›Hohenzollern‹ lichtet am 12. November die Anker. Drei Tage später erreicht das Schiff Malta, wo ihm britische Torpedozerstörer entgegenfahren; vergeblich bemühen sich englische Seeleute, einen Lotsen an Bord zu bringen, die hohen Wellenschläge machen jeden Versuch zunichte. Der größte Teil des englischen Mittelmeergeschwaders ist im Hafen stationiert; Höflichkeitsbesuche werden abgehalten, der Kaiser geht an Bord des britischen Flaggschiffs. Nach einer Woche schließlich läuft die ›Hohenzollern‹ im Hafen von Pola ein, von hier geht die Reise mit dem Zug weiter, über München, Stuttgart, Baden-Baden. Am 26. November hält der Sonderzug dann in Potsdam, am Bahnhof warten Generale, Minister, Hofbeamte.

Der Alltag hat den Kaiser wieder eingefangen nach einer Reise, die im Mittelpunkt des öffentlichen Interesses steht und noch in zahlreichen Vorträgen gefeiert wird. Am 6. Dezember muß Wilhelm II. erst

[6] Vgl. Ernst von Dryander, Erinnerungen aus meinem Leben. Bielefeld, Leipzig 1922, S. 216ff.

einmal persönlich den Reichstag eröffnen. Dies geschieht im Weißen Saal des königlichen Schlosses, und natürlich ist ein Passus auch der Palästinareise gewidmet, über die es heißt: »Bei Meinem Aufenthalt in Konstantinopel, Palästina und Syrien ist es Mir eine Freude gewesen, Mich durch den Augenschein davon zu überzeugen, wie deutsche Tüchtigkeit und Sitte den im türkischen Reich lebenden Reichsangehörigen zu geachteter Stellung verholfen haben. [...] Daß es mir vergönnt war, [...] die Erlöserkirche zu Jerusalem dem Dienst des Herrn zu übergeben, ist Mir ein neuer Antrieb, die Mir von Gottes Gnaden verliehene Gewalt auch weiter einzusetzen für die ewigen Grundwahrheiten des Christentums. [...] So gebe ich Mich der Hoffnung hin, daß Mein Aufenthalt im türkischen Reiche, die ebenso gastfreundliche wie glänzende Aufnahme, die Ich bei Seiner Majestät dem Sultan, entsprechend den freundschaftlichen Beziehungen der beiden Reiche, gefunden, und der begeisterte Empfang, der Mir und der Kaiserin allenthalben von der osmanischen Bevölkerung bereitet wurde, dem deutschen Namen und den deutschen nationalen Interessen zu bleibendem Vorteil und Segen gereichen mögen.«[7]

Wilhelm II. braucht die Assoziationen seiner Zuhörer nicht erst zu wecken. Es ist ein offenes Geheimnis, daß sich die Türkei seit Ende des 19. Jahrhunderts gewissermaßen in einem halbkolonialen Status befindet, in Abhängigkeit von europäischen Großmächten, insbesondere von England und Frankreich. Und seit mehr als zehn Jahren hat sich auch das Reich am Kapitalexport in die Türkei beteiligt, die türkische Armee ist mit deutscher Hilfe reorganisiert worden – 1913/14 wird es aufgrund der Entsendung des Generalleutnants Otto Liman von Sanders als Chef der deutschen Militärmission in Konstantinopel zu einer Krise mit Rußland kommen –, und auch Lieferungen der Rüstungsindustrie sind erfolgt. Für die Zukunft ist bedeutsam, daß sich die Deutsche Bank bereits 1889 in der Türkei engagiert hat. Eine Anatolische Eisenbahngesellschaft ist gegründet worden, Bahnlinien bis Ankara und Konia existieren bereits, als Wilhelm II. über seine Palästinareise und den »freundlichen Empfang« des Sultans berichtet. Abd-ül Hamid II. ist zwar ein grausamer Despot, die Türkei aber bleibt magnetischer Anziehungspunkt für ausländisches Kapital. Und die Fortsetzung der Bahnlinie bis Bagdad und zum Persischen Golf, das weiß der Sultan genau, ist nur mit Hilfe europäischer Investitionen realisierbar. Es wird sich zeigen, daß dieses Projekt zu den bedeutendsten Unternehmen

[7] Sten. Ber., Bd. 165, S. 3.

deutscher »Weltpolitik« zählen wird, unterstützt von deutschen Banken, die vor Investitionen in Kamerun und Togo, Südwestafrika und Ostafrika zurückschreckten.

Hat der Kaiser also doch primär machtpolitische Ziele vor Augen, als er die Reise nach Palästina plant? Wohl kaum. Wirtschaftliche Bande existieren bereits, und direkte politische Interessen stellt Bülow später in Abrede[8]. Doch darf nicht übersehen werden, daß »der Machtgegensatz und das imperialistische Streben in Palästina zu jenem Zeitpunkt nicht auf territorialen Ansprüchen, sondern auf religiös-kultureller Vorherrschaft«[9] beruht. Hinzu kommt, daß die Erlöserkirche Ende des 19. Jahrhunderts sich nicht weit von Faschoda[10] und in einem internationalen Brennpunkt befindet, der noch für Schlagzeilen sorgen wird, unabhängig von der deutschen Kolonial- und »Weltpolitik«, ihrer Vorgeschichte und den Sottisen des deutschen Kaisers.

[8] Vgl. Johannes Penzler (Hrsg.), Fürst Bülows Reden nebst urkundlichen Beiträgen zu seiner Politik. Bd. 1: 1897–1903. Berlin 1907, S. 32.

[9] Gründer, Die Kaiserfahrt Wilhelms II. ins Heilige Land 1898, S. 375.

[10] Vgl. James Cockfield, Germany and the Fashoda Crisis, 1898–99. In: CEH 16 (1983), S. 256–275.

I. Der Weg zum Kolonialreich

Vorgeschichte

Die deutschen Forderungen nach überseeischem Besitz und eigener Flotte, ja sogar Überlegungen zur »Weltpolitik«, in den neunziger Jahren mit einem wütenden Fortissimo eingeleitet, hatten eine Vorgeschichte, die im internationalen Vergleich des 19. Jahrhunderts keine Ausnahme darstellt[1]. Ihr Ursprung liegt nicht im 18. Jahrhundert, auch nicht in der frühen Reaktionszeit, die einer expansiven Außenpolitik keine Basis bot. Der geistige Aufbruch nach Übersee erfolgte erst in den vierziger Jahren. Bis dahin ist das Wort »Kolonien« zwar in zeitgenössischem Schrifttum anzutreffen, die ›Oekonomische Encyclopädie‹ des Jahres 1785 erläutert den Begriff, und Stimmen werden laut, die Friedrich dem Großen territorialen Erwerb in Südamerika empfehlen. Doch sie verhallen ohne Resonanz, weil die Prioritäten aus der Sicht damaliger Herrscher eher von der Gestaltung der europäischen Politik diktiert werden. Friedrich der Große jedenfalls winkt ab. Das Wohl Preußens sei eher in der Aufstellung zusätzlicher Regimenter als in überseeischem Besitz zu suchen. Die erste Hälfte des 19. Jahrhunderts vergrößert aber allmählich den Blickwinkel, Kolonien werden mehr und mehr als Quellen nationalen Reichtums begriffen, das Wort »Welthandel« fällt, von der politischen »Wichtigkeit der Seestaaten« ist die Rede, sogar von der »Verpflanzung europäischer Kultur«. Freilich räumt das ›Conversationslexikon der neuesten Zeit und Literatur‹ im Jahr 1832 ein, daß diese »humanitäre Zielsetzung« nicht das primäre Ziel der Kolonisation ist. Entsprechend dem Idiom der Zeit haben sich die betroffenen Völker in Übersee dem europäischen Verlangen nach Expansion zu fügen, ihr Anspruch auf Boden und Besitz ist aus europäischer Sicht verwirkt, wenn Überbevölkerung und die Ernährung der Menschheit dazu »nötigen«, den Fuß auf fremden Boden zu setzen.

Diese Überlegungen finden sich nicht nur in den Nachschlagewerken für gebildete Stände, in der Publizistik werden sie gleichfalls aufgegriffen und durch ein Phänomen genährt, das sich kaum

[1] Zum folgenden Hans Fenske, Ungeduldige Zuschauer. Die Deutschen und die europäische Expansion 1815–1880. In: Wolfgang Reinhard (Hrsg.), Imperialistische Kontinuität und nationale Ungeduld im 19. Jahrhundert. Frankfurt a. M. 1991, S. 87–124; ders., Imperialistische Tendenzen in Deutschland vor 1866. Auswanderung, überseeische Bestrebungen, Weltmachtträume. In: Hist. J. 97/98 (1978), S. 336–383.

als Nebensächlichkeit interpretieren läßt. Zu Beginn des 19. Jahrhunderts wenden viele Menschen ihrer Heimat den Rücken und suchen ein neues Leben aufzubauen – in Südrußland oder Amerika[2] – und enden vielfach im Ruin. Ist es da nicht eine Pflicht, so fragt mancher, diese Auswanderung zu organisieren, um daraus für das eigene Land Nutzen zu ziehen[3]? Und welche Landstriche sind am besten geeignet, die deutschen Auswanderungsströme aufzunehmen? Die USA, so lautet eine stereotype Antwort, aber auch Kanada, Mexiko und Lateinamerika werden genannt. Selbst der Schwarze Kontinent findet Erwähnung. »Afrika ist der Schlüssel der Welt, mutmaßlich hat ihn die Vorsehung für Deutschland bestimmt«, so jedenfalls ist in einer zeitgenössischen Schrift zu lesen. 1847 legt der Offizier H. v. d. Oelsnitz eine ›Denkschrift über die Erhebung Preußens zu einer See-, Kolonial- und Weltmacht ersten Ranges‹[4] vor. Er liebäugelt mit phantastischen Ideen. Von drei deutschen Reichen ist die Rede, in Europa, Afrika und Amerika, aber auch davon, den Einfluß Englands und Frankreichs einzugrenzen. Noch andere Territorien geraten in das Blickfeld der Propagandisten. Der Nahe Osten, aber auch Ungarn sind en vogue! Deutsches Siedelland läßt sich in Syrien und Mesopotamien, Palästina und der Türkei reklamieren, dort vor allem, weil mit einem raschen Kollaps des Osmanischen Reichs gerechnet wird. Es werden sogar Überlegungen angestellt, diesen »künstlich« herbeizuführen. »Die Türken müssen wissen, daß wir ihnen für die Bestürmung Wiens noch einen Besuch in Konstantinopel schuldig sind«, realitätsfremde Phantastereien, die aber ihren Niederschlag finden.

Die Gründe für die propagierte Expansion sind vielfältig. Die Auswanderung spielt ihre Rolle, ökonomische Überlegungen gesellen sich hinzu, der Blick auf die expansionserfahrenen Nachbarn tut ein übriges. Hinweise auf England finden sich, auf das große Vorbild; zumindest der Volkswirtschaftler Friedrich List sieht es so. Gebietserwerbungen werden im Gefolge der Industrialisierung als etwas »Menschliches-Allzumenschliches« gesehen, auf jeden Fall als legitim.

Überseeischer Besitz stellt allerdings noch andere Erfordernisse. Die Meere werden zum Teil als »Heerstraßen der Völker« gesehen,

[2] Vgl. Peter J. Brenner, Reisen in die Neue Welt: Die Erfahrungen Nordamerikas in deutschen Reise- und Auswandererberichten des 19. Jahrhunderts. Tübingen 1991.

[3] Für regionale Wanderungsbilanzen und die Überseewanderung Deutschlands von 1841 bis 1910 vgl. Richard H. Tilly, Vom Zollverein zum Industriestaat. Die wirtschaftlich-soziale Entwicklung Deutschlands 1834 bis 1914. München 1990, S. 221.

[4] Hier und im folgenden zit. nach Fenske, Imperialistische Tendenzen, S. 348f.

dringend erforderlich also scheint der Aufbau einer Flotte[5], eine entsprechende Euphorie ist unschwer feststellbar. Gefordert wird zudem eine Weltstellung, der Deutsche scheint besonders dazu geeignet, »das Ferment der Weltbildung« zu sein und als »Apostel der Zivilisation und Gesittung« aufzutreten. Der Politiker und Jurist Marquard Barth, Mitglied der erbkaiserlichen Partei, stellt in der Paulskirche fest: »Daß das Deutschland, dessen Kaiser einst dem Abendland geboten und welches bei der Teilung der neuen Welt so ganz vergessen worden [...], daß das Deutschland, dessen Hanse die Meere beherrschte [...], daß dieses Deutschland, sage ich, aufhöre, der Hohn und der Spott der Nationen zu sein und die Stelle wieder einnehme, welche ihm gebührt vermöge seiner Lage und mehr noch vermöge seiner Kulturstufe und vermöge der Tugenden seines Volkes. Macht ist es, meine Herren, was die Nation von uns verlangt, und als Mittel zur Macht die Einheit.«[6] Knapp fünfzig Jahre später vernimmt der Deutsche Reichstag ähnliche Worte aus dem Mund des Staatssekretärs des Auswärtigen Amts. Das Reich hat zwar mittlerweile aufgehört, der »Hohn und Spott« der Nationen zu sein, und die Einheit ist vollzogen, aber die Umstände scheinen es nicht zuzulassen, selbstgenügsam auf das Erreichte zu blicken.

Soll Deutschland eine »herrschende oder beherrschte Nation« sein? Für den Publizisten Constantin Frantz[7], den List als ersten Vertreter einer deutschen »Weltpolitik« bezeichnet, ist dies 1859 natürlich eine rhetorische Frage, ebenso für viele andere Expansionspropagandisten, die als Liberale in der Paulskirche, in Parlamenten und in der Nationalversammlung ihren geachteten Platz einnehmen. Es sind Vertreter des Bildungsbürgertums, die diese Gedanken auf ihre Fahnen geschrieben haben, weniger Konservative. Doch wie vehement auch immer diese Gedanken vorgetragen werden, sie bleiben lediglich politisches Programm, dem in der ersten Hälfte des 19. Jahrhunderts jede Realisierungschance versagt wird, erst recht in den sechziger Jahren, die von der deutschen Frage beherrscht sind. Die konservativen Entscheidungsträger mögen sich mit der kolonialen Propaganda nicht anfreunden, ihr Denken wird von der deutschen Frage diktiert, und die wenigen überseeischen Projekte, die zunächst erfolgreich initiiert werden, besitzen zu

[5] Vgl. Günter Moltmann, Die deutsche Flotte von 1848/49 im historisch-politischen Kontext. In: Deutsches Marine Institut/Militärgeschichtliches Forschungsamt (Hrsg.), Die Deutsche Flotte im Spannungsfeld der Politik 1848–1985. Herford 1985, S. 21–42.

[6] Zit. nach Fenske, Imperialistische Tendenzen, S. 366.

[7] Vgl. Heinz Gollwitzer, Geschichte des weltpolitischen Denkens. Bd. 1: Vom Zeitalter der Entdeckungen bis zum Beginn des Imperialismus. Göttingen 1972, S. 472–483.

wenig Ausstrahlungskraft, um das dominierende Thema in den Hintergrund zu drängen. Der »Verein deutscher Fürsten, Grafen und Herren zum Schutze deutscher Auswanderer in Texas«[8], gegründet 1842, endet in einem finanziellen Bankrott, die Auswanderer fallen vielfach Hunger und Seuchen zum Opfer. Zahlreiche andere Kolonialvereine erwerben Land in Übersee, überaus attraktiv erscheint Südamerika, besonders erfolgreich aber ist kein Unternehmen. Ungeachtet dieser Fehlschläge herrscht in der Mitte des 19. Jahrhunderts nicht nur bei Außenseitern die Überzeugung vor, daß Expansion – aus Gründen nationaler Befindlichkeit, aufgrund des Drangs, an einer wie auch immer zu definierenden »Weltpolitik« teilzuhaben, und auch aus wirtschaftlichen Erwägungen – einfach ein Erfordernis der Zeit sei. Die »wissenschaftlichen« Motive, die dann Ende der siebziger Jahre als Begründung herhalten müssen, haben also Entsprechungen in Zeugnissen der Jahrhundertmitte. Hätte die deutsche Frage bereits 1848 eine Antwort erhalten, so wäre vielleicht frühzeitiger ein deutsches Kolonialreich entstanden[9].

Koloniale Agitation nach 1871

»Wenn ich arbeitsfähig wäre«, so diktiert Bismarck am 15. Juli 1877 in Bad Kissingen, »könnte ich das Bild vervollständigen und feiner ausarbeiten, welches mir vorschwebt: nicht das irgendeines Ländererwerbes, sondern das einer politischen Gesamtsituation, in welcher alle Mächte außer Frankreich unserer bedürfen, und von Koalitionen gegen uns durch ihre Beziehungen zueinander nach Möglichkeit abgehalten werden.«[10] Bismarcks Reflexionen über die Außenpolitik des Deutschen Reichs stellen keinen Erlaß dar, der sofort in die Realität umgesetzt werden sollte. Das Kissinger Diktat ist vielmehr

[8] Vgl. Harald Winkel, Der Texasverein. Ein Beitrag zur Geschichte der deutschen Auswanderung im 19. Jahrhundert. In: VSWG 55 (1968), S. 348–372; vgl. auch Heinrich Sieveking, Hamburger Kolonisationspläne 1840–42. In: PJ 86 (1896), S. 149–170; Theo Sommerlad, Der deutsche Kolonialgedanke und sein Werden im 19. Jahrhundert. Halle a. d. S. 1918.

[9] Für eine Revolutionschronik des Jahres 1848 und die Entwicklung der deutschen Nationalbewegung vgl. Hagen Schulze, Der Weg zum Nationalstaat. Die deutsche Nationalbewegung vom 18. Jahrhundert bis zur Reichsgründung. München 1985, S. 9ff.

[10] Hier und im folgenden zit. nach GP 2, Nr. 294. Für einen Auszug vgl. Michael Stürmer, Die Reichsgründung. Deutscher Nationalstaat und europäisches Gleichgewicht im Zeitalter Bismarcks. 3. Aufl. München 1990, S. 166ff.; Karl-Alexander Hampe, Neues zum Kissinger Diktat Bismarcks von 1877. In: Hist. J. 108 (1988), S. 204–212; Henning Köhler, Das Kissinger Diktat – ein Schlüsseldokument zur Außenpolitik Bismarcks? In: ders. (Hrsg.), Deutschland und der Westen. Vorträge und Diskussionsbeiträge des Symposiums zu Ehren von Gordon A. Craig. Berlin 1984, S. 34–43.

eine Tour d'horizon, die Deutschlands Interessen auslotet und nach den Prioritäten der Weltmächte fragt. Die Zukunft liegt nicht, davon ist Bismarck überzeugt, in einem auf Expansion ausgerichteten Staat, sondern in der Akzeptanz der deutschen Mittellage und einer freiwilligen Machtbeschränkung. Geplagt von einem »cauchemar de coalitions« ist er entschlossen, das Erreichte zu wahren, Rivalitäten an die europäische Peripherie abzulenken bzw. sie dort zu schüren. Wien und St. Petersburg mögen ihre Gegensätze auf dem Balkan austragen, London und Paris einander im Mittelmeer und in Afrika gegenüberstehen; von diesen Auseinandersetzungen kann das Reich nur profitieren, wenn es sich auf die Wahrung des Bestehenden beschränkt und auf die Beherrschung Europas verzichtet. Ohne Zweifel sind die wichtigsten Mächte für die junge Nation England und Rußland, ihre Rivalität garantiert den Status quo: »Wenn England und Rußland auf der Basis, daß ersteres Ägypten, letzteres das Schwarze Meer hat, einig würden, so wären beide in der Lage, auf lange Zeit mit Erhaltung des Status quo zufrieden zu sein, und doch wieder in ihren größten Interessen auf eine Rivalität angewiesen, die sie zur Teilnahme an Koalitionen gegen uns, abgesehen von den inneren Schwierigkeiten Englands für dergleichen, kaum fähig macht.«

Das Deutsche Reich ist seit seiner Existenz zwei Belastungen ausgesetzt. Zum einen der Tatsache, daß der preußische Machtkern in der Mitte Europas aus der Sicht der Nachbarn bedrohlich wirkt und zugleich bedroht ist, zum anderen dem Faktum, daß der Status quo eine Isolation Frankreichs erfordert, die auf Dauer angelegt sein muß und deren Zementierung gerade deswegen unwahrscheinlich ist. Und schließlich zeigt die Zukunft, daß ohne deutschen Verzicht auf Elsaß-Lothringen keine Aussicht besteht, daß die französischen Wunden vernarben werden. Freilich ist fraglich, ob der Verzicht auf eine Annexion Perspektiven einer einvernehmlichen Zukunft eröffnet hätte. Weder wirtschaftliche Beziehungen noch kulturelle Kontakte – noch eine gemeinsame Kolonialpolitik, die freilich nur Episode bleibt, – können von den deutsch-französischen Dissonanzen ablenken.

Obwohl koloniale Propaganda im Deutschen Reich nach 1871 immer größere Kreise zieht, liegt Bismarcks »Karte von Afrika« nach wie vor in Europa. Der Kanzler lehnt überseeischen Besitz ab, nicht nur, weil er den wirtschaftlichen Nutzen bezweifelt, sondern auch, um außerhalb Europas Mächtekollisionen aus dem Weg zu gehen. Je mehr Nationen sich in Übersee festsetzen, England in Ägypten, Rußland am Schwarzen Meer, um so größer ist die Wahrscheinlichkeit, daß ihre Rivalitäten die Aufmerksamkeit vom europäischen Zentrum ablenken und damit zur Sicherheit des Reichs beitragen. Daher kann Bismarck in den siebziger Jahren nichts veranlassen, um auf die Wünsche deutscher Afrikaforscher einzugehen. Für diese Forscher und Reisenden, die sich vielfach in den Dienst anderer Nationen gestellt und beachtliche Beiträge zur Erforschung geleistet haben, ist es immer wieder eine schmerzhafte Erfahrung feststellen zu müssen, daß ihr Name wenig zählt, auch wenn man als Gast in Übersee gern gesehen ist. Verständlich, daß sich immer wieder ein Vorbild vor Augen drängt, das all die Eigenschaften zu verkörpern scheint, für die sich bei den Verantwortlichen im Deutschen Reich keine Begeisterung wecken läßt. Daß das britische Empire erst in jahrhundertelanger Tradition gewachsen ist, wird dabei häufig übersehen.

Als der in England schon zu seinen Lebzeiten nicht unbekannte »political diarist« Charles Greville Deutschland 1843 besucht, zeigt er sich überrascht von den Diskussionen über die vermeintliche Notwendigkeit einer Flotte und kolonialen Besitzes. Doch ebenso wie der Wunsch nach kolonialer Expansion sich nicht erst zur Zeit des »scramble for Africa« in Deutschland artikuliert, sondern eine längere Vorgeschichte aufweist, so hat auch die niemals einheitliche, stets von Anglophilie und Anglophobie[11] geprägte Auseinandersetzung mit dem britischen Empire ihren Ursprung keineswegs erst in den beginnenden achtziger Jahren. Sie läßt sich in den Darstellungen von Reisenden, Forschern und Kolonialpropagandisten bis ins 17. Jahrhundert verfolgen. Der Markgraf Friedrich Kasimir von Hanau fordert 1657 die Gründung eines »neu Teutschland« und will es in eine Reihe mit »neu Spanien, neu Frankreich, [und] neu Engelland«[12] gestellt wissen. 1809 erscheint das ›Handbuch der Geschichte des europäischen Staatensystems‹, in dem der Verfasser Arnold Hermann Ludwig Heeren sich intensiv mit der Überseegeschichte auseinandersetzt. Heeren zeichnet ein insgesamt positives Bild des englischen Kolonialreichs, spart allerdings nicht mit Kritik an der wirtschaftlichen Ausbeutung und dem Sklavenhandel. Der Hamburger

[11] Vgl. dazu auch Wolfgang J. Mommsen, Zur Entwicklung des Englandbildes der Deutschen seit dem Ende des 18. Jahrhunderts. In: Lothar Kettenacker, Manfred Schlenke und Hellmut Seier (Hrsg.), Studien zur Geschichte Englands und der deutsch-britischen Beziehungen. Festschrift für Paul Kluke. München 1981, S. 375–397; Michael Maurer, Aufklärung und Anglophilie in Deutschland. Göttingen 1987.

[12] Zit. nach Percy Ernst Schramm, Deutschland und Übersee. Der Deutsche Handel mit den anderen Kontinenten, insbesondere Afrika, von Karl V. bis zu Bismarck. Ein Beitrag zur Geschichte der Rivalität im Wirtschaftsleben. Braunschweig 1950, S. 15, 29, 501.

Karl Sieveking sieht in dem englischen Kolonialreformer Edward Gibbon Wakefield ein Vorbild und wirbt für sein Kolonisationssystem. Mit kritischem Unterton schreibt dagegen Richard Wagner am 14. Juni 1848 im ›Dresdner Anzeiger‹: »Nun wollen wir in Schiffen über das Meer fahren, da und dort ein junges Deutschland gründen. Wir wollen es besser machen als die Spanier, denen die neue Welt ein pfäffisches Schlächterhaus, anders als die Engländer, denen sie ein Krämerkasten wurde. Wir wollen es deutsch und herrlich machen.«[13] Richard Lepsius, einer der Begründer der wissenschaftlichen Ägyptologie, charakterisiert in einem Brief an den Mäzen Carl Alexander von Weimar den britischen Imperialismus als informell und defensiv und fügt hinzu: »Die Engländer sind überhaupt mit ihren afrikanischen Instruktionen sehr zurückhaltend, weil ihnen nicht die wissenschaftlichen, sondern die politisch-kommerziellen Verhältnisse die Hauptsache sind.«[14] Und nicht ohne Stolz hält er fest, daß afrikanische Expeditionen unter Englands Flagge vielfach von Deutschen geleitet worden sind, um optimale Ergebnisse zu erzielen.

Den frühen deutschen Forschern in Afrika, Friedrich Hornemann, Heinrich Barth und Georg Schweinfurth wird man kaum politische Ambitionen nachsagen können. Allerdings trifft auch für sie zu, was Eyre Crowe, ein hoher Beamter im englischen Außenministerium[15], in einer Denkschrift aus dem Jahre 1907 in die Beobachtung faßt: »Sie [i.e. die Deutschen] sahen, daß besonders die Kolonien und auswärtigen Besitzungen Englands diesem eine anerkannte und beneidenswerte Stellung in einer Welt verschafften, in der der Name Deutschland, wenn er überhaupt erwähnt wurde, kein besonderes Interesse erweckte.«[16] Diese Feststellung mag ein wenig von Crowes Abneigung gegen das Deutsche Reich und preußischen Geist beeinflußt sein, nicht zu übersehen freilich ist, daß Reisende und Forscher sich im Rahmen ihrer Exkursionen vielfach unter englischen – und nicht deutschen – Schutz begeben mußten. Und damit wurde die Überlegenheit des Empire nur um so deutlicher spürbar.

[13] Zit. nach Horst Gründer, Geschichte der deutschen Kolonien. 2. Aufl. Paderborn 1991, S. 20.

[14] Zit. nach Friedrich Facius, Carl Alexander von Weimar und die deutsche Kolonialpolitik 1850–1901. In: KR 32 (1941), S. 339–353, hier S. 342.

[15] Vgl. Richard A. Cosgrove, Sir Eyre Crowe and the English Foreign Office, 1905–1914. Phil. Diss. University of California 1967; ders., The Career of Sir Eyre Crowe. A Reassessment. In: Albion 4 (1972), S. 193–205; Keith M. Wilson, Sir Eyre Crowe on the Origin of the Crowe Memorandum of 1 January 1907. In: BIHR 56 (1983), S. 238–241.

[16] Zit. nach Erwin Hölzle (Hrsg.), Quellen zur Entstehung des Ersten Weltkrieges. Internationale Dokumente 1901–1914. (Freiherr vom Stein-Gedächtnisausgabe, Bd. XXVII), Darmstadt 1978, S. 35.

Der Vorbildcharakter des englischen Empire manifestiert sich nicht zuletzt in der zeitgenössischen Publizistik und Reiseliteratur. Rufe nach Neuguinea als einem »zweiten Java« sind zu vernehmen, von einem »deutschen Indien« ist immer wieder die Rede, auch ein »deutsches Hongkong« findet sich in den Schlagzeilen. Die englische »Erfolgsgeschichte« beruht nach Ansicht vieler Zeitgenossen auch auf dem Bewußtsein, Angehöriger einer großen Nation zu sein. Vor diesem Hintergrund ist es verständlich, daß der Afrikapionier Carl Peters mit Blick auf den Charakter der deutschen Kolonialbewegung um die Jahrhundertwende die Überzeugung äußert, daß sie notwendigerweise ein »gewisses anti-englisches Gepräge«[17] gehabt hat. Diese Frontstellung – so die Argumentation – resultiert zwangsläufig aus der »success story« des englischen Überseebesitzes, der andere Staaten dazu »nötigt«, ein eigenes Kolonialreich aufzubauen. Damit ist England in mancherlei Hinsicht ein Vorbild, von dem viel zu lernen ist, aber eben auch ein »Feindbild«, von dem es sich abzusetzen gilt, um eine eigene koloniale Identität zu finden. Das Bild vom Zweiten Britischen Empire findet zu keinem Zeitpunkt ausschließlich wohlwollende Betrachter. Nicht selten werden die Beobachtungen auch im Laufe eines Lebens revidiert. Ein Beispiel dafür ist der zunächst anglophile spätere Kolonialstaatssekretär Wilhelm Solf, der durch seine vielfach unter Beweis gestellte Sympathie für England nicht selten Konflikte mit Vorgesetzten auszutragen hat, die in der Inselmacht eher den weltpolitischen Rivalen als einen Partner zum friedlichen Wettbewerb sehen. Über den Kolonialpolitiker und Nationalisten Eduard von Liebert[18], der von 1896 bis 1901 Gouverneur von Deutsch-Ostafrika ist, weiß er zu berichten: »Der Gouverneur ist ein leidenschaftlicher Feind der Engländer, und ich muß meine ganze Geschicklichkeit aufbringen, um ihn von hieraus resultierenden Dummheiten abzuhalten.«[19] Nach dem Weltkrieg hingegen ist in Solfs Schriften von »der brutalen Rücksichtslosigkeit«[20] die Rede, die dieses Volk immer ausgezeichnet habe.

Vor dem Ersten Weltkrieg hat ein englisches Vorbild solange Bestand, wie man sich selbst machtpolitisch nicht als ebenbürtig bzw. in kolonialer Hinsicht nicht als ebenso erfahren empfindet. Dem Eingeständnis, vom Empire lernen zu können, liegen unter-

[17] Carl Peters, Die anti-englische Bewegung in Deutschland (18.1.1902). In: ders., Zur Weltpolitik. Berlin 1912, S. 73–79, hier S. 74.

[18] Vgl. Horst Gründer, Eduard v. Liebert. In: NDB 14 (1985), S. 487f.

[19] Zit. nach Eberhard von Vietsch, Wilhelm Solf. Botschafter zwischen den Zeiten. Tübingen 1961, S. 38.

[20] Kolonisieren ist Missionieren. In: Wilhelm Solf, Kolonialpolitik. Mein politisches Vermächtnis. Berlin 1919, S. 32–49, hier S. 34.

schiedliche Motive zugrunde. Die Nachahmung ist zum einen nur Mittel zum Zweck, wie insbesondere die Haltung der Alldeutschen[21] dokumentiert, zum anderen ist sie Ausdruck eines friedlichen Rivalitätsbewußtseins, mit dem keine grundsätzlich feindselige Einstellung verknüpft ist. Auf jeden Fall entwickelt sich der Topos des Vorbildes zu einer Konstanten in der deutschen Betrachtung, und dies schon in den nur oberflächlichen Berührungen vor 1883. Nach der »Geburtsstunde« des deutschen Kolonialreichs nimmt diese Konstante dann mehr und mehr einen ambivalenten Charakter an, den sie bis 1914 nicht mehr ablegt und der sich immer wieder in einer neidvollen und widerwilligen Bewunderung manifestiert.

Zu den wichtigsten Expansionspublizisten nach Gründung des Reichs zählt der Hamburger Jurist Wilhelm Hübbe-Schleiden, der nach dem Ausscheiden aus dem diplomatischen Dienst von 1875 bis 1877 als Kaufmann in Westäquatorialafrika lebt. Die Eindrücke, die er im Laufe dieser Jahre sammelt, präsentiert er der Öffentlichkeit in dem Buch ›Ethiopien‹[22], mit dem er das westliche Äquatorialafrika – und nicht Äthiopien – bezeichnet. Diese ›Studien über Westafrika‹ sind zwar erst das propagandistische Gesellenstück, dem weitere Publikationen folgen, doch erzielt er mit ihnen 1879 schon beachtliche Aufmerksamkeit. Obwohl der Jurist ebenso wie andere bekannte Kolonialpropagandisten keineswegs als Wirtschaftsexperte gelten kann, versteht er sich zu Empfehlungen für die deutsche Industrie, plädiert für überseeische Marktexpansion, für Kapitalexport und Importproduktion und votiert für die »rationelle [...] Anlage alle[n] solchen deutschen Kapitals, das gegenwärtig hier in unrichtigen Produktionszweigen verkommt«[23]. Hübbe-Schleidens Kernaussage lautet: »Eine Ausdehnung unsres Wirtschaftsgebietes ist das Einzige, was unser Volk vor der Versumpfung retten kann.« Auf diese Weise sollte der »Stoffwechsel unsres Volkslebens« einen zusätzlichen Impuls erhalten. Hübbe-Schleiden beschränkt sich auf allgemeine Aussagen und verzichtet auf jeglichen konkreten Bezug zu aktuellen gesellschaftlichen Problemen, die nach seiner Überzeugung existieren und ein »dies irae« erwarten lassen, aber in die Diktion seines Buches noch nicht einfließen. Zwei Termini spielen dage-

[21] Vgl. dazu auch Roger Chickering, We men who feel most German. A cultural study of the pan-German League, 1886–1914. London 1984; ders., Die Alldeutschen erwarten den Krieg. In: Jost Dülffer und Karl Holl (Hrsg.), Bereit zum Krieg. Kriegsmentalität im wilhelminischen Deutschland 1890–1914. Beiträge zur historischen Friedensforschung. Göttingen 1986, S. 21–32.

[22] Wilhelm Hübbe-Schleiden, Ethiopien. Studien über West-Afrika, mit einer neu entworfenen Special-Karte. Hamburg 1879.

[23] Hier und im folgenden zit. nach Bade, Friedrich Fabri, S. 100.

gen eine große Rolle. »Tropische Kultivation« und »subtropische Kolonisation« sind Eckpfeiler seines Expansionsmodells, das letztlich darauf hinausläuft, Afrikanern »Zivilisation« und »Kultur« zu ermöglichen, den Europäern hingegen Reichtum und Importproduktion. In späteren Publikationen distanziert sich Hübbe-Schleiden zunehmend von England als dem kolonialen Vorbild und bekennt sich zu einer aggressiveren deutschen Überseepolitik. Dadurch zollt er zum einen nationalistischen Strömungen Tribut und öffnet zum anderen sozialen Krisenargumenten die Tore. »Handeln, nicht reden«, so ist von Hübbe-Schleiden zu vernehmen, »deutsche Staatsbeamte und Gelehrte werden dem Deutschen Reich die reale Welt nicht gewinnen, wenn es das deutsche Volk nicht tut.« Auf keinen Fall soll das Reich das »fünfte Rad an Englands Wagen« bleiben.

Ein weiterer, einflußreicher Expansionspublizist ist der aus Sachsen stammende Rittergutsbesitzer Ernst von Weber, der wie Hübbe-Schleiden mehrere Jahre in Übersee gelebt und im Auswärtigen Amt vergeblich für koloniales Engagement geworben hat. ›Vier Jahre in Afrika‹ lautet der Titel des 1878 veröffentlichten Reiseberichts, mit dem er sich neben anderen Schriften als sozialimperialistischer Theoretiker und Verfechter des »Exports der sozialen Frage«[24] vorstellt. In Webers Augen droht eine Anglisierung der Welt, der es entschieden entgegenzutreten gilt. Seine zentrale Aussage ist jedoch, daß das »Mißverhältnis zwischen der Zahl der Besitzenden und der Besitzlosen« korrekturbedürftig ist. Dementsprechend empfiehlt er eine planmäßige »Übersiedlung« des Proletariats, das gegen revolutionäre Ideen nicht immun ist. Seine Lösung lautet: »Verminderung der Zahl unserer ärmsten Arbeiter durch stetige Massenauswanderung und Eröffnung neuer Märkte für unsere Arbeitserzeugnisse durch Aufschließung neuer Handelsgebiete«[25]. Dabei schweben ihm durchaus konkrete Zahlen vor, mindestens 200 000, noch besser aber 300 000 Menschen sollen jährlich das Deutsche Reich verlassen, um in Übersee ihre wirtschaftliche Not abzuschütteln. Auswanderungsziele sind für ihn neben »Neu Deutschland« in Südafrika auch Kolonien in Südamerika. Überzeugt von der Gefahr sozialistischer Verschwörungen geht es ihm erklärtermaßen um ein »Vorbeugen blutiger Revolutionen, die uns in Zukunft mit mathematischer Sicherheit bevorstehen, wenn ihre Ursache, die unaufhaltsam fort-

[24] Hier und im folgenden zit. nach Ernst von Weber, Die Erweiterung des deutschen Wirthschaftsgebiets und die Grundlegung zu überseeischen deutschen Staaten. Ein dringendes Gebot unserer wirthschaftlichen Nothlage. Leipzig 1879.

[25] Zit. nach Bade, Friedrich Fabri, S. 101.

schreitende Überfüllung unseres Landes mit Proletariern, nicht nachdrücklich eingeschränkt und vermindert wird«. Weber stellt damit einen Anspruch auf wissenschaftliche Genauigkeit und suggeriert eine präzise Kenntnis wirtschaftlicher Zusammenhänge. Hübbe-Schleidens, Webers wie auch die Schriften Friedrich Fabris, des »Vaters der deutschen Kolonialbewegung«[26], geben Zeugnis von einem Krisenbewußtsein, in dem Vokabeln wie »Pauperismus«[27] und »Sozialdemokratie« eine große Rolle spielen.

Breitere Kreise zieht die Expansionsdiskussion allerdings erst mit dem Erscheinen der Broschüre ›Bedarf Deutschland der Colonien?‹[28], die 1879 von Friedrich Fabri veröffentlicht wird. Seit dem Revolutionsjahr 1848 ist der Sohn eines Pfarrers und Gymnasialprofessors als Religionslehrer und Gefängnisgeistlicher tätig, bevor er die Leitung der Rheinischen Mission in Barmen übernimmt. Schon in frühen Urteilen über das Zeitgeschehen ist Angst vor Unruhen erkennbar, die aus der Revolutionsphase resultiert und für sein weiteres Leben bestimmend bleibt. »Wir leben«, so notiert er im November 1848, »in einer Zeit der Krisis, dergleichen kaum je, ja seit das Christentum in die Weltgeschichte eingetreten, überhaupt nicht dagewesen ist.«[29] Und weiter: »Ich setze in dieser Beziehung die Gegenwart noch über die Reformationszeit, so unendlich wichtig auch die Bewegungen des 16. Jahrhunderts gewesen sind.« Von den unteren und untersten Schichten des Volkes sieht er eine drohende Gefahr ausgehen, die in Anarchie einmünden kann, sollte nicht bald eine »Heilung« möglich sein. Für sein politisches Credo spielt die soziale Frage also von Anfang an eine ungeheure Rolle, sie bildet den Schlüssel zu seinem Denken und Handeln: »Hinter allen politischen Fragen der Gegenwart steht als Lebensfrage für die Zukunft die sogenannte soziale Frage«, die für ihn im Grunde »die eigentliche Frage des 19. Jahrhunderts« ist. Angesichts des Bevölkerungsdrucks und der Zunahme des Pauperismus ist eine »Massenauswanderung« mehr denn je eine »sozialpolitische Notwendigkeit«[30]. Überbevölkerung, Überproduktion und Kapitalüberschuß sind die Ursachen für die wirtschaftliche und gesellschaftliche Krise des Kaiserreichs. Als Lösung empfiehlt er die »Massenauswanderung« – und fordert eigene Kolonien. Dabei denkt er sowohl an Handels- wie an Sied-

[26] Bade, Friedrich Fabri, S. 31.

[27] Vgl. Wolfgang Hardtwig, Vormärz. Der monarchische Staat und das Bürgertum. München 1985, S. 70–73.

[28] Gotha 1879.

[29] Hier und im folgenden zit. nach Bade, Friedrich Fabri, S. 34f.

[30] Zit. nach Bade, Friedrich Fabri, S. 80.

lungskolonien, die die »Irregeleiteten« – und das sind nach seiner Ansicht revolutionäre Sozialdemokraten – aufnehmen sollen. Ultimo ratio sind Verbrecherkolonien. Fabris Lösung der »sozialen Frage« besteht also in der Auswanderung, die neben der Frage des wirtschaftlichen Exports in der Expansionsdiskussion allgemein breiten Raum einnimmt. Dies vornehmlich aus vier Gründen: Die Emigration wird als schwerwiegender volkswirtschaftlicher »Aderlaß« empfunden, sie läßt sich als »Sicherheitsventil« in sozialökonomischen Krisen funktionalisieren, sie begünstigt den Export und läßt sich agitatorisch weitaus besser »ausschlachten« als trockene wirtschaftliche Statistiken. Am 14. September 1886 hält Fabri vor dem Allgemeinen Deutschen Kongreß in Berlin eine Rede über den »Erfolg« der deutschen Kolonialbewegung und stellt am Ende einen Resolutionsantrag, in dem die deutsche Auswanderung nach wie vor »als wirtschaftlich notwendige, besonders durch unsere Bevölkerungszunahme gebotene Tatsache«[31] charakterisiert wird.

Zuvor hat Fabri Hübbe-Schleiden aufgefordert, im Interesse kolonialer Expansion die Gründe für die als notwendig angesehene überseeische Ausdehnung einem breiten Publikum darzulegen. Am 4. August 1881 erscheint dann in der ›Kölnischen Zeitung‹ ein Aufsatz über die ›Motive zu einer überseeischen Politik Deutschlands‹, in dem Hübbe-Schleiden in enger Anlehnung an Fabris Gedanken und Diktion eine Handinformation für koloniale Wahlkampfdiskussionen liefert – und zum Teil enthusiastische Reaktionen auslöst. Der Afrikaforscher Eduard Robert Flegel vergleicht Hübbe-Schleidens ›Motive‹ in ihrer Bedeutung sogar mit Luthers Wittenberger Thesen. Angesichts der »Ungunst der wirtschaftlichen Lage«[32], der »Übelstände unseres Volkslebens«, der »schädlichen Wirkungen unserer Massenauswanderung« sowie der »Gefahr für unsere Nationalität«, die auch Hübbe-Schleiden in der Anglisierung der in Übersee lebenden Völker erblickt, fordert der Verfechter einer Expansion die Ausdehnung des Wirtschaftsgebietes sowie eine entsprechende Organisation der Auswanderung, um dem Reich diese nationalen Kräfte zu erhalten. Daß es in letzter Konsequenz nicht nur um Kolonialerwerb geht und die Abwehr englischen Einflusses keinen Selbstzweck darstellt, verdeutlicht der emphatische Appell: »Überseeische Politik ist daher das Ziel, welches wir bei jeder sich uns bietenden Gelegenheit im Auge zu behalten haben. Überseeische Politik allein vermag auch den Grund zu legen zu einer Weltmacht Deutschlands!« Zu Beginn der achtziger Jahre löst die Vokabel

[31] Zit. nach Bade, Friedrich Fabri, S. 357.
[32] Hier und im folgenden zit. nach Bade, Friedrich Fabri, S. 147ff.

»Weltmacht« jedoch noch keine Resonanz aus, Hamburger Kaufleute können mit diesem konturlosen Begriff nichts anfangen, und in den Vorstandszimmern deutscher Banken zeigt man sich gegenüber Kolonien ohnehin verschlossen.

In derselben Ausgabe der ›Kölnischen Zeitung‹, die Hübbe-Schleidens Artikel abdruckt, wird ein Kommentar publiziert, der die Reichstagswahl und überseeische Politik thematisiert. In diesem vermutlich von Fabri selbst stammenden Aufsatz werden die einzelnen Schritte zur Realisierung kolonialer Politik vorgezeichnet. Die erste Stufe, so der Verfasser, besteht darin, durch intensive Propaganda überhaupt erst das Bewußtsein der Öffentlichkeit für koloniale Fragen zu wecken. Der zweite Schritt besteht aus vorbereitenden Maßnahmen zur Organisation der Auswanderung und vor allem aus einem Transfer der Diskussion in den Reichstag, wo drittens aktive Kolonialpolitik initiiert werden muß. Doch den Propagandisten bleibt der erhoffte Erfolg zunächst versagt. Die überseeische Politik wird nicht zur Wahlkampfparole der Parteien, und die Hansestädte lassen sich von den wirtschaftlichen Weltmachtträumen eines Hübbe-Schleiden kaum beeindrucken.

Trotz allem ist die koloniale Frage nunmehr Bestandteil öffentlicher Diskussion geworden. Für Fabri sind die ersten Niederlagen kein Anlaß, die Bemühungen einzustellen; im Gegenteil, mit Vehemenz setzt er sich weiter für den kolonialen Gedanken ein. Längst ist er davon überzeugt, daß der Kolonialismus für die Entwicklung Deutschlands eine »Lebensfrage« schlechthin geworden ist. Vorbei sind die Zeiten, in denen Deutschland allein durch Intellekt und Literatur brillieren konnte. »Wir sind politisch und sind auch mächtig geworden«, so notiert er 1879 und hält es mit dem französischen Nationalökonomen Pierre Paul Leroy-Beaulieu, der sein großes Opus über Kolonisation[33] mit der Diagnose schließt: »Diejenige Nation ist die größte in der Welt, welche am meisten kolonisiert; wenn sie es heute nicht ist, wird sie es morgen sein.« Keine Frage, wer in den achtziger Jahren diese Position einnimmt. Englands Stärke allerdings nur nach der Zahl seiner Heeresmannschaft einzuschätzen, wie manche Zeitgenossen es tun, offenbart in Fabris Augen das »Raisonnement eines Spießbürgers«. Beredtes Zeugnis für Englands kulturelle Kraft sind nach Fabris Überzeugung die weltumspannenden Besitzungen, für deren Kontrolle kaum ein Viertel des Militärs der kontinentalen Staaten nötig ist. Welche Maximen lassen sich daraus ableiten? Auf keinen Fall eine anglo-

[33] De la colonisation chez les peuples modernes. Paris 1874, 4. Aufl. 1891.

phobe Politik, die Englands Leistungen schmälert. »Was verstehen wir bis heute von Kolonien und Kolonial-Politik?«, so fragt der ehemalige leitende Inspektor der Rheinischen Mission in Barmen eher rhetorisch. Wenig traut er deutschen Geheimräten zu, noch weniger der Ausbildung zwischen »Kneipe und Kolleg«. Vorbild dagegen ist der koloniale englische Beamtenstand, charakterisiert durch »Lebenserfahrung und Geschick«, »Humanität und Selbständigkeit des Charakters«. Aus diesem Befund leitet er die praktische Forderung ab, von dem kolonialen Geschick der angelsächsischen Vettern zu lernen und – in friedlichem Wetteifer – ihnen nachzustreben. Die Bewahrung deutscher Machtstellung bedarf eines soliden Fundaments, und dieses sieht Fabri in einer »Kultur-Mission« und dem »kolonisatorischen Beruf«. Der Inspektor will Verständnis für die Bedeutung und Notwendigkeit kolonialer Besitzungen wecken und fordert zugleich eine Art »Juniorrolle« für das Deutsche Reich in seinem Verhältnis zu England. Doch die Bereitschaft für eine solche Selbstbeschränkung besteht weder jetzt noch in den neunziger Jahren, noch nach der Jahrhundertwende. Zunächst einmal muß Fabri sich mit der Erkenntnis abfinden, daß kolonialer Erwerb nicht nur keineswegs beherrschende Schlagzeile der Presse ist, sondern sich zum Teil auch Widerstand gegen seine Absicht formiert, durch überseeische Expansion die deutsche Machtentfaltung und ihren Bestand zu garantieren.

Vom 21. bis zum 28. Oktober 1880 tagt in Berlin der 19. Kongreß Deutscher Volkswirte[34]. Gesprochen wird über Auswanderung, Expansion und ihre Verfechter, die »Kolonial-Chauvinisten«. Friedrich Kapp, nationalliberaler Politiker und Mitglied des Reichstags, übt sich in Spott und zersetzender Kritik an der Agitation der letzten Jahre; und mit analytischem Blick prognostiziert er: »Die ganze Welt betrachtet uns mit Mißtrauen, und die Engländer erst recht. Überhaupt kann sich wohl ein Privatmann da, wo er eine günstige Gelegenheit erspäht, in eine neue und größere Stellung hineindrücken; ein Staat, eine Großmacht aber muß mit allen ihren Machtmitteln eintreten, wenn sie eine neue Position erringen und behaupten will. Es darf ihr dann selbst auf einen Krieg nicht ankommen, und wenn sie ihn nicht will, so wird er ihr von ihrem mißgünstigen Nachbarn aufgedrängt werden. Aber diese sich ganz von selbst verstehende Perspektive schweigen unsere would-be-Kolonisatoren wohlweislich tot. Sie denken, erst drücken wir unsere Wünsche durch, und dann mögen die anderen weiter sehen.« Kapp weiß

[34] Im folgenden zit. nach Hans Fenske (Hrsg.), Im Bismarckschen Reich 1871–1890. (Freiherr vom Stein-Gedächtnisausgabe, Bd. VI), Darmstadt 1978, S. 258ff.

genau, daß ihm diese Feststellungen den Ruf eines »schlechten Deutschen« eintragen werden, wenn nicht gar das Attribut des »Reichsfeindes«. Und trotzdem ist er der Ansicht, daß das Reich ungleich wichtigere Aufgaben wahrzunehmen hat, als »mit fremden Weltteilen anzubinden und Abenteuer zu suchen«. Dies ist keine Absage an einen expandierenden Handel, zu dem Kohlen- und Flottenstationen nötig sein mögen, wohl aber an eine Prestige-, Kolonial- und schließlich auch »Weltpolitik«, wie sie die Regierung in den neunziger Jahren auf ihre Fahnen schreiben wird. Auch das Argument der Auswanderung, das Hübbe-Schleiden und seine Anhänger immer wieder vortragen, findet bei den in Berlin versammelten Volkswirten keine Resonanz. Handelt es sich dabei nicht eher um eine jahrtausendealte Erscheinung im Völkerleben, die zugegebenermaßen einen gewissen wirtschaftlichen Schaden zur Folge haben kann, aber die Risiken überseeischer Expansion keineswegs rechtfertigt? Läßt sich diesem ökonomischen Aderlaß nicht nur entgegenwirken, indem der einzelne die Möglichkeit erhält, seine geistigen und wirtschaftlichen Kräfte frei zu entfalten? Dann die Kolonisation! Ist sie nicht im Grunde zu einem Anachronismus geworden in einer Zeit, in der freier Welthandel triumphiert? Bieten Handelsverträge nicht die Gewähr für wirtschaftlichen Profit, den die Kolonisation letztlich nicht zu bieten vermag? Von Kultur und Mission ist keine Rede, erst recht nicht von der »verheißungsvollen Bahn nationaler Entwicklung«, wie sie Fabri in Übersee vorschwebt. Und so beschließt der Kongreß: »Während der Reichsregierung die Pflicht obliegt, die Auswanderung auf Grund bestehender Gesetze unbehelligt zu lassen, sie aber vor Ausblutung und Bedrückung zu schützen, hält es der volkswirtschaftliche Kongreß für nicht zulässig, daß auf Kosten der Gesamtheit und zu Gunsten einzelner Klassen teuere und aussichtslose, wenn auch wohlgemeinte Versuche mit Errichtung irgendwelcher Art von Kolonien angestellt werden.«

Erwerb von Schutzgebieten: Die Geburtsstunde des deutschen Kolonialreichs

Ein Blick auf Weltkarten zur Geschichte der europäischen Expansion zeigt, daß der größte Teil des deutschen Überseebesitzes in den achtziger Jahren des 19. Jahrhunderts erworben wurde. Die Entscheidung zu diesem Schritt fiel in die Regierungszeit eines Kanzlers, der nie ein Hehl aus seiner Abneigung gegen Kolonien machte und entsprechende Propaganda mit dem schlichten Hinweis beschied, sein Hauptaugenmerk gelte der Gestaltung der europäischen Politik. An dieser Maxime änderte sich auch in der letzten

Dekade seiner Amtszeit nichts. Der am Ende widerwillig gefaßte Entschluß, überseeische Territorien unter den Schutz des Reichs zu stellen, resultierte primär aus Bismarcks Beurteilung der veränderten internationalen Gesamtlage und ist dementsprechend »funktional zu der Situation in Europa«[35] zu interpretieren. Die Reaktionen der Nachbarn sind unterschiedlich. Die deutsche Partizipation am »scramble for Africa« löst beispielsweise in Großbritannien Überraschung und zeitweilige Verstimmung aus. Die überseeische Rivalität nimmt allerdings weder in den achtziger Jahren noch bis zum Ausbruch des Ersten Weltkriegs eine solche Intensität an, daß das bilaterale Verhältnis irreparablen Schaden davongetragen hätte. Im Gegensatz zur »Weltpolitik« der neunziger Jahre und des beginnenden 20. Jahrhunderts bewirkt Deutschlands Debüt als Kolonialmacht jenseits des Kanals kein Gefühl der Bedrohung.

Welche Motive haben Bismarck in den sechziger und siebziger Jahren bewogen, dem informellen und indirekten Freihandelsexpansionismus gegenüber dem direkt-formellen Kolonialbesitz den Vorzug zu geben? Gegenüber dem Kriegsminister Graf Albrecht von Roon begründet er seine Abneigung 1868 folgendermaßen: »Einerseits beruhen die Vorteile, welche man sich von den Kolonien für den Handel und die Industrie des Mutterlandes verspricht, zum großen Teil auf Illusionen. Denn die Kosten, welche die Gründung, Unterstützung und namentlich die Behauptung der Kolonien veranlaßt, übersteigen sehr oft den Nutzen, den das Mutterland daraus zieht, ganz abgesehen davon, daß es schwer zu rechtfertigen ist, die ganze Nation zum Vorteil einzelner Handels- und Gewerbezweige zu erheblichen Steuerlasten heranzuziehen. – Andererseits ist unsere Marine noch nicht weit genug entwickelt, um die Aufgabe nachdrücklichen Schutzes in fernen Staaten übernehmen zu können.«[36] Es ist vor allem eine direkte staatliche Betätigung, die Bismarck unter keinen Umständen wünscht, neben der Sorge, in fernen Weltteilen leicht verwundbar zu sein. Daher ist es nur allzu konsequent, daß der Reichsgründer trotz kolonialer Agitation nach dem deutsch-französischen Krieg 1870/71 das Angebot aus Paris ablehnt, Kochinchina in deutschen Besitz einzureihen, um dafür – wie in der französischen Metropole erhofft – von einer Annexion Elsaß-Lothringens abzusehen. Bismarck weiß sich auch mit seinem späteren Nachfolger Leo Graf von Caprivi in der Ablehnung von Kolonial-

[35] Lothar Gall, Bismarck. Der Weiße Revolutionär. 3. Aufl. Frankfurt a.M. 1980, S. 623.

[36] Zit. nach Hans Georg Steltzer, Die Deutschen und ihr Kolonialreich. Frankfurt a. M. 1984, S. 23.

besitz einig. Diesem wird dann nichtsdestotrotz die unangenehme Aufgabe zufallen, die Pazifikation der ersten deutschen Kolonie einzuleiten.

Warum also ist Bismarck schließlich zu einer aktiven Kolonialpolitik übergegangen, die im Widerspruch zu den zentralen Aussagen des Kissinger Diktats steht und mit seiner immer wieder artikulierten Aversion nicht in Einklang zu bringen ist? Es darf als gesichert gelten, daß nicht ein einzelnes Motiv, sondern eine Reihe von Gründen diese Meinungsänderung herbeigeführt hat. Von erheblicher Bedeutung ist für den Reichskanzler die Tatsache, daß 1884 Wahlen stattfinden, die es zu gewinnen gilt. Zwar ist die Forderung nach überseeischem Besitz bisher nicht zum nationalen Gemeingut geworden und sicher hat Bismarck sich nicht mit einer Propaganda identifizieren wollen, die für den »Export der sozialen Frage« plädiert und Rettung vor »Versumpfung« anmahnt, doch sucht er dem »Kolonialfieber« zur Stärkung der regierungsfreundlichen Parteien Rechnung zu tragen.

Daß von einer tatsächlichen »Bekehrung« des Kanzlers keine Rede sein kann, beweist die Äußerung gegenüber einem Mitarbeiter des Auswärtigen Amts: »Die ganze Kolonialgeschichte ist ja Schwindel, aber wir brauchen sie für die Wahlen.«[37] Ohne Zweifel spielen wirtschaftliche Überlegungen bei seinem Entschluß eine weitere Rolle. Das Motiv des »providing new markets for the products of German industry«[38] wird im Ausland auch durchaus als berechtigtes Anliegen anerkannt. Bis zum Kriegsausbruch werden allerdings lediglich 2 Prozent des deutschen Auslandskapitals in überseeischen Gebieten investiert. Die ökonomische Bilanz der kolonialen Ära besteht – wie 1884 allerdings noch nicht absehbar ist – in einer »Privatisierung der Gewinne bei einer Sozialisierung der Verluste«[39]. Bismarck hat den wirtschaftlichen Wert auch relativ gering veranschlagt, übrigens im Einklang mit maßgebenden Wirtschaftskreisen.

Hat der Kanzler einen Konflikt mit Großbritannien herbeiführen

[37] Zit. nach Norman Rich und M. H. Fisher (Hrsg.), Die geheimen Papiere Friedrich von Holsteins. Bd. 2: Tagebuchblätter. Göttingen 1957, S. 174; Norman Rich, Friedrich von Holstein. Politics and Diplomacy in the Era of Bismarck and Wilhelm II. 2 Bde, Cambridge 1965.

[38] George Baden-Powell, The Expansion of Germany. In: NC 16 (1884), S. 869–898, hier S. 871.

[39] Klaus J. Bade, Die deutsche Kolonialexpansion in Afrika. Ausgangssituation und Ergebnis. In: Walter Fürnrohr (Hrsg.), Afrika im Geschichtsunterricht europäischer Länder. Von der Kolonialgeschichte zur Geschichte der Dritten Welt. München 1982, S. 13–47, hier S. 38.

wollen, als er nach langen Querelen mit englischen Ministerien die Erwerbungen des Kaufmanns Adolf Lüderitz in Südwestafrika unter den Schutz des Reichs stellt? Eine gewisse Besorgnis vor einem deutschen »Kabinett Gladstone« besteht. Bekannt ist, daß Kronprinz Wilhelm und seine Gemahlin, Tochter der englischen Königin, der Einführung eines parlamentarischen Systems keineswegs abgeneigt gegenüberstehen. Und wahrscheinlich ist in einem solchen Fall die Entlassung des Reichsgründers. Liegt es da nicht nahe, London bewußt zu brüskieren, um seinen Nachfolger auf die bevorzugte Verbindung mit St. Petersburg festzulegen? Oder favorisiert Bismarck eine deutsch-französische (Kolonial-)Allianz, an der in begrenzter Form auch der französische Ministerpräsident Jules Ferry interessiert ist? Das Verhältnis wird durch die elsaß-lothringische Frage nach wie vor sehr belastet. Angesichts der französisch-britischen Differenzen in der ägyptischen Frage wird in Paris eine (koloniale) Entfremdung zwischen Berlin und London begrüßt. Und Bismarck ist durchaus bereit, französischen Kolonialerwerb zu begünstigen, um den »General Revanche« im Zaum zu halten. Möglicherweise geht es ihm auch darum, eine »Art kontinentaler Blockbildung« gegen Rußland und England zu realisieren. Beide stehen sich in Afghanistan feindlich gegenüber. Oder dient der Eintritt in den »scramble for Africa« dazu, Territorien zu erwerben, die später gewissermaßen als Kompensationsobjekte für ein Entgegenkommen Englands an den Dreibund funktionalsiert werden sollen? Welchem Motiv auch rückblickend Vorrang gegeben werden mag, fest steht, daß die koloniale Propaganda Bismarck nicht in ihren Bann schlägt. Ein »Überzeugungstäter« ist er keineswegs.

Zur Jahreswende 1884/85 bietet sich dem Reich eine Gelegenheit, auf der internationalen Bühne aktiv zu sein, ohne sich in überseeische Konflikte einlassen zu müssen. Vom 15. November 1884 bis zum 26. Februar 1885 tagt in Berlin die Afrikakonferenz[40], in deren Verlauf Bismarck als nicht uneigennütziger Mittler auftritt. Die Reichshauptstadt wird immerhin zum Schauplatz von Beratungen, an denen die bedeutendsten Kolonialmächte der Zeit teilnehmen. Bis zu diesem Zeitpunkt ist das Reich lediglich eine Kontinentalmacht, jetzt tritt es international als Staat mit eigenen Kolonien auf. Vor dem Hintergrund der nach wie vor ungelösten ägyptischen

[40] Vgl. F. T. Gatter (Hrsg.), Protokolle und Generalakte der Berliner Afrika-Konferenz 1884–1885. Bremen 1985; Stig Förster, Wolfgang J. Mommsen und Ronald Robinson, Bismarck, Europe and Africa. The Berlin Africa Conference 1884–85 and the Onset of Partition. Oxford 1988.

Krise[41] werden Verhandlungen geführt, die u. a. das reiche Kongobecken in einen souveränen Staat Leopolds II. verwandeln, eine Freihandelszone schaffen sowie Bestimmungen für die Schiffahrt auf dem Niger und Abmachungen für den Sklaven- und Waffenhandel festlegen[42]. Aus deutscher Sicht sind Verlauf und Ergebnis der Konferenz zufriedenstellend. Da Bismarck den Methoden des Informal Empire grundsätzlich den Vorzug gibt, kann er im Frühjahr 1885 mit Genugtuung konstatieren, daß durch die Vereinbarung über die Schaffung einer Freihandelszone seine Wunschvorstellung realisiert worden ist. Im übrigen ein Ergebnis, das aus der deutsch-englischen Zusammenarbeit resultiert.

Trotz der Auseinandersetzungen um Südwestafrika wird in England eine deutsche wirtschaftliche Präsenz auf dem afrikanischen Kontinent einer französischen Penetration bei weitem vorgezogen. In einem abschließenden Bericht an den englischen Außenminister Lord Granville vom 21. Februar 1885 zieht der englische Botschafter in Berlin, Sir Edward Malet, ein positives Resümee[43] der mehrmonatigen Verhandlungen. Die europäische Öffentlichkeit, so schreibt er, ist über afrikanische Fragen nunmehr besser unterrichtet, Mißtrauen unter den Konferenzteilnehmern konnte abgebaut werden und substantielle englische Konzessionen sind nicht nötig. Die Generalakte enthält keine einzige Bestimmung, die langfristig zu Kollisionen mit dem Deutschen Reich führen könnte. Und was noch viel wichtiger ist: die anfänglich drohende deutsch-französische Kooperation hat sich in ein Nichts aufgelöst. Auf wenig Sympathie ist in London allerdings die Tatsache gestoßen, daß der bisher praktizierten informellen Herrschaft der Todesstoß versetzt worden ist. Die Konferenzteilnehmer haben sich nämlich darauf geeinigt, nunmehr das Prinzip der »effektiven Okkupation« obwalten zu lassen. Beanspruchter Besitz ist fortan durch Besetzung und internationale Bekanntgabe anzuzeigen! Unpräzise Grenzzonen sollen nun durch genaue Demarkationslinien ersetzt werden. »Der Imperialismus hatte sich in Berlin Verfahrensgrundsätze gegeben; jetzt konnte die Teilung erst richtig beginnen!«[44] An die Durchsetzung einer afrika-

[41] Vgl. Martin Kröger, Le bâton égyptien – Der ägyptische Knüppel. Die Rolle der »ägyptischen Frage« in der deutschen Außenpolitik von 1875/6 bis zur »Entente Cordiale«. Frankfurt a. M. 1991.

[42] Für den Wortlaut der Generalakte vgl. St 44 (1885), Nr. 8605.

[43] Vgl. Malet an Granville, 21.2.1885, PRO/FO 84/1713.

[44] Wolfgang Reinhard, Geschichte der europäischen Expansion. Bd. 4: Dritte Welt Afrika, Stuttgart 1990, S. 54.

nischen »Monroe-Doktrin«[45], wie sie noch dem früheren englischen Kolonialminister Lord Carnarvon vorgeschwebt hat, ist nicht mehr zu denken. Allerdings erweist sich die Generalakte in der Zukunft auch nicht als Allheilmittel, das territoriale Dispute unterbinden könnte.

Als Bismarck am 24. April 1884 die Erwerbung des Kaufmanns Lüderitz in dem berühmten Telegramm an den Konsul Lippert in Kapstadt unter den Schutz des Deutschen Reichs stellt, wird zum einen dem informellen und indirekten Freihandelsexpansionismus eine Absage erteilt und zum anderen ein Schlußstrich unter die deutsch-britischen Auseinandersetzungen gezogen, die gut sechs Monate Diplomaten beiderseits des Kanals und nicht zuletzt die Kapkolonie in Atem gehalten haben.

Noch 1884 hatte eine südafrikanische Delegation gegenüber dem britischen Premierminister zu verstehen gegeben, daß nicht nur die Deutschen keine gerngesehenen Gäste auf dem afrikanischen Kontinent, sondern Nachbarn grundsätzlich – unabhängig von ihrer Nationalität – unwillkommen seien. Diese Einstellung zeugte von beachtlichem Selbstbewußtsein und ließ nichts Gutes für den erhofften, der als kolonialer »newcomer« an einer sandigen und unwirtlichen Küste im westlichen Afrika Fuß fassen wollte. Die an den britischen Premierminister Lord Salisbury gerichtete Mahnung war letztlich Ausdruck der Gratwanderung, die Whitehall 1884 zwischen dem Expansionsbedürfnis der eigenen Kolonien und der Aufrechterhaltung freundschaftlicher Beziehungen mit Berlin zu vollführen hatte. Die beiden Variablen in dieser politischen Rechnung bestanden einerseits in der Intensität der Annexionsforderungen, die die überseeische Kolonie stellte, und andererseits in der Bedeutung, die eine Frage besaß, in der England ein Einvernehmen mit dem Deutschen Reich wünschte. Was war geschehen?

Bereits in der ersten Hälfte des 19. Jahrhunderts hatten sich in dem Terrain nördlich der Kapkolonie Vertreter der Rheinischen Missionsgesellschaft eingefunden, um Zeugnis für ihren christlichen Glauben abzulegen. Lange konnten sie ihrer missionarischen Aufgabe nachgehen, ohne ein Opfer der Konflikte zwischen den ethnischen Gruppen – insbesondere der Herero und Nama – zu werden. Doch als die Auseinandersetzungen eskalierten, erbaten sie in ihrer Bedrängnis den Schutz der Reichsregierung, die zunächst getreu ihrer bisherigen kolonialpolitischen Abstinenz das Ersuchen an die

[45] Vgl. George Neville Sanderson, The European Partition of Africa. Origins and Dynamics. In: Ders. und Roland Oliver, The Cambridge History of Africa. Bd. 6, Cambridge 1985, S. 96–158, hier S. 100.

britische Regierung weiterleitete. Außenminister Granville stellte jedoch unzweideutig fest, daß sich London nicht in der Lage sehe, Verantwortung über die engen Grenzen der Walfischbucht[46] hinaus zu übernehmen.

Im November 1882 nahm der Bremer Tabakhändler Adolf Lüderitz mit dem Auswärtigen Amt Verbindung auf und bat um Protektion für eine Handelsniederlassung, die südlich der Walfischbucht gegründet werden sollte. In Berlin konnte man sich nicht spontan dazu entschließen, der Bitte eines unbekannten Kaufmannes zu entsprechen. Erst im Februar 1883 beauftragte der Kanzler seinen Sohn Herbert, die englische Regierung von Lüderitz' Absicht zu informieren, und ließ gleichzeitig anfragen, ob London über Souveränitätsrechte in dem betreffenden Territorium verfüge bzw. bereit sei, den gewünschten Schutz zu gewähren. Granville antwortete ausweichend, wollte zunächst über die exakte geographische Lage der Faktorei unterrichtet werden und konnte sich erst recht nicht dazu verstehen, die Kapkolonie zu einer Ausdehnung ihres Herrschaftsbereichs zu ermuntern. Erst nach einer erneuten deutschen Anfrage im November 1883 erklärte der britische Außenminister, zwar sei »die Souveränität Ihrer Majestät nicht längs der ganzen Küste, sondern nur an bestimmten Punkten wie Walfisch-Bai und auf den Inseln von Angra Pequena« proklamiert worden, doch würden »irgendwelche Souveränitäts- oder Jurisdiktionsansprüche einer fremden Macht auf das Gebiet zwischen der südlichen Grenze der portugiesischen Oberhoheit am 18. Breitengrad und der Grenze der Kap-Kolonie in ihre legitimen Rechte eingreifen«[47].

Trotz seiner Abneigung gegen koloniale Besitzergreifungen war Bismarck nicht gewillt, diese Diktion hinzunehmen, die jeder »rechtlichen Grundlage« entbehrte und der von Lord Carnarvon postulierten »Monroe-Doktrin« gleichkam. Abermals sprach er den Wunsch aus, genauer informiert zu werden – und mußte sechs Monate auf die Antwort warten. Inzwischen konnte Lüderitz einen ersten Erfolg verbuchen. Das Kabel, das der Kanzler am 24. April 1884 nach Kapstadt sandte, ließ Bismarcks koloniale Absichten jedoch nicht eindeutig erkennen. Es besagte lediglich, daß sich die von Lüderitz erworbenen Territorien unter Reichsschutz befänden. Die deutsche Botschaft in London wurde angewiesen, das englische Außenministerium entsprechend zu unterrichten. In einer ausführ-

46 Vgl. Edward Dicey, Walfish Bay. In: EmR 15 (1908), S. 338–344; Ronald D. Dreyer, Dispute over Walvis Bay: Origins and Implications for Namibian Independence. In: AfA 83 (1984), S. 497–510.

47 Granville an Münster, 21. November 1883. In: St 43 (1885), Nr. 8293 (Anlage).

lichen Instruktion an den deutschen Botschafter in London, Georg Herbert Graf Münster[48], vom 1. Juni ließ der Kanzler die Ereignisse der letzten Monate Revue passieren, kritisierte heftig den Gedanken einer Monroe-Doktrin (»völkerrechtliche Abnormität«) und erklärte die Verpflichtung des Reichs, Schutz auch den Handelsunternehmen deutscher Untertanen zu gewähren, die mit Landerwerb in Übersee gekoppelt seien. Und schließlich ermahnte er den Botschafter: »Unser Verhalten muß darauf gerichtet sein, den Eindruck zu verhüten, als ob wir dem in der Tat aufrichtig vorhandenen Wunsch des guten Einvernehmens mit England vitale Interessen Deutschlands opfern könnten.«[49] Das Ergebnis: Mit gezwungener Leutseligkeit erklärte Granville im August die Auseinandersetzung für ein Mißverständnis.

Natürlich war im Vorfeld der Berliner Afrikakonferenz die Jagd nach kolonialem Einfluß nicht zum Stillstand gekommen. Weitere Territorien wurden unter den Schutz des Reichs gestellt, ohne daß Bismarck dazu expressis verbis den Auftrag erteilte. Im Gegensatz zu Deutsch-Südwestafrika hatten an der westafrikanischen Küste hanseatische Handelshäuser wie C. Woermann und Jantzen & Thormälen bereits seit den siebziger Jahren einen florierenden Handel ins Leben gerufen und stellten eine ernste Konkurrenz für englische Firmen dar. Da die deutschen Wirtschaftsinteressen sich allerdings zunehmend französischem und englischem Druck ausgesetzt sahen, suchte Adolph Woermann in Berlin Unterstützung und fand bei diesem Schritt sogar die Rückendeckung einheimischer Häuptlinge, die britischen Einfluß begrenzen wollten. Die Initiative des Geschäftsinhabers stieß im Auswärtigen Amt auf Resonanz. Am 14. Juli 1884 stellte Reichskommissar Gustav Nachtigal das Territorium am Kamerun unter deutschen Schutz und kam dem englischen Konsul Edward Hewett zuvor, der sich mit dem Gebiet um Victoria begnügen mußte, und lediglich das Nigerdelta sowie die Kamerunküste für Großbritannien reklamieren konnte (»the too late consul«). Auch beim Erwerb Togos ergaben sich keine langwierigen diplomatischen Verwicklungen, wie sie der »Schutzerklärung« über Südwestafrika vorangegangen waren. Noch im Juli 1884 hißte Nachtigal ohne Bismarcks ausdrückliche Ermächtigung die deutsche Flagge, um den Handel zu schützen.

Nachdem im Sommer 1884 die Ziele in Westafrika abgesteckt waren, wurden die Differenzen mit England erst einmal ad acta

[48] Vgl. dazu auch Gregor Schöllgen, Die Unbotmäßigen? Des Kaisers Londoner Botschafter. In: NPL 24 (1979), S. 384–398.

[49] GP 4, Nr. 743.

gelegt, auch wenn sich einzelne Kontroversen um Grenzfragen noch über Jahre hinzogen. Gebiete wie die Santa-Lucia-Bai, das Pondoland und die Delagoabucht sorgten kurzfristig für Gesprächsstoff, in keinem Fall aber war Bismarck daran gelegen, substantielle und »rechtmäßige« englische Interessen in Frage zu stellen. Der Reichskanzler trieb Kolonialpolitik ohne Überzeugung und wollte nicht mit einer Weltmacht in Konkurrenz treten, die bereits über ein riesiges Kolonialreich verfügte. Der zeitgenössische Ausspruch »England has both colonists and colonies, Germany colonists but no colonies, and France colonies but no colonists« war zwar nunmehr durch den Erwerb von Kolonien korrigiert worden, doch änderte dies nichts an der Tatsache, daß Bismarck bis zu seinem Rücktritt der Kolonialpolitik ablehnend gegenüberstand, zumal er rasch erkennen mußte, daß die Verhältnisse in Übersee eine beachtliche Eigendynamik entfalteten und die Kolonisten ungeachtet ihrer Nationalität mitnichten willige Befehlsempfänger der Metropolen waren.

Deutsch-Ostafrika gehörte mit zu den letzten Territorien, die auf dem Schwarzen Kontinent unter den Schutz des Reichs gestellt wurden. Obwohl sich seit langem Hamburger Handelshäuser auf Sansibar engagierten, hatten sie keine Notwendigkeit gesehen, analog zu den Ereignissen in Westafrika das Festland vor dem Zugriff europäischer Konkurrenten zu »schützen« und im Auswärtigen Amt vorstellig zu werden. Bereits in den siebziger Jahren hatte sich der Sultan von Sansibar, Seyid Bargasch ben Said, an Berlin mit der Bitte gewandt, die Insel zu einem deutschen Protektorat zu erklären, um englische Annexionsabsichten im Keim zu ersticken. Bismarck hatte diesem Wunsch nicht entsprochen. Der Handel mit der Insel prosperierte, Verwicklungen mit Großbritannien waren unerwünscht. Als die Jagd nach Besitz in Afrika eingeläutet wurde, war das gesamte mittlere Ostafrika eine terra incognita, die für den Handel noch nicht erschlossen und von europäischen Grenzziehungen unbeeinträchtigt geblieben war. Zwar gab es auf Sansibar einen deutschen Generalkonsul, doch bestand seine Aufgabe primär in der Förderung der Wirtschaftsbeziehungen, an territorialen Erwerb wurde nicht gedacht. All dies änderte sich mit der Gründung der »Gesellschaft für deutsche Kolonisation« im März 1884 durch Carl Peters, einer »eigentümlichen Mischung aus Marktschreier, Patriot und Judenfresser, der von dem Wunsch beseelt war, es den englischen Erfolgen in der überseeischen Welt gleichzutun«[50]. Die

[50] Gordon A. Craig, Deutsche Geschichte 1866–1945. Vom Norddeutschen Bund bis zum Ende des Dritten Reiches. (1978), München 1985, S. 116; Martin Reuss, The

Motive des niedersächsischen Pastorensohns waren weniger wirtschaftlicher Natur. Getrieben von einem krankhaften Geltungsbedürfnis, wollte er seinen »Namen ein für alle Mal in die deutsche Geschichte eingraben«[51]. Im Herbst schickte er sich ohne jegliche offizielle Unterstützung in einer vierköpfigen Expedition an, das ostafrikanische Festland zu erforschen. Das Ergebnis waren »Verträge« mit einheimischen Herrschern, die in Unkenntnis der Methoden und Folgen Fremden Hoheitsrechte und privatrechtlichen Besitz abtraten, ohne einen adäquaten Gegenwert zu erhalten. Peters präsentierte diese Verträge in Berlin und bat um einen Schutzbrief, der ihm am 27. Februar 1885 überraschend schnell gewährt wurde. Der Grund dafür mag in der Tatsache gelegen haben, daß Peters nach Gründung der »Deutsch-Ostafrikanischen Gesellschaft« eine wirtschaftliche Nutzung in Aussicht stellte, die das Reich jeglicher Pflichten entheben würde[52]. Am 25. April erfolgte die offizielle Proklamation der deutschen Herrschaft, doch bald sollte sich zeigen, daß auch dieses Projekt auf Sand gebaut war und Peters' optimistische Voraussagen jeder Realität entbehrten.

Südsee

»Am 17. November 1884«[53], so notierte der Schiffsarzt Harry Koenig, »bei klarem schönen Wetter, fuhr S. M. S. ›Elisabeth‹ langsam in den Friedrich-Wilhelms-Hafen an der Westseite [...] auf Neuguinea ein; Kapitän Dahlmann, der Entdecker des Hafens, weilte als Gast des Kommandanten an Bord unseres Schiffes. Die schmale Einfahrt, deren Ufer weitüberhängende Mangrovebäume besäumen, mündet in mehrere Buchten. Die Bergspitzen, die im Hintergrund hervorragen, sind von den Engländern ›Gladstone‹ und ›Disraeli‹ benannt worden. Sie werden überragt von einem mächtigen Gebirgszug, dessen Höhe wir auf 20000 Fuß schätzen; diesem hat der Entdecker – mit Bewilligung S. M. des Kaisers – den Namen Bismarckgebirge gegeben. Das Wasser der Bucht ist tief genug, um den größten Schiffen sicheren Grund zum Ankern zu bieten. Wild und üppig ist die Vegetation, die den Strand bedeckt; fast unmöglich ist es, durch die dichten Bäume und Gebüsche durchzudringen, und erst nach zweitägiger Arbeit gelang es, einen freien

Disgrace and Fall of Carl Peters. Morality, Politics, and ›Staatsräson‹ in the Time of Wilhelm II. In: CEH 14 (1981), S. 110–141.

[51] Zit. nach Gründer, Geschichte der deutschen Kolonien, S. 86.

[52] Vgl. ferner H.P. Merritt, Bismarck and the German Interest in East Africa. In: HJ 21 (1978), S. 97–116.

[53] Zit. nach Steltzer, Die Deutschen und ihr Kolonialreich, S. 54.

Platz herzustellen, in dessen Mitte die deutsche Flagge gehißt werden konnte.«

Nicht nur auf dem Schwarzen Kontinent, auch in der Südsee existierten noch »herrenlose« Territorien, die im Kolonialrausch für das Deutsche Reich reklamiert und gegen nicht unerheblichen Widerstand insbesondere Australiens schließlich unter den Schutz Berlins gestellt wurden. Am 27. November 1882 erschien in der ›Allgemeinen Zeitung‹ ein Aufsatz, der die »Kultivation Neuguineas« als »Pflicht der deutschen Nation« bezeichnete. Bereits früher hatte es Überlegungen gegeben, die Nordostküste Neuguineas mit einem Netz von Handelsniederlassungen zu überziehen, im November 1880 beispielsweise überreichte Adolf von Hansemann Bismarck ein entsprechendes Memorandum. Der Artikel zeitigte allerdings eine ganz unerwartete Wirkung. Englischen Kolonialkreisen war die deutsche Expansionspropaganda keineswegs entgangen; die Folge waren heftige und monatelange Diskussionen in Australien, Neuseeland und Großbritannien, in denen immer wieder die Forderung nach einer Annexion Neuguineas zu vernehmen war. Der britische Premierminister William Ewart Gladstone sah sich sogar genötigt, den Übereifer der australischen Kolonialregierung zu zügeln, die eigenmächtig den östlichen Teil der melanesischen Insel annektiert hatte. Analog zur Angra-Pequena-Affäre entzündete sich zwischen Berlin und London eine lebhafte diplomatische Aktivität, im Unterschied zur kolonialen Krise der Jahreswende 1883/84 signalisierte Großbritannien jedoch frühzeitig die Bereitschaft, Einflußsphären abzustecken und die Kolonialregierungen in Übersee in ihre Schranken zu verweisen.

Ein besonderes Kapitel deutscher Kolonialgeschichte ist die Samoa-Frage, die Diplomaten von 1878 bis 1900 beschäftigte[54]. Auf den ersten Blick gab es für deutsche Handelshäuser keinen Anlaß, über ihre Stellung im Pazifik Klage zu führen. Denn seit ungefähr 1860 kontrollierten sie 70 Prozent des Handels in der Südsee, wirtschaftliche Rivalen stellten keine ernsthafte Bedrohung dar. Gefahr kam vielmehr aus einer ganz anderen Richtung. Auf dem Sulu-Archipel wurden Firmen durch spanische Zollschikanen geschädigt, 1875 sicherten amerikanische Unterhändler in einem Vertrag mit Hawaii für ihr Land die Meistbegünstigung und errichteten damit gewissermaßen ein Protektorat über die »Thermopylen des Stillen Ozeans«. 1879 faßten die Briten auf Nordborneo Fuß, zwei Jahre später annektierten die Franzosen die »Society Islands«. Seit 1874

[54] Grundlegend: Paul M. Kennedy, The Samoan Tangle. A Study in Anglo-German-American Relations, 1878–1900. Dublin 1974.

wurde das Geschehen auf den Fidschi-Inseln von britischer Hand bestimmt. Auf Samoa schließlich wurden die Verhältnisse dadurch kompliziert, daß Deutsche, Engländer und Amerikaner regierende Fürsten für sich gewannen und gegeneinander ausspielten. Blutige Kämpfe waren an der Tagesordnung, wiederholt landeten Marineeinheiten, ohne die Rivalitäten für sich entscheiden zu können. Während der Jagd nach Kolonialbesitz in Afrika wurde Samoa zeitweilig aus den Schlagzeilen verdrängt. Doch die Streitigkeiten zwischen den beteiligten Mächten nahmen eine solche Intensität an, daß Bismarck sich dafür entschied, in Berlin eine Konferenz einzuberufen, um der wachsenden Entfremdung zu begegnen. Am 29. April 1889 fanden sich die Delegierten in der Reichshauptstadt ein. Das Ergebnis der Verhandlungen war eine Generalakte, die formal die Neutralität bzw. Unabhängigkeit Samoas garantierte, de facto aber nur Fiktion war. Denn im Grunde war am 14. Juni 1889 ein trilaterales Abkommen geschlossen und eine Art gemeinsames Protektorat geschaffen worden, das den Vertragspartnern weitgehende Rechte bzw. Vollmachten gewährte, ohne der einheimischen Bevölkerung ein Äquivalent zu bieten. Die Zukunft sollte zeigen, daß auch der oberste Konsulargerichtshof, den das Abkommen vorsah, Spannungen nicht beheben konnte und die Dreierverwaltung keinen Ausweg darstellte. Als die Regierung in Berlin »Weltpolitik« auf ihre Fahnen schrieb und Bülow schließlich in seiner berühmten Rede vom 6. Dezember 1897 einen »Platz an der Sonne« forderte, wurde die tatsächliche Bedeutung überseeischen Besitzes erst recht nicht mehr geprüft, die riesige Entfernung der Inseln schien ihren Wert regelrecht zu vergrößern. Und am 8. April 1898 wurde in der ›Deutschen Zeitung‹ ein Artikel publiziert, der – als einer von vielen – die geringe Größe des deutschen Kolonialreichs beklagte und den Erwerb weiterer Territorien, u. a. auch Samoas, anmahnte.

Kiautschou

»An der Aufschließung Chinas für den Welthandel«, so erinnerte sich Alfred von Tirpitz, »beteiligte sich deutsche Arbeit an führender Stelle.« Der ehemalige Staatssekretär des Reichsmarineamts führte weiter aus: »Der Mangel eines Stützpunktes schob uns, von allem anderen abgesehen, schon darum in's Hintertreffen, weil der einzige Machtfaktor, der die deutsche Arbeit schützte und auf die fremdenfeindlichen Behörden Eindruck machte, unser fliegendes Geschwader, mit Sein oder Nichtsein von den Hongkonger Docks und damit von der britischen Gnade abhing. Sollte der deutsche Handel immer mehr aufhören, ein Zwischenträger zwischen englischen und chinesischen Erzeugnissen zu sein, und deutsche Waren auf den asiatischen Markt werfen, so bedurfte er ebenso wie unser Geschwader eines eigenen Hongkongs.«[55] Mit der Okkupation der Bucht von Kiautschou am 14. November 1897 erwarb das Reich »sein Hongkong«, das die Größe von 560 Quadratkilometern besaß und dem Reichsmarineamt direkt unterstellt wurde. Tirpitz übernahm bereitwillig Verwaltung und Verantwortung für diesen ostasiatischen Stützpunkt, der nicht nur als militärische Flottenbasis fungieren, sondern eine wirtschaftlich und kulturell blühende Kolonie werden sollte, ohne durch Skandale und Mißwirtschaft die Aufmerksamkeit der Öffentlichkeit auf sich zu ziehen.

Während in den achtziger Jahren der überseeische Erwerb mehr oder weniger der Improvisation einzelner entsprang und günstigstenfalls erst im nachhinein mit staatlichem Schutz rechnen konnte, so wurde die Expansion in den neunziger Jahren gewissermaßen zur öffentlichen Philosophie. Jetzt war es nicht nur das Häuflein der Vereinsmitglieder, sondern das deutsche Bürgertum, das »imperialistisch« dachte und der »Weltpolitik« Beifall spendete. Tirpitz wollte die afrikanischen Erfahrungen nicht wiederholen, sein Ziel war keineswegs formeller Kolonialbesitz. Kiautschou sollte eine Handelskolonie werden, die der wirtschaftlichen Durchdringung Chinas das Tor öffnen und Großbritannien deutsche Leistungsfähigkeit eindrucksvoll vor Augen führen sollte. Initiiert wurde ein Landkultivierungs- und Aufforstungsprogramm. Moderne Kanalisations- und Trinkwasserversorgungssysteme wurden errichtet, und der Hafen wurde zu einem der modernsten Ostasiens ausgebaut. Die Kosten für diese Entwicklung nahmen horrende Größenordnungen an, die »Musterkolonie« stellte mit ihren Investitionen die überseeischen Territorien in Afrika weit in den Schatten. Noch 1913/14 beliefen sich die Zuschüsse auf 10,3 Millionen Mark. Schon allein diese Zahlen verdeutlichen, warum Tirpitz an offenen Konflikten mit dem chinesischen Staat nicht gelegen war. Die Machtmittel, über die das Reich in Ostasien verfügte, waren zu gering, als daß sie eine risikofreudige Expansionspolitik mit der Zielrichtung Jangtsetal erlaubt hätten. Die Maxime der Besitzergreifung in China blieb eine möglichst friedliche Durchdringung.

55 Erinnerungen. Leipzig 1920, S. 61. Vgl. Volker R. Berghahn, Der Tirpitz-Plan. Düsseldorf 1971; Michael Salewski, Tirpitz. Göttingen 1979; Rolf-Harald Wippich, Japan und die deutsche Fernostpolitik 1894–1898. Vom Ausbruch des Chinesisch-Japanischen Krieges bis zur Besetzung der Kiautschou-Bucht. Ein Beitrag zur Wilhelminischen Weltpolitik. Wiesbaden 1987.

Der Reichstag und die Kolonialpolitik

Die deutsche Kolonialpolitik fand im Reichstag von Anfang an ein zwiespältiges Echo. Keine Partei plädierte geschlossen und vorbehaltlos für überseeische Expansion, auch nicht die Nationalliberalen, die in ihren Reihen die vehementesten Verfechter der Kolonialpolitik führten. Von direkter Ablehnung, informell-freihändlerischen Plädoyers bis hin zu Forderungen nach einem radikal-rassistischen Siedlungskolonialismus waren alle Positionen vertreten. Das Plazet für überseeischen Erwerb war nicht immer Ausdruck für eine »Kolonialpolitik aus Überzeugung«, sondern häufig lediglich eine Gegenleistung für die Realisierung politischer Forderungen auf ganz anderen Gebieten. Verfechter des deutschen Kolonialismus waren im Reichstag das Besitz- und Bildungsbürgertum. Die nationalliberale Partei – von dem linken, freihändlerischen Flügel abgesehen – stimmte den Kolonialbudgets in der Regel zu; sie übte Kritik, wenn die kolonialen Ziele dem Anspruch auf deutsche Weltgeltung nicht gerecht wurden, und sah in Großbritannien den Hemmschuh für den eigenen Ausdehnungsdrang. Entsprechend ihrer Programmatik waren die Parteimitglieder in nicht geringer Zahl in nationalen Verbänden vertreten, für die ein »Platz an der Sonne« selbstverständlich war. Kolonialismus, Flottenrüstung und Ostsiedlung wurden von der Reichs- und Freikonservativen Partei mitgetragen, die als Partei »Bismarcks sans phrase« die Besitzansprüche in Afrika unterstützte. Exponent antikolonialer Politik waren vor allem die Linksliberalen, deren Führer Eugen Richter sich konsequent gegen überseeische Expansion aussprach. Motor dieser Opposition war die Überzeugung, daß die wirtschaftliche Bilanz überseeischer Expansion ein Kolonialreich nicht rechtfertigte und der »Wettlauf« um territorialen Besitz internationale Konflikte zeitigte, die dem Freihandel schadeten. Moralische und humanitäre Gesichtspunkte mochten unterschwellig eine Rolle spielen, entscheidend blieb die bereitwillig übernommene Maxime: »Amerika hat den Grundsatz proklamiert: wir wollen Handel und keine Herrschaft, we want trade and not dominion; – das ist der amerikanische Grundsatz, und die Amerikaner bilden sich doch auch etwas ein auf ihr Nationalgefühl, bilden sich auch etwas darauf ein, den überseeischen Handel zu verstehen.«[56] Eine Zäsur in dieser Haltung wurde erst 1907 vollzogen, als die Linksliberalen im Bülow-Block sich zur Unterstützung deut-

[56] Ludwig Bamberger am 26. Juni 1884 im Reichstag. Für den vollen Wortlaut vgl. Sten. Ber., Bd. 76, S. 1066; vgl. Hans Fenske, Der deutsche Liberalismus bis zum Ausgang des 19. Jahrhunderts. Literatur aus den Jahren 1987–1991. In: Hist.J. 112/2 (1992), S. 457–481, hier S. 475.

scher Kolonialpolitik verstanden. Bemerkenswert indes bleibt, daß diese Partei das Reservoir derjenigen bildete, die Antiimperialismus auf ihre Fahnen schrieben. Opposition gegen Kolonialpolitik wurde auch von den Sozialdemokraten betrieben. Bis 1914 fanden sich aber auch in dieser Partei Gruppierungen, die sich ihr nicht mehr grundsätzlich entgegenstellten.

Die Optionspolitik

Das Jahr 1888 wurde Zeuge eines doppelten Thronwechsels. Wilhelm I., stets populärer als Bismarck, starb und hinterließ das Erbe seinem kranken, nur 99 Tage regierenden Sohn. Friedrich III. hatte über seinen eigenen Nachfolger nie eine hohe Meinung gehabt, er hielt ihn für überheblich, und Wilhelm II., von Minderwertigkeitskomplexen geplagt, schien alles zu tun, um diesem Urteil zu entsprechen. Immerhin soll er über den Reichsgründer gesagt haben: »Sechs Monate will ich den Alten verschnaufen lassen, dann regiere ich selbst.« Zwei Jahre später zeigte sich der Monarch dann als »Mann der Tat«: Bismarck wurde entlassen. Allerdings regte sich auch kaum eine Hand, um den wenig geliebten Kanzler zu stützen. Man war entschlossen, von *seinem* Zeitalter Abschied zu nehmen. »Es ist ein Glück, daß wir ihn los sind, und viele, viele Fragen werden jetzt besser, ehrlicher, klarer behandelt werden als vorher«[1], so sahen es der Dichter Theodor Fontane und mit ihm viele andere.

Die Bedeutung des Jahres 1888 erschöpfte sich allerdings nicht in dem Wechsel der Monarchen. Das Drei-Kaiser-Jahr schien vielmehr das Ende einer Epoche zu sein. Unter Zeitgenossen gewann die Vorstellung an Boden, daß die Innen- und Außenpolitik sich grundlegend wandeln würde. Wilhelm II. schien von der Notwendigkeit des Ausgleichs gesellschaftlicher Gegensätze überzeugt. Und mußte man sich in der Außenpolitik auf die Bewahrung des Status quo beschränken? Bestanden nur Aussichten auf ein »Rentnerdasein«? Jetzt schienen sich Alternativen aufzutun. Viele ahnten, daß umfassende Aufgaben bevorstanden, die die Gesellschaft und den Staat in seiner Gesamtheit betrafen. War mit dem jungen Kaiser das Movens einer neuen Zeit gefunden?[2]

Wilhelm II. beeindruckte – zunächst. Seine Gesprächspartner, gleichgültig ob Akademiker oder Geschäftsleute, vermochten sich anfänglich seinem Charme nicht zu entziehen. Doch nach den Unterredungen stellte sich oft nagender Zweifel ein; verfügte der Kaiser tatsächlich über so profunde Kenntnisse, wie er vorgab? Der Journalist Maximilian Harden schrieb 1908 ironisierend: »Er mag viele Fähigkeiten haben; diese [i. e. die Fähigkeit zur Regierung]

[1] Zit. nach: Craig, Deutsche Geschichte, S. 167.

[2] Vgl. Lothar Gall, Doppelter Thronwechsel und Sprung in die Moderne. 1888 als Epochenjahr. In: FAZ, Nr. 175 vom 30. Juli 1988.

fehlt ihm völlig. Und hätte er den Keim in sich, so fände er, der Soldat und Seemann, Theologe und Historiker, Maler und Aesthetiker, Dichter und Komponist, Jäger und Yacht[s]man, Prediger, Maschinentechniker und Regisseurist nicht die Muße, die innere Stille, ohne die nichts hienieden zu reifen vermag.«[3] Trotz dieser »rastlosen Tätigkeit« stand Wilhelm II. nicht im Zentrum des politischen Lebens. Er war lediglich Geschöpf, aber zugleich auch Repräsentant seiner Zeit.

Das nationale Selbstbewußtsein, das die Epoche charakterisierte und an das Wilhelm II. immer wieder appellierte, gründete zu einem erheblichen Teil auf der wachsenden Industrialisierung. Das Reich entwickelte sich vom Agrar- zum Industriestaat, von Pauperismus konnte keine Rede mehr sein. Die Auswanderungszahlen nahmen darüber hinaus in der letzten Dekade des 19. Jahrhunderts rapide ab. Die Überzeugung vom unaufhaltsamen wirtschaftlichen Aufstieg war bei allen Bevölkerungsschichten anzutreffen. »[H]errlichen Zeiten führe ich euch noch entgegen«, so war von Wilhelm II. zu vernehmen. Dieses Bewußtsein war Allgemeingut.

Hat es ein »persönliches Regiment« gegeben? An der Innenpolitik, an dem Zustandekommen von Verträgen, Verordnungen und Gesetzen, nahm der Kaiser kaum maßgeblichen Anteil. Zwar wurde der Reichskanzler vom Monarchen ernannt. Aber dieser mußte mit dem Reichstag und dem preußischen Abgeordnetenhaus leben, für ein willenloses Geschöpf war das schwierig. »Der monarchische Wunsch nach einem persönlichen Regiment«, so ein Kenner der Zeit, »war eine auffällige und ärgerliche Irritation des politischen Betriebs im Wilhelminischen Deutschland, nicht dieser Betrieb selbst. Will man ihn insgesamt charakterisieren, so darf man nicht auf den Kaiser, sondern muß auf das Verhältnis von Reichsleitung, Bundesrat und Reichstag blicken.«[4] Und die Außenpolitik? Sie wurde von dem Monarchen auch nicht maßgeblich bestimmt. Unglücklicherweise kam hinzu, daß der neue Kanzler, Leo von Caprivi, auf diesem Terrain ebenfalls kein Experte war.

Caprivi genoß allerdings den Ruf eines ausgezeichneten Organisators. Er war eine energische und selbständige Persönlichkeit. Als Chef der Admiralität hatte er von 1882 bis 1886 zahlreiche Reformen realisieren können, unter seiner Ägide wurde u. a. ein strategisches

[3] Die Zukunft vom 21. Oktober 1908, S. 304.

[4] Hans Fenske (Hrsg.), Quellen zur deutschen Innenpolitik 1890–1914. (Freiherr vom Stein-Gedächtnisausgabe, Bd. XXV), Darmstadt 1991, S. 15; Gregor Schöllgen, Wer machte im Kaiserreich Politik? Zwischen »persönlichem Regiment« und »polykratischem Chaos«. In: NPL 25 (1980), S. 79–97.

Konzept für die Flotte entwickelt; schließlich trat er zurück, weil ohne sein Wissen seine Bürovorstände vom Kaiser konsultiert worden waren. Dieses Selbstbewußtsein war allerdings nicht mit Überheblichkeit gepaart. Er kannte seine Schwächen, und nichts drängte ihn, Bismarcks Nachfolger zu werden. Caprivi fürchtete wohl auch ein wenig die Vergleiche, die zwischen ihm und Bismarck gezogen werden konnten. War ein Scheitern nicht unvermeidlich? Als er dennoch in Bismarcks Fußstapfen trat, tat er dies eher aus Pflichtgefühl denn aus Berufung. Der neue Kanzler wußte, daß er in innen- wie außenpolitischen Angelegenheiten nicht über die erforderlichen Kenntnisse verfügte. Die Folge: Halbherzigkeiten in der Innenpolitik, in der Außenpolitik Abhängigkeit von Experten, die die Marschrichtung vorgaben und denen sich der Kanzler beugte. So auch in der Frage des Rückversicherungsvertrags[5], dessen Nichtverlängerung zu den ersten außenpolitischen Entscheidungen des »Neuen Kurses« gehörte. Wilhelm II. spielte eher eine untergeordnete Rolle, federführend war die Wilhelmstraße. Der Kaiser gab Caprivi am 21. März 1890 lediglich die Anweisung, die Verhandlungen über den Rückversicherungsvertrag zu einem Ende zu führen.

»Der Vertrag, um dessen Erneuerung es sich handelt«, so Maximilian Graf von Berchem, Unterstaatssekretär im Auswärtigen Amt, »hat den Zweck, kriegerische Ereignisse hervorzurufen, deren Lokalisierung äußerst unwahrscheinlich ist; wir können demnach nicht auf diesem Wege den allgemeinen Krieg herbeiführen, den wir sonst vielleicht heute vermeiden können und vermeiden sollen, auch nach der Meinung des Fürsten Bismarck; selbst im Falle unserer Neutralität würden wir am Ende immer in die undankbare Situation des Jahres 1878 geraten.«[6] Diese Aufzeichnung vom 25. März 1890 bezieht sich auf den am 18. Juni 1887 abgeschlossenen deutsch-russischen Vertrag, den sogenannten Rückversicherungsvertrag, gegen dessen Verlängerung nicht nur der Leiter der Handelspolitischen Abteilung im Auswärtigen Amt votierte.

Bismarck verfolgte mit diesem Übereinkommen das Ziel, die Aufmerksamkeit der russischen Diplomaten vom europäischen Zentrum abzulenken. Eine russisch-französische Allianz sollte zumindest zeitweilig verhindert werden. Primär aus diesem Grunde sollte die russische Diplomatie dazu gebracht werden, sich mit der orienta-

[5] GP 5, Nr. 1092; vgl. Herbert Elzer, Bismarcks Bündnispolitik von 1887. Erfolg und Grenzen einer europäischen Friedensordnung. Frankfurt a.M. 1991.

[6] Hier und im folgenden zit. nach Michael Behnen (Hrsg.), Quellen zur deutschen Außenpolitik im Zeitalter des Imperialismus 1890–1911. Darmstadt 1977, S. 1.

lischen Frage[7] zu beschäftigen. Für das Reich entstanden allerdings widersprüchliche vertragliche Verpflichtungen gegenüber Rußland und Österreich-Ungarn. In der Wilhelmstraße zog allmählich wachsende Besorgnis Kreise. Die Politik des Kanzlers fand keineswegs allenthalben Zustimmung. Hatte man sich nicht zwischen zwei Stühle gesetzt? »Man kann nur hoffen«, so notierte der Vortragende Rat Alfred von Kiderlen-Wächter am 11. Januar 1890, »daß der Einsiedler von Friedrichsruh auch diesmal wieder recht hat, einsehen kanns mein beschränkter Untertanenverstand aber leider noch nicht.«[8]

Am 23. März 1890 fanden sich die Vortragenden Räte Friedrich von Holstein und Ludwig Raschdau sowie Unterstaatssekretär Berchem zu einer Besprechung zusammen, die über das Schicksal des Rückversicherungsvertrags entscheiden sollte. Lange schon hatte Holstein an den Zwiespältigkeiten der Bismarckschen Außenpolitik Anstoß genommen. Machte der Vertrag das Reich nicht erpreßbar? Außerdem: Rußland gewährte der Rückversicherungsvertrag zwar Vorteile. Aber der Vertragspartner besaß kein Äquivalent. Das Abkommen schloß einen französischen Angriff nicht aus und war keine Garantie dafür, daß ein Bündnis zwischen Rußland und Frankreich nicht doch noch zustandekam. Ferner: in der Vergangenheit hatte sich Rußland für die gewährten Vergünstigungen keineswegs dankbar gezeigt. Hatte St. Petersburg in Krisenzeiten nicht sogar mit den Feinden Berlins kokettiert? Und was noch wichtiger war: Der vorgesehene Vertrag widersprach deutschen Verpflichtungen gegenüber Österreich-Ungarn, Italien und Rumänien. War es da nicht besser, einen »ehrlichen Weg« zu beschreiten und von einer Erneuerung abzusehen?

Die Bedenken der Wilhelmstraße faßte der Unterstaatssekretär in einem Memorandum zusammen, das Caprivi übergeben wurde. Das wichtigste Argument lautete, daß Bismarcks Strategie der peripheren Ablenkung keine Aussicht mehr auf Realisierung habe. »Wie die Verhältnisse heute nach dem Rücktritt des Fürsten von Bismarck liegen, werden sie [i. e. die Russen] das bulgarische Abenteuer jedoch nicht leicht unternehmen, und das in Rede stehende Abkommen wird uns demnach den Nutzen der Ablenkung der russischen

7 Vgl. Gregor Schöllgen, Abwege. Bismarck, die orientalische Frage und das Optionsproblem in der deutschen Außenpolitik. In: ders., Die Macht in der Mitte Europas. Stationen deutscher Außenpolitik von Friedrich dem Großen bis zur Gegenwart. München 1992, S. 32–48.

8 Zit. nach Rainer Lahme, Deutsche Außenpolitik 1890–1894. Von der Gleichgewichtspolitik Bismarcks zur Allianzstrategie Caprivis. Göttingen 1990, S. 103.

Unternehmungslust nach Südosten nicht bringen, wohl aber alle vorerwähnten Nachteile. Eine so komplizierte Politik, deren Gelingen ohnedies jederzeit fraglich geworden ist, vermögen wir nicht weiter zu führen nach dem Ausscheiden eines Staatsmannes, der bei seiner Tätigkeit auf dreißigjährige Erfolge und einen geradezu magnetisierenden Einfluß im Ausland sich stützen konnte.« Damit war einem ganzen Ensemble von Motiven Ausdruck gegeben, die für die Aufkündigung des Rückversicherungsvertrags sprachen. Gewiß, 1890 war es nicht mehr als eine Hoffnung, daß der Verzicht auf Erneuerung ein gesundes, stabiles Europa – mit dem Deutschen Reich als Führungsmacht – schaffen würde, aber für die deutsche Regierungsleitung war diese Überlegung das ausschlaggebende Argument. Es gab aber auch noch einen anderen Gesichtspunkt, der zu diesem Schritt riet. Im Jahr 1887 wurde das Mittelmeerabkommen unterzeichnet, das Großbritannien an Österreich-Ungarn und Italien band, allerdings keine förmlichen Garantien zum Schutz dieser Staaten beinhaltete. In der Wilhelmstraße gab man sich zu Beginn der neunziger Jahre der Hoffnung hin, daß England sich dem Dreibund anschließen könnte. Von einem Gleichklang politischer Grundüberzeugungen zwischen Berlin und London war allerdings keine Rede, wie die Zukunft zeigte. Warum, so fragte man sich nämlich in der britischen Metropole, zusätzliche Verpflichtungen übernehmen, wenn die Umstände sie nicht diktierten? 1887 war es erforderlich, Österreich-Ungarn und Italien Konzessionen einzuräumen, um Rußlands Einfluß auf dem Balkan zu bremsen und Frankreich im Mittelmeerraum Paroli zu bieten. Diese Situation hatte sich mit der Annäherung Rußlands an Frankreich allerdings geändert. Nun sah sich das Reich vor die Aufgabe gestellt, das Überleben des Dreibundes zu sichern, um dabei zu beobachten, daß Österreicher und Italiener eine Annäherung an Paris und St. Petersburg nicht ausschlossen. Immerhin ließ sich – so mochte man in Wien und Rom denken – auf diese Weise der eigene Bündniswert erhöhen. »Wir haben unverändert den Wunsch«, so stellte Caprivi im Mai 1890 fest, »mit Rußland in guten Verhältnissen zu leben, und wüßten nichts, was uns einen Anlaß geben könnte, sie zu trüben.« Aber: »[W]ir müssen so weit Rücksicht auf unsere Verbündeten nehmen, daß, wenn wir sie auch – sei es in Bulgarien oder in Biserta – nicht unterstützen können und wollen, wir ihnen doch mindestens dort keine Schwierigkeiten bereiten. Drängt uns aber Rußland durch wiederholte Versuche einer intimeren Annäherung aus dieser Stellung heraus, so würde das nur die Folge haben können, daß wir diejenigen

Bündnisse und Beziehungen, die uns schon jetzt mit anderen Staaten verbinden, noch enger zu knüpfen suchen müßten.«[9]

Die Folge war, daß sich Caprivis Konzentration allmählich von St. Petersburg nach London verlagerte. Angestrebt wurde ein kolonialer Vertrag, um Konflikte zu entschärfen. In der Vergangenheit hatte Caprivi zu keinem Zeitpunkt Sympathie für überseeische Expansion zum Ausdruck gebracht. Dies erleichterte es, gegenüber Großbritannien Großzügigkeit an den Tag zu legen und angesichts des europäischen Primats den deutschen Kolonialenthusiasten Opfer abzuverlangen. Zudem war deren Lobby noch nicht so stark, daß ernste Konfrontationen befürchtet werden mußten. Kolonialwünsche waren noch nicht zu Prestigefragen avanciert, 1890 konnte man über sie hinwegschreiten, ohne ein Straucheln befürchten zu müssen. Schließlich war Caprivi viel zu sehr Soldat, um den deutschen Kolonien großen Wert im Falle kriegerischer Auseinandersetzungen beizumessen. Er wußte genau, daß der Hauptkriegsschauplatz immer auch über Nebenkriegsschauplätze entschied. Ein militärischer Triumph in Europa würde größeren überseeischen Gewinn versprechen als Siege in entfernten Regionen der Welt. So scheute er sich nicht, im Reichstag über die bisherige Kolonialpolitik schonungslos zu Gericht zu sitzen. Mit nüchternen Worten wies er auf die »Notwendigkeit« frühzeitiger Investitionen hin, um überseeische Kolonien überhaupt erst rentabel zu machen. Mit einem »Mangel an Sachverständnis«, so konstatierte er, »ist koloniale Machtpolitik bisher betrieben worden. Und der Beginn einer Kolonialpolitik arbeitet in bezug auf Machtverhältnisse zweifellos mit negativen Vorzeichen. Menschen und Geld werden an einer Stelle ausgegeben, wo sie [sich] fürs erste nicht rentieren. Wenn die Kolonialpolitik eine Politik des Glaubens und der Hoffnung ist, sowohl finanziell als in bezug auf die ethischen Gesichtspunkte, so ist sie das auch in bezug auf die Macht, und vielleicht sind die Anforderungen an den Glauben der Menschen hier die stärksten.«[10] Wichtig war, daß ein kolonialer Vertrag auch tatsächlich die Basis für eine europäische Zusammenarbeit mit England abgab. Doch in diesem Punkt mußten die deutschen Politiker in den folgenden Wochen ernüchternde Beobachtungen machen.

Ende der achtziger Jahre hatte sich in London die allgemeine Einstellung zu den Interessen Großbritanniens in Ostafrika verändert. Dies wurde in Gesprächen deutlich, die Herbert von Bismarck[11] 1889 in der britischen Metropole führte. Seine Begegnungen mit

[9] Zit. nach Fenske, Unter Wilhelm II. 1890–1918, S. 23.

[10] Zit. nach Behnen (Hrsg.), Quellen zur deutschen Außenpolitik, S. 10.

[11] Vgl. Walter Bußmann, Staatssekretär Herbert von Bismarck. In: Werner Pöls

englischen Politikern ließen keinen Zweifel daran, daß sich Whitehall keineswegs mehr souverän über »Pressure-groups« hinwegzusetzen vermochte. Auch Lord Salisbury konnte sich dieser Erkenntnis nicht länger verschließen. Die Konservativen verfügten im Unterhaus nicht mehr über eine solide Mehrheit, bis zum Juni 1890 reduzierte sich die Regierungsmajorität auf nur vier Stimmen. Diese besorgniserregende Entwicklung erlaubte es dem Premierminister nicht mehr, Forderungen der überseeischen Lobby zu ignorieren. Bisher war der Gleichklang bestimmter Grundüberzeugungen zwischen Bismarck und Salisbury dem deutsch-englischen Verhältnis zugute gekommen. Immer wieder hatte der Kanzler betont, daß ein gutes allgemeines Verhältnis mit England unter allen Umständen einem konfliktträchtigen Kolonialerwerb vorzuziehen sei. Nicht zuletzt deshalb ließ Bismarck die englische Regierung über Peters' Aktivitäten in Ostafrika informieren. Im gleichen Atemzug betonte er sein Desinteresse an dem Schicksal dieses Mannes. Da die führenden Köpfe in den Kolonien – englische wie deutsche – sich nicht durch Botmäßigkeit gegenüber ihren Regierungen auszeichneten und ihrem Vordringen wenig Grenzen gesetzt werden konnten, war die Lösung territorialer Fragen zwischen London und Berlin dringlicher denn je. Und dies erst recht nach Bismarcks Entlassung! Schließlich setzte sich beiderseits des Kanals der Eindruck fest, daß eine umfassende vertragliche Regelung die beste Gewähr für die Wahrung der eigenen Interessen bieten würde. Möglichkeiten englischer Konzessionen in Afrika waren jedoch dem Zeitgeist entsprechend gering. Aber Caprivi mußte Aktiva verbuchen können; nicht unbedingt koloniale Territorien, wohl aber außenpolitische Erfolge, die zu Hoffnungen auf ein weiteres und enges Zusammengehen mit England berechtigten. Das Reich wünschte einen europäischen Schulterschluß und war zu kolonialem Entgegenkommen bereit, das Empire erstrebte koloniale Absicherung und lehnte kontinentales Engagement ab.

Dieser gordische Knoten wurde schließlich von Salisbury durchschlagen, indem er am 13. Mai 1890 die Abtretung Helgolands anbot – und damit nicht nur Caprivi, sondern auch Wilhelm II. entgegenkam. Am 14. Mai berichtete der deutsche Botschafter in London, Graf von Hatzfeldt von einer Unterredung mit dem Premierminister, in dem dieser das »Ensemble unserer Differenzen«[12] entfaltet und als Gegenleistung für die Abtretung Helgolands die

(Hrsg.), Walter Bußmann. Wandel und Kontinuität in Politik und Geschichte. Ausgewählte Werke zum 60. Geburtstag. Boppard a. Rh. 1973, S. 317–376.

[12] Hatzfeldt an Marschall, 14. Mai 1890. In: GP 8, Nr. 1676.

Anerkennung des englischen Protektorats über Sansibar gefordert hatte. Bereits am 1. Juli 1890 wurde das Abkommen unterzeichnet, die Grenzen Deutsch-Ostafrikas im Süden, Osten und Norden im großen und ganzen so festgelegt, wie sie noch 1914 Bestand haben sollten. Berlin verzichtete auf Witu und das Benadirprotektorat, Ansprüche auf Gebiete in Uganda, Somaliland und Wadelai wurden nicht mehr erhoben. Zu Deutsch-Ostafrika gehörten jetzt auch die bisher nur gepachtete Küste sowie die Insel Mafia. Die Grenzen Togos und Kameruns wurden bestätigt. Der Deutsch-Südwestafrika zugeschlagene Caprivizipfel ermöglichte den ungehinderten Zugang zum Sambesi. England dagegen konnte ein Protektorat über Sansibar und Pemba errichten. Und noch wichtiger: Die Nilquellen waren vor deutschem Zugriff gesichert.

Caprivis Verzicht auf die Realisierung der Interessen deutscher Kolonialisten ließ sich natürlich nicht nur mit seiner Abneigung gegen koloniale Erwerbungen begründen. Der Kern der Außenpolitik des »Neuen Kurses« lag zunächst in dem Versuch, französisch-russische Aktivitäten im Mittelmeergebiet zu bremsen und England näher an den Dreibund heranzuziehen. »Sicherheitspolitik« triumphierte noch über »Machtpolitik«. Immerhin bemerkenswert, daß es Caprivi gelungen war, sich im wesentlichen den kolonialen Forderungen im eigenen Land zu entziehen und den Primat der europäischen Politik zu einem Zeitpunkt zu wahren, als die Peripherie »mehr und mehr zu einem konkurrierenden Entscheidungszentrum« heranwuchs, und zwar in dem Sinne, daß »die dortigen Konflikte das Gesamtverhalten der Mächte zueinander aufs stärkste«[13] prägten. Letztlich war aus Berliner Sicht für die Möglichkeit zu bilateraler Zusammenarbeit mit England im Jahr 1890 die Bereitschaft entscheidend, zwischen »unpolitischen Fragen, kolonialen und anderen«[14] zu unterscheiden und den zweiten allenfalls eine sekundäre Bedeutung beizumessen. Denn mit dieser Differenzierung trug man bei voller Berücksichtigung der eigenen Interessen der Tatsache Rechnung, daß in England koloniale Fragen gleichsam existentiell verankert waren. Was England und Deutschland im Jahr 1890 trennte und zugleich einen Kompromiß möglich machte, war der »Interessenunterschied zwischen einer Weltmacht, die sich an der

[13] Lothar Gall, Bismarck und England. In: Paul Kluke und Peter Alter (Hrsg.), Aspekte der deutsch-britischen Beziehungen im Laufe der Jahrhunderte. Ansprachen und Vorträge zur Eröffnung des Deutschen Historischen Instituts London. Stuttgart 1978, S. 46–59, hier S. 56.

[14] Hatzfeldt an Caprivi, 2. Juni 1893. In: GP 8, Nr. 2017.

Peripherie ihres Reichs Erleichterung schaffen«[15] wollte, und einer europäischen Großmacht, »die das Zentrum ihres Daseins in Europa« sichern mußte. Der »Zweifrontendruck« beherrschte Caprivis Denken so sehr, daß er sich sogar zu der Äußerung hinreißen ließ, dem Reich könne nichts Schlimmeres widerfahren, als wenn ihm ganz Afrika geschenkt würde.

Immer deutlicher wurde allerdings, daß der Bündnisgedanke ein Irrlicht war. Denn in London dachte man nicht an derartiges. Zu einer Zusammenarbeit mit den Dreibundmächten bestand keine Notwendigkeit, einem engen deutsch-englischen Schulterschluß stand Salisbury ablehnend gegenüber. Daraus resultierte auch der Entschluß, der Bitte Wilhelms II. nicht zu entsprechen und von einer Entsendung englischer Kriegsschiffe zu Manövern der deutschen Marine in Kiel abzusehen. Gegenüber dem deutschen Botschafter hob der Premierminister zusätzlich hervor, daß er der Opposition im Unterhaus keine Blöße bieten wolle. Der Vorwurf könne erhoben werden, »vollständig unter dem Einfluß seiner Majestät des Kaisers« zu stehen.

Parallel zu den Gesprächen in London wurden Verhandlungen über eine Verlängerung des Dreibundvertrags geführt. Die italienischen Diplomaten legten ein außerordentliches Selbstbewußtsein an den Tag und übten sich in Anspielung auf Alternativen. Dies konnte, so argwöhnte man in Berlin, nur eine Anlehnung an Frankreich bedeuten. Und diese Gefahr konnte nur durch eine englische Garantie für Italien im Falle eines französischen Angriffs gebannt werden. In der Wilhelmstraße wurde die Aufgabe gesehen, angesichts der Nichtverlängerung des Rückversicherungsvertrags in dem italienisch-französischen Konflikt über Nordafrika stärker als bisher Partei ergreifen oder sogar die Auflösung des Dreibundes hinnehmen zu müssen. In Rom wurde die Forderung gestellt, daß Deutschland den Status quo im gesamten Mittelmeergebiet garantieren müsse. Schließlich war doch noch ein Kompromiß möglich: Das Reich erklärte sich bereit, italienischen Interessen in Nordafrika verstärkt Rechnung zu tragen. Ferner wurde Italien wirtschaftliche Hilfe zugesichert, die die Folgen des Zollkrieges mit Frankreich mildern sollte. Am 6. Mai 1891 konnte der neue Dreibundvertrag unterzeichnet werden.

Oberflächlich betrachtet verbuchte Berlin damit nach dem Abschluß des Helgoland-Sansibar-Vertrags einen weiteren Erfolg, der in den Handelsvertragsvereinbarungen mit Österreich-Ungarn,

[15] Werner Frauendienst, Das Deutsche Reich von 1890 bis 1914. Konstanz 1964, S. 125.

Italien, der Schweiz und Belgien eine Fortsetzung fand. Am 27. November 1891 bezeichnete Caprivi die von ihm initiierte Handelsvertragspolitik als das »größte Stück der deutschen Politik«[16]. Auch in der Zukunft sollte sie als sein größter politischer Erfolg angesehen werden. »Wir müssen exportieren«, so Caprivi am 10. Dezember 1891 im Reichstag, »entweder wir exportieren Waren oder wir exportieren Menschen.«[17] Hinter diesem Ausspruch verbarg sich das Programm, durch Stabilisierung und Expansion des Arbeitsmarkts in Verbindung mit einer Senkung der Lebenshaltungskosten das Los der Industriearbeiterschaft zu verbessern. Eine Revision der bisherigen Wirtschaftspolitik war erforderlich, weil das liberale und um Frankreich zentrierte Zollsystem 1892 auslaufen würde. Für das Reich zeitigte es beachtliche wirtschaftliche Erfolge, die Meistbegünstigungsklausel hatte ihm positive Exportbedingungen ermöglicht, zumal es ohne Gefahr eigene Zollmauern errichten konnte. Doch die internationalen Handelsbeziehungen waren Veränderungen unterworfen, protektionistische Maßnahmen griffen um sich, am Horizont zeichnete sich drohend die Gefahr eines Hochschutzzollsystems mit allen dem Reich unwillkommenen Begleiterscheinungen ab. In der Tat gelang es dem Kanzler, eine Reihe von Handelsverträgen durch den Reichstag zu bringen und auf diese Weise einen beachtlichen politischen Erfolg zu erzielen, der allerdings Opfer verlangte. Denn ein Hauptmerkmal dieser Verträge bestand darin, daß die Importzölle von Weizen und Roggen von 5 Reichsmark auf 3,5 Reichsmark reduziert wurden. Zwar standen dieser Tatsache günstige Konditionen für den Export von Fabrikwaren gegenüber, die jedoch den Protest, ja die Feindschaft der ostelbischen Kornproduzenten nicht ausgleichen konnten. Die Folge: Ein Bund der Landwirte wurde gegründet, ein radikaler Agitationsverband, der Caprivi fortan als »Kanzler ohne Ar und Halm« titulierte und die Wettbewerbsverschlechterung nicht vergaß. Sicher ging es Caprivi auch um Zusammenarbeit und Überwindung der Gegensätze in Europa, wie es in seiner berühmten Reichstagsrede am 10. Dezember 1891 anklang. Vielfach wurde sie aber als hegemoniale Herausforderung durch das Deutsche Reich mißverstanden: »Der Schauplatz der Weltgeschichte«, so erklärte der Kanzler, »hat sich erweitert: damit sind die Proportionen andere geworden, und ein Staat, der als europäische Großmacht eine Rolle in der Geschichte gespielt hat, kann, was seine materielle Kraft angeht, in absehbarer Zeit zu den Kleinstaaten gehören. Wollen nun die euro-

[16] Zit. nach Lahme, Deutsche Außenpolitik, S. 227.
[17] Zit. nach Behnen (Hrsg.), Quellen zur deutschen Außenpolitik, S. 59.

päischen Staaten ihre Weltstellung aufrechterhalten, so werden sie nach meinem Dafürhalten nicht umhin können, soweit sie wenigstens ihren sonstigen Anlagen nach dazu geeignet sind, eng aneinander sich anzuschließen. Es ist nicht unmöglich, daß die Zeit kommen wird, wo sie einsehen werden, daß sie Klügeres zu tun haben werden, als sich gegenseitig das Blut auszusaugen, weil sie im wirtschaftlichen Kampfe um das Dasein genötigt sein werden, alle ihre Kräfte einzusetzen.«[18]

Bereits im September 1892 zeigten sich erste Anzeichen einer Entfremdung bzw. Abkühlung des deutsch-britischen Verhältnisses. Die Versuche des deutschen Botschafters an der Themse, Großbritannien enger an den Dreibund heranzuziehen, waren definitiv gescheitert. Das Gebot der Stunde schien daher zu sein, die frostigen deutsch-russischen Beziehungen wieder aufzutauen. Dies war um so dringlicher, als es Warnsignale in Richtung einer Besserung des österreichisch-ungarisch-russischen Verhältnisses gab. Wilhelm II. ließ erkennen, daß die Intentionen des Dreibundes keineswegs gegen Rußland gerichtet seien. In ihnen zeige sich vielmehr, so führte er aus, die Solidarität der europäischen Monarchien, gedacht sei an die Abwehr umstürzlerischer Ideen, die ihren Ursprung in Frankreich hätten. Würde sich da nicht eine handelspolitische Verständigung mit Rußland anbieten, um zugleich auch den Wirtschaftsexpansionismus der Vereinigten Staaten zu bekämpfen?!

Zu einem politischen Gedankenaustausch zwischen Berlin und St. Petersburg kam es jedoch nicht, dem stand die deutsche Forderung nach Gleichberechtigung entgegen, die mit dem Selbstverständnis des Zarenreichs kollidierte. An der Newa war man nach wie vor der Meinung, im Konzert der europäischen Mächte eine dominierende Stellung einzunehmen. Die bestehenden wirtschaftlichen Beziehungen rissen jedoch nicht ab, auch Caprivi plädierte jetzt für den Abschluß eines Handelsvertrags. Nach Beendigung des deutsch-russischen Zollkrieges fand am 10. Februar 1894 die Unterzeichnung statt. Die Brücke nach Rußland durfte, dies wurde den Repräsentanten des »Neuen Kurses« immer deutlicher, nicht gesprengt werden. Doch zeigte sich im grellsten Licht, daß die Nichtverlängerung des Rückversicherungsvertrags ein Fehler gewesen war. Denn der Handelsvertrag erzielte nicht die gewünschte Wirkung und war kein Ausgleich für den Rückversicherungsvertrag. Die engere Bindung mit London war nicht zustandegekommen, der Dreibund erschüttert – die Optionspolitik also gescheitert und ein Rückgriff

[18] Zit. nach Behnen (Hrsg.), Quellen zur deutschen Außenpolitik, S. 62.

auf die Prinzipien Bismarckscher Gleichgewichtspolitik nicht mehr möglich.

In Berlin dachte aber niemand daran, sich auf die Rolle der Juniorpartnerschaft mit Rußland einzulassen. Dazu war die Wilhelmstraße in der Mitte der neunziger Jahre ebensowenig bereit wie um die Jahrhundertwende, als sich die Frage der Juniorpartnerschaft mit England zu stellen schien. Für die Zukunft sollte entscheidend sein, daß das deutsche Verlangen nach Gleichberechtigung, artikuliert durch die Nichtverlängerung des Rückversicherungsvertrags, das europäische Staatensystem vor eine hegemoniale Herausforderung stellte. Eine deutsch-russische Verständigung auf Kosten Österreich-Ungarns mochte kurzfristig eine Allianz zwischen St. Petersburg und Paris verhindern, langfristig war daran allerdings nicht zu denken. Die Option zugunsten der Doppelmonarchie dagegen sollte die Gefahr der Isolierung mindern. Die Annäherung an Großbritannien sollte »die Notwendigkeit der Existenz des Deutschen Reichs für die erfolgreiche Verteidigung der englischen Interessen vor Augen« führen. Doch an der Themse sah man im Deutschen Reich bzw. in einer souveränen europäischen Großmacht keine conditio sine qua non für die Aufrechterhaltung britischer Interessen[19]. Wohl waren die britischen Entscheidungsträger dazu bereit, sozusagen inoffiziell die Politik des Dreibundes zu stützen. Als Erfolg ließ sich immerhin verbuchen, daß es der Wilhelmstraße gelang, das mitteleuropäische Allianzsystem zu festigen, die Dreibundverträge zu verlängern und Handelsvertragsvereinbarungen abzuschließen. Doch letztlich war der »Neue Kurs« mit der Optionspolitik am Ende angekommen.

Deutsch-englische Entfremdung

Als Hatzfeldt am 14. Juni 1890 nach Berlin telegrafierte, »[d]er Premierminister ermächtigt mich zu melden, daß wir einig sind, da die Zustimmung Ihrer Majestät der Königin nicht mehr zweifelhaft sei«[20], hatte das Deutsche Reich auf jeglichen Anspruch auf die von England als lebensnotwendig eingestuften Nilquellen verzichtet. Mit dem Vertrag über Helgoland und die afrikanischen Kolonien hatte Berlin noch einmal der kolonialen Verwurzelung der englischen Politik Rechnung getragen, so daß die ›Times‹ am 1. Juli 1891 rückblickend kommentieren konnte: »Das letzte unserer unbedeutenden Probleme mit Deutschland wurde aus der Welt geschafft, als vor genau 12 Monaten die Abgrenzung der britischen und deutschen Einflußsphären voneinander in Afrika endlich vorgenommen

[19] Vgl. Lahme, Deutsche Außenpolitik, S. 493.
[20] Hatzfeldt an AA, 14. Juni 1890. In: GP 8, Nr. 1689.

wurde. Seitdem haben sich die beiden Nationen einander ständig genähert. […] Der Zusammenhalt Englands und Deutschlands im Interesse des Friedens und der Zivilisation kann als so eng und bedeutsam angesehen werden, als wäre er formal durch einen Vertrag geregelt worden.«[21]

Sechs Jahre später wäre eine solche Feststellung undenkbar gewesen. Natürlich meldeten sich 1890 auch in England »hot imperialists«[22] zu Wort, die die beträchtlichen territorialen Gewinne in Afrika zwar zur Kenntnis nahmen, einer kompromißbereiten Politik gegenüber dem Deutschen Reich aber nichts abzugewinnen vermochten und der Kolonialmacht selbst die »sentimental isle«[23] nicht gönnten. Natürlich fanden diese nationalistischen Töne ihre Entsprechung im Deutschen Reich, wo alldeutsche Propagandaschriften Caprivis Afrikapolitik ins Visier nahmen. »Mit einem Federstreich«, so hieß es in dem Pamphlet ›Deutschland wach auf!‹, »[ist] das Werk Wißmanns und seiner Helden vernichtet.«[24] Die bekannten Schlagworte von der »kolonialen Einkreisung« Deutschlands, dem Eintausch einer »Badewanne« gegen »Königreiche« sowie die sachlich unbegründete Befürchtung »Wer Zansibar hat, hat Afrika« waren kennzeichnend für die zum Teil polemische und aggressive Opposition der Afrika-Lobby gegen den Vertrag im Deutschen Reich. Der »Neue Kurs« hatte sich zu einer »Verzichtspolitik« bekannt, die dem Kanzler nicht verziehen und ihm noch 1894, bei seinem Rücktritt, vorgehalten wurde: »So ist er denn gefallen, der Mann von Sansibar und Helgoland, des Kamerunabkommens und der Handelsverträge; der Mann der ›Versöhnung‹, der um die Gunst von Polen, Ultramontanen und Demokraten buhlend, deutsche Güter preisgab; der Staatsmann, […] der es für das größte Unglück gehalten hätte, wenn uns jemand ganz Afrika schenkte; der Deutsche, der die verhängnisvolle Gabe besaß, auswärtige und innere Fragen so zu lösen, daß aus jeder fast Deutschland um eine Demütigung reicher und ein Stück seines Ansehens schwächer hervorging […]. Wir haben keinen Grund, ihm Tränen nachzuweinen.«[25]

1891 war der Allgemeine Deutsche Verband gegründet worden, als Reaktion auf die Unterzeichnung des Vertrags über Helgoland und die afrikanischen Kolonien. Zwar war die Zahl der Mitglieder

[21] The Times, 1. Juli 1891.
[22] The Times, 19. Juni 1890.
[23] Daily Telegraph, 11. Juli 1890.
[24] Zit. nach Otto Bonhard, Geschichte des Alldeutschen Verbandes. Leipzig 1920, S. 234.
[25] Hier und im folgenden zit. nach Alfred Kruck, Geschichte des Alldeutschen Verbandes 1890–1939. Wiesbaden 1954, S. 50.

gering, doch läßt diese Tatsache keineswegs auf geringen Einfluß schließen. Parlamentarier, Schriftsteller, Gelehrte und Gewerbetreibende sammelten sich in diesem Agitationsverband. Alfred Hugenberg, Vorsitzender des Direktoriums der Firma Krupp in Essen, Ernst Hasse, später Vorsitzender des Alldeutschen Verbandes, und Heinrich Claß, Publizist und von 1908 bis 1939 ebenfalls Verbandsvorsitzender, zählten zu den bekanntesten Repräsentanten. Sie waren es, die begierig die Vokabel »Weltpolitik« aufgriffen und dazu aufriefen, dem – vielbewunderten und vielgehaßten – britischen Löwen Paroli zu bieten. Sie propagierten die Verbindung mit Österreich, der Schweiz und Holland, hielten die Herrschaft über fremde Völker keineswegs für anstößig, insbesondere dann nicht, wenn es Tschechen, Slowenen und Slowaken waren. Sie schrieben eine antipolnische Politik auf ihre Fahnen, warben für ein deutsches Kolonialreich in Südafrika und bezogen selbst Südamerika ins Kalkül. Im Grunde gab es keinen Punkt auf der Weltkarte, der sich in ihren Propagandaschriften nicht fand. Für sie bestand nur die Option zwischen der Existenz als Weltmacht oder einer unbedeutenden Nation im Zentrum Europas, die sich dem Diktat der Nachbarn fügen mußte. Was Alldeutsche dachten und aussprachen, war weder originell noch singulär. Im Vergleich zu Kaiser und Kanzler legten sie eine lautere und aggressivere Polemik an den Tag, in ihren Forderungen gingen sie weiter und erinnerten unüberhörbar an die einzunehmende Weltmachtrolle, wenn die Regierung zu Kompromissen bereit schien. Im Grunde brachten sie lediglich den Zeitgeist stärker zur Geltung, dem sie sich vollständig verschrieben hatten: »Wir sind bereit«, so ließen sie wissen, »auf den Ruf unseres Kaisers in Reih und Glied zu treten, [...] aber wir können dafür auch verlangen, daß uns ein Preis zufalle, der des Opfers wert ist: einem Herrenvolk anzugehören, das seinen Anteil an der Welt sich selber nimmt und nicht von der Gnade und dem Wohlwollen eines anderen Volkes zu empfangen sucht. Deutschland, wach auf!« In den achtziger Jahren mochten einzelne bereits ähnlichen Parolen huldigen. In den neunziger Jahren erhielt diese Propaganda eine neue Qualität, sie wurde jetzt gewissermaßen öffentliche Philosophie. Wer sollte die Erde beherrschen? Das war die Frage!

1896 war in der ›Contemporary Review‹ eine Bewertung der deutsch-englischen Kolonialbeziehungen zu lesen, die sich von den Stellungnahmen der englischen Öffentlichkeit zum Vertrag über Helgoland und die afrikanischen Kolonien sowie dem bilateralen Verhältnis in den Jahren 1890 bis 1892 deutlich abhob. »Die Deutschen sind die jüngste Kolonialmacht«, so stellte das Blatt fest, »und bisher am wenigsten erfolgreich. Sie erschienen spät und mußten sich zunächst mit dem zufriedengeben, was andere Nationen übrigließen. Aber ihre Zufriedenheit war nur von kurzer Dauer. Sie schlug bald um in Neid gegen ihre erfolgreicheren Vorgänger, und bei dieser passiven Unzufriedenheit blieb es nicht.«[26] Der bisher erworbene Kolonialbesitz habe keineswegs Saturiertheit aufkommen lassen. Vielmehr habe Aggressivität um sich gegriffen, immer wieder seien neue Grenzregulierungen vonnöten und deutsche Obstruktion an der Tagesordnung gewesen. Diese Feststellungen waren jedoch nicht nur das Urteil der »penny press«. Auch in Whitehall wurde die Einstellung zum Deutschen Reich kritischer. Salisbury notierte Ende des Jahres 1895: »Afrika ist und bleibt für beide Mächte ein Stein des Anstoßes.«[27] Der englische Botschafter in Berlin, Sir Edward Malet, stimmte dieser Bewertung zu: »Koloniale Fragen verhindern weiterhin [...] ein harmonisches Verhältnis.«[28] Die Summe der Äußerungen älterer wie jüngerer Beamter des englischen Außenministeriums ergab ein überwiegend negatives Deutschlandbild, das die neunziger Jahre bestimmte und trotz aller Ansätze zu neuen Verhandlungen – beispielsweise um die Jahrhundertwende – eine Konstante bis zum Ausbruch des Ersten Weltkrieges blieb. Konnte das Jahr 1890 als Höhepunkt der Zusammenarbeit in überseeischen Fragen gelten, so war vier bis fünf Jahre später ein bis dahin noch nicht dagewesener Tiefpunkt erreicht, dessen Auswirkungen sich weder lokal noch zeitlich begrenzen ließen.

Nicht ohne Bedeutung für das bilaterale Verhältnis war die Tatsache, daß die deutschen Kolonien englische Nachbarn besaßen. Grenzprobleme verschiedenster Art tauchten naturgemäß immer wieder auf und wurden nicht zuletzt dadurch intensiviert, daß es dem »kolonialen newcomer« keineswegs gelang, den Widerstand der indigenen Bevölkerung schnell zu brechen. Zwar hatte in Südafrika die Abneigung gegen den Nachbarn der Erkenntnis weichen müssen, daß ein Modus vivendi gefunden werden müsse. Doch der Kern des Problems bestand darin, daß einerseits die Deutschen in Südwestafrika ihren Kolonialbesitz durch die englische Präsenz in der Walfischbucht gemindert sahen, während andererseits die Kapkolonie die Umschließung des eigenen Besitzes als besonders mißlich empfand.

[26] W(illiam) R(amage) Lawson, German Intrigues in the Transvaal. In: CR 69 (1896), S. 292–304, hier S. 294f.

[27] Zit. nach George Neville Sanderson, The African Factor in Anglo-German Relations, S. 2 (ungedrucktes Manuskript, das der Verfasser freundlicherweise zur Verfügung gestellt hat).

[28] Malet an Salisbury, 6. Juli 1895. In: Salisbury, Hatfield, Hatfield House, A/120.

Wendet man sich der Frage nach den Beziehungen zwischen den Vertretern beider Länder in Übersee zu, so bildeten Grenzregulierungen einen häufigen Verhandlungsgegenstand; noch bis ins zwanzigste Jahrhundert wurden immer wieder Korrekturen vorgenommen. Viel gravierender allerdings war ein anderer Aspekt. Für die Engländer in der Kapkolonie war es keineswegs belanglos, mit welchen Methoden der koloniale Nachzügler der einheimischen Bevölkerung gegenübertrat. Die Praxis zeigte, daß Unruhen und Aufstände weder sofort im Keim erstickt noch trotz überlegener militärischer Technologie auf das Gebiet begrenzt werden konnten, in dem sie ausgebrochen waren. Bezeichnend für die in erster Linie betroffene Kapkolonie war die grundsätzlich ablehnende, an den frühen Anspruch auf »Vorherrschaft« erinnernde Haltung des englischen Repräsentanten in der Walfischbucht, John Cleverly. Im Gegensatz zu der auf Kooperation ausgerichteten Politik Salisburys und nach Abschluß des Helgoland-Sansibar-Vertrags zeichnete er sich durch eine kompromißlose Haltung gegenüber dem Nachbarn aus, die auch für die Zukunft nichts Gutes erhoffen ließ. »Die deutsche Politik steht britischen Interessen außerordentlich feindselig gegenüber. [...] Es ist irreführend anzunehmen, daß Afrika für beide Staaten groß genug ist. Deutschland wird sich selbst nicht neue Wege erschließen. Es sind unsere Handelsrouten, die es kreuzt, und unsere Grenzen, die es wegzustoßen sucht.«[29] Opposition wurde aber auch in Kapstadt zum Ausdruck gebracht, insbesondere über die unbefriedigende Regelung der südlichen Grenze der Walfischbucht. Im Parlament wurde grundsätzlich Bedauern darüber geäußert, daß London es nicht für nötig befunden habe, die Kapregierung in die Verhandlungen einzubeziehen.

Es war unverkennbar, daß sich eine der bedeutendsten Kolonien des britischen Empire mit der deutschen Präsenz noch nicht abgefunden hatte. Noch sechs Jahre nach der Geburtsstunde des deutschen Kolonialreichs war die Kapregierung in London vorstellig geworden und hatte den realitätsfernen Wunsch geäußert, den Nachbarn zum Verzicht auf seine Kolonie zu bewegen. Wie positiv auch immer sich die Beziehungen zwischen den Metropolen gestalten mochten, eine Übertragung dieses Verhältnisses auf die afrikanische Peripherie war utopisch, weil die Interessen zu verschieden waren und das Miteinander nicht durch rationales Kalkül und wirt-

[29] Cleverly an James Rose-Innes, Under-Secretary for Native Affairs, 23. Juli 1890. Zit. nach Ronald F. Dreyer, The Mind of Official Imperialism. British and Cape Government Perceptions of German Rule in Namibia from the Helgoland Treaty to the Kruger Telegram (1890–1896). Essen 1987, S. 28.

schaftliches Denken allein bestimmt wurde. Für beide Seiten traf in Afrika gleichermaßen zu, daß man sich zunächst einmal mit einem anders situierten Nachbarn abfinden mußte, da der »scramble« nicht reversibel und eine Neuverteilung außerordentlich konfliktträchtig, wenn nicht sogar ausgeschlossen war. Zu diesem gegenseitigen Kräftemessen bzw. zu dieser Erkenntnis war Zeit nötig. Wenn Hatzfeldt zwischen »unpolitischen Fragen, kolonialen und anderen«[30] unterschied, so war es zwar in gewisser Weise für die britische Metropole, nicht aber für Kapstadt möglich, diese Differenzierung nachzuvollziehen. Freilich kam hinzu, daß mit Beginn der neunziger Jahre politische Entscheidungsträger in Berlin wie London das Sagen hatten, die im Gegensatz zu Staatsmännern wie Bismarck und Salisbury nicht mehr in der Lage waren, koloniale Zwistigkeiten in Anbetracht der zunehmenden Bedeutung, die überseeische Politik in den Augen der Öffentlichkeit gewann, souverän zu lösen.

Die Kappolitiker vermißten in dem benachbarten deutschen Schutzgebiet vor allem eine wirkungsvolle Verwaltung. Die deutsche Präsenz erschien ohnehin als »Farce«. Eine grundlegende Befürchtung, die immer wieder zum Ausdruck gebracht wurde, resultierte aus der nicht abwegigen Überlegung, daß sich die Einheimischen bei Auseinandersetzungen, die von Europäern oder Deutschen nicht schnell im Keim erstickt werden konnten, wenig Mühe geben würden, zwischen Nationalitäten zu unterscheiden. Nicht weniger bedeutsam war in diesem Zusammenhang die Tatsache, daß bei Grenzziehungen[31] die territoriale Verbreitung der Ethnien nicht immer berücksichtigt wurde, mit der Folge, daß zueinandergehörende Gruppen häufig getrennt wurden. Eine grenzübergreifende Zusammenarbeit bei der Unterdrückung von Aufständen mußte die feindselige Einstellung gegenüber der weißen Herrschaft auch in der eigenen Kolonie schüren. Insofern war mit dem Auftreten eines kolonialen Rivalen, dem es an jeglicher Erfahrung fehlte, die Kapkolonie nicht nur mit dem alten, vergleichsweise harmlosen und möglicherweise überzeichneten Problem konfrontiert, daß intertribale Auseinandersetzungen nördlich der eigenen Grenze für Unruhe sorgten. Erschwerend wirkte sich aus, daß Kapstadt verschiedentlich von London zur Zusammenarbeit in Fällen aufgerufen werden sollte, bei denen man in Südafrika Neutralität vorgezogen hätte.

Die Ereignisse in Südwestafrika machen deutlich, daß das deutsch-englische Verhältnis in Europa die Situation an der afrikani-

[30] Hatzfeldt an Caprivi, 2. Juni 1893. In: GP 8, Nr. 2017.

[31] Vgl. Ian Brownlie, African Boundaries. A Legal and Diplomatic Encyclopaedia. London 1979.

schen Peripherie nicht nur indirekt beeinflußte, sondern zu den Problemen der Kolonisatoren direkt beitrug. Wenn der Bitte um Unterstützung in Kapstadt aufgrund einer Londoner Intervention verschiedentlich entsprochen wurde, so war damit zwar ein Beispiel überseeischer Zusammenarbeit gegeben. Doch diese Tatsache hatte nicht zur Folge, daß sich die Beziehungen zwischen englischen und deutschen Kolonisatoren nachhaltig besserten. In aller Regel pflegten diese gleichsam erzwungenen Formen der Kooperation die Erinnerungen an die Jagd nach kolonialem Besitz in den Jahren 1884/85 wachzurufen, in deren Verlauf eine südafrikanische Delegation in London unmißverständlich zum Ausdruck gebracht hatte, daß einem machtpolitischen Vakuum vor einer deutschen Okkupation unter allen Umständen der Vorzug gegeben würde. Letztlich verstärkten Anweisungen aus Whitehall nur die Verbitterung, die gegenüber dem kolonialen Neuling empfunden wurde. Ein Kronzeuge dafür ist der Magistrat der Walfischbucht, John Cleverly, der sich in London keiner großen Wertschätzung erfreuen mochte, in Südafrika jedoch bei seiner Beurteilung der deutschen Kolonialpolitik durchaus der Zustimmung sicher sein konnte. Cleverly machte kein Hehl daraus, daß er die deutsche Präsenz als schreckliches Unglück ansehe. Ohne zu zögern lastete er die Verantwortung dafür der englischen Regierung an, die zu Beginn der deutschen Kolonialbestrebungen in Südafrika das Sagen und die Gründung der deutschen Kolonie nicht verhindert hatte.

Im Januar 1894 ließ Cleverly in einer Denkschrift noch einmal die Ereignisse Revue passieren, die die Entwicklung im benachbarten Territorium bestimmt hatten[32]. Im Mittelpunkt stand die Auseinandersetzung zwischen deutschen Schutztruppen und den Nama und Orlam unter Führung von Hendrik Witbooi[33], der sich nicht zuletzt aufgrund seiner Guerillataktik der Unterwerfung immer wieder hatte entziehen können. Auch die wirtschaftliche Entwicklung verlief keineswegs erwartungsgemäß. Und schließlich: Die deutschen Einwanderer sahen sich in ihren Hoffnungen getäuscht, sie waren unzufrieden, weil man sie über den Grad der Erschließung des Landes nicht ausreichend informiert hatte. Selbst ein unbefangener Leser, der nicht die Abneigung der Kapkolonie gegen den deutschen

[32] Memorandum on the State of Affairs in the German Protectorate in 1893, 3. Januar 1894. In: PRO/FO 244/517.

[33] Vgl. Wolfgang Reinhard (Hrsg.), Hendrik Witbooi, Afrika den Afrikanern! Aufzeichnungen eines Nama-Häuptlings aus der Zeit der deutschen Eroberung Südwestafrikas 1884 bis 1894. Berlin 1982; An., The South-West Revolt: Death of Hendrik Witbooi. In: AfW, 25. November 1905.

Nachbarn teilte und bei der Lektüre des Memorandums der Aversion Cleverlys Rechnung trug, konnte sich kaum des Eindrucks erwehren, daß die Entwicklung der deutschen Kolonie nur sehr zögernd verlief und die ersten zehn Jahre ihrer Existenz noch kein vielversprechendes Fundament abgaben. Aber hätten die englischen Nachbarn im Falle deutscher Erfolge eine andere Haltung an den Tag gelegt? In England und den überseeischen Kolonien mochte man bedauern, einen solchen Nachbarn zu haben, er war ihnen noch lange ein Dorn im Auge, aber kein ernsthafter und bedrohlicher Rivale – in welcher Hinsicht auch immer.

Bei Licht besehen spielten die hier nur grob skizzierten kolonialen Fragen, die England und Deutschland zwischen 1890 und 1893 beschäftigten, keine gravierende Rolle. Aufgrund der geographischen Lage der überseeischen Territorien war es geradezu eine Selbstverständlichkeit, daß verschiedentlich Grenzfriktionen auftraten, die isoliert gesehen wenig Brisanz bargen und über die man sich in London und Berlin zunächst noch souverän hinwegsetzte. Auch gab es durchaus Bereiche, bei denen eine Zusammenarbeit möglich war, die Regel war sie allerdings nicht. Die relative Gelassenheit, die zu Beginn der neunziger Jahre für den »Neuen Kurs« noch typisch war, wich einer zunehmenden Gereiztheit, die beide Seiten ergriff. Irrigerweise wurde in Berlin angenommen, daß die Kooperation in Afrika mit dem englischen Erzrivalen Frankreich die Beziehungen mit England nicht irreparabel beeinträchtigen werde. Sodann beschränkte sich Berlin nicht auf diese brisante Strategie, sondern übte sich gezielt in einer Politik afrikanischer Nadelstiche, um auf Großbritannien Druck auszuüben. Dieses widersprüchliche Verhalten führte geradezu notwendig zu Konflikten, die schließlich durch die in beiden Ländern immer aktiver werdenden und sich der Kontrolle der Regierungen entziehenden »Pressure-groups« zum Entstehen einer feindlichen Atmosphäre wesentlich beitrugen. Die Auswirkungen überseeischer Auseinandersetzungen konnten nicht mehr durch eine günstige europäische Mächtekonstellation abgefedert werden, wie es noch zu Bismarcks Zeiten möglich gewesen war.

Die schwierige Lage, mit der sich London immer wieder bei der Wahrung eigener Interessen und der Vertretung der mit diesen keineswegs stets identischen Ansprüche der überseeischen Kolonien konfrontiert sah, blieb Berlin nach 1890 nicht verborgen. Dennoch zeichneten die Entscheidungsträger sich nunmehr durch eine größere Konfliktbereitschaft aus, als sie ihren Amtsvorgängern zu eigen war. Als Schlüsseldokument kann in dieser Hinsicht ein Resümee gelten, das der Unterstaatssekretär im Auswärtigen Amt, Freiherr von Rotenhan, 1893 zog[34]. Dieser war überzeugt, daß die koloniale Lobby die Regierung auffordern würde, dem deutschen Ansehen in Übersee mehr Gewicht zu verleihen und Konfrontationen mit anderen Staaten nicht zu scheuen. So ging die Anwerbung von Kulis für die Neu-Guinea-Kompagnie nicht ohne Bedenken lokaler englischer Behörden vonstatten und erforderte wiederholt Verhandlungen zwischen den Metropolen, die langwierig waren und angesichts der (vermeintlich) freundschaftlichen Beziehungen aus der Sicht Rotenhans ein »Unding« darstellten. Nicht weniger konfliktträchtig entwickelte sich aus deutscher Perspektive das bilaterale Verhältnis in Süd(west)afrika, wo Witbooi erfolgreich gegen die deutsche Kolonialherrschaft opponierte. Kernproblem war, daß die Kapbehörden den Führer der Aufständischen nicht als »notorischen Räuberhauptmann« – so Rotenhan – betrachteten, sondern den Teilen der indigenen Bevölkerung, die den bewaffneten Kampf gegen den kolonialen Nachbarn fortsetzten, den Status einer kriegführenden Macht zubilligten und deutsche Bitten nach wirksamer Unterstützung mit dem Hinweis beschieden, Neutralität wahren zu müssen.

Ein dritter Konfliktherd schließlich ergab sich aus der noch als unbefriedigend empfundenen Situation im Hinterland von Kamerun. Summa summarum kam Rotenhan zu der Schlußfolgerung: »Es bleibt aber für uns als Tatsache bestehen der systematisch böse Wille aller englischen kolonialen Behörden unseren Wünschen, Bestrebungen und Rechten gegenüber überall da, wo uns ein auch nur passives Entgegenkommen englischer Behörden nützlich und förderlich sein könnte.« Hervorzuheben ist allerdings, daß London die Zusammenarbeit mit Berlin Anfang der neunziger Jahre zum Teil durchaus suchte, um Frankreich, dem gefährlichen Rivalen auf dem afrikanischen Kontinent, den Weg nach Bornu zu versperren. Berlin war diese Absicht keineswegs unlieb, da Frankreich sich im nördlichen Teil Kameruns über deutsche Ansprüche hinwegsetzte. Ergebnis der Verhandlungen war ein ›Abkommen über die Abgrenzung der beiderseitigen Interessensphären in den vom Golf von Guinea nach dem Innern sich erstreckenden Gebieten vom 15. November 1893‹[35]. Vor diesem Hintergrund ist verständlich, daß Premierminister Lord Rosebery gegenüber Staatssekretär Marschall die Hoffnung zum Ausdruck brachte, fortan über deutsch-französische Verhandlungen unterrichtet zu werden, sofern sie englische Interessen beträfen.

In der Tat ließen diese Gespräche nicht lange auf sich warten.

[34] Rotenhan an Hatzfeldt, 10. September 1893. In: GP 8, Nr. 2018.
[35] St 57 (1896), Nr. 10670.

Bereits einen Tag nach dem Abschluß des Vertrags hatte Marschall dem Kaiser mitgeteilt, daß Frankreich Verhandlungsbereitschaft mit Blick auf den vom deutsch-englischen Vertrag unberührten östlichen Teil des Hinterlandes von Kamerun signalisiert habe. Das Ergebnis der Gespräche war das deutsch-französische Protokoll vom 4. Februar 1894[36], das am 15. März unterzeichnet wurde und nicht nur die östliche Grenze nunmehr definitiv festlegte, sondern auch den deutschen Verzicht auf das seit der Gründung der Kolonie Kamerun umstrittene Hinterland sowie auf »die Verbindung mit dem Zentralsudan«[37] dokumentierte. Als Gegenleistung erhielt das Reich den »Zugang zum Sanga und einen Teil des Oberlaufes des Schari«. Dieses Abkommen zerstörte die englische Hoffnung, im Deutschen Reich einen Bundesgenossen gegen den französischen Rivalen gefunden zu haben. Es ist keine Übertreibung, festzuhalten, daß mit der deutschen Entscheidung, Frankreich den Zugang zum Benue zu ermöglichen, die nur wenige Monate zuvor mühsam eingeleitete und schließlich auch realisierte Verbesserung der deutsch-englischen Beziehungen eine solche Erschütterung erfuhr, daß die Wiederherstellung einer vertrauensvollen Zusammenarbeit in absehbarer Zeit nicht mehr möglich schien. Im Frühjahr 1894 war die »era of Anglo-German colonial friendship«[38] erst einmal an ihren Endpunkt gelangt. An den »Verrat« am Niger, wie mancher englische Zeitgenosse den Vertrag empfand, wurde die deutsche Seite dann auch erinnert, als sie heftigen Protest gegen den englisch-kongolesischen Vertrag vom Mai 1894 einlegte.

Aus deutscher Sicht waren die britischen Vorwürfe grundlos. Allerdings wurde die Krise zum Anlaß genommen, die Kolonialbeziehungen kritisch Revue passieren zu lassen. Das Ergebnis der Betrachtung unterschied sich deutlich von der Bewertung, die im Jahr 1890 artikuliert worden war. Marschall hob hervor, daß das Deutsche Reich als kolonialer Neuling niemals eine ernsthafte Konkurrenz für England hätte darstellen können. So schrieb er am 17. April 1894 an Hatzfeldt: »Seit dem Beginn unserer Kolonialpolitik war es stets das Bestreben der Kaiserlichen Regierung, die Gemeinschaft der Interessen, wie sie glücklicherweise in Europa zwischen Deutschland und Großbritannien bestehen, auch in Afrika

[36] Für den Wortlaut vgl. Edward Hertslet, The Map of Africa by Treaty, Bd. 2. London (Nachdruck) 1967, Nr. 198.

[37] Hier und im folgenden zit. nach SEG 10 (1894), S. 318.

[38] William Roger Louis, Great Britain and German Expansion in Africa, 1884–1919. In: Prosser Gifford, William Roger Louis und Alison Smith (Hrsg.), Britain and Germany in Africa. Imperial Rivalry and Colonial Rule. London 1967, S. 3–46, hier S. 19.

zur Geltung zu bringen.«[39] Gerade die Tatsache, daß das deutsche Kolonialreich sich mit dem englischen Empire nicht vergleichen ließ, hatte auf deutscher Seite die Hoffnung genährt, mit dem englischen Nachbarn einvernehmlich leben zu können. Allerdings hegte man in der britischen Metropole ungeachtet der regionalen überseeischen Konflikte nicht prinzipiell Bedenken gegen die Entwicklung eines deutschen Kolonialreichs. Immer wieder meldeten sich Stimmen zu Wort, die die Legitimität des deutschen Anspruchs auf Expansion anerkannten. Und bis 1914 sollte sich daran auch nichts ändern. Doch blieb letztlich entscheidend, daß in Übersee das Deutsche Reich als Rivale – wenn auch als ein harmloser – empfunden wurde, den man nur ungern willkommen hieß.

Unabhängig von dem verbalen Schlagabtausch zwischen London und Berlin hatte sich Whitehall natürlich weiterhin bemüht, Frankreich den Zugang auch zu den Nilquellen zu versperren. Zu diesem Zweck wurde mit König Leopold II. Kontakt aufgenommen. Der britische Unterhändler Sir James Rennell Rodd sollte darüber hinaus über eine telegrafische Verbindung zwischen dem nördlichen und südlichen englischen Besitz im östlichen Afrika verhandeln. Möglicherweise hatte er auch den Auftrag, Gespräche über die Verpachtung eines Korridors zu führen, der die britische Kap Kairo-Route realisierte, also Deutsch-Ostafrika vom Kongo getrennt hätte, was eine Verletzung des Vertrags vom 8. November 1884 bedeutete. Der Protest aus Berlin ließ nicht lange auf sich warten und richtete sich grundsätzlich gegen die Rechtsgültigkeit des am 12. Mai unterzeichneten und zehn Tage später veröffentlichten Vertrags, dessen umstrittener Artikel III lautete: »Der Unabhängige Kongostaat gibt Großbritannien in Pacht zur Verwaltung, sobald es ihn besetzt, unter den nachstehend festgesetzten Bedingungen und für die bestimmte Zeit einen 25 Kilometer breiten Landstrich, der sich vom nördlichen Hafen am Tanganyika, einschließlich dieses Hafens, bis zu dem südlichsten Punkt am Albert-Edward-See erstreckt. Diese Pacht wird dieselbe Dauer haben wie diejenige, welche für die westlich vom 30. Meridian östl. L. u. Br. gelegenen Länder festgesetzt ist.«[40] Bereits in früheren Verhandlungen wie auch während der Gespräche im Vorfeld des Abkommens über Helgoland und die afrikanischen Kolonien war die Regierung in London nicht darüber im unklaren gelassen worden, daß das Deutsche Reich einen Korridor westlich des ostafrikanischen Schutzgebietes unter keinen Umständen tolerieren würde. In deutschen Augen hatte sich Leopold II.

[39] Marschall an Hatzfeldt, 17. April 1894. In: GP 8, Nr. 2023.
[40] SEG 10 (1894), S. 318f.

eine Verletzung der Neutralität des Kongostaates zuschulden kommen lassen. Empörung kam aber nicht zuletzt deshalb zum Ausdruck, weil koloniale Fragen mittlerweile eine beträchtliche Eigendynamik entwickelt hatten, und der Vertrag, den London mit Leopold II. geschlossen hatte, nun als Höhepunkt einer langen Reihe deutsch-englischer Streitigkeiten in Übersee empfunden wurde. Daher schlossen sich der Unterzeichnung heftige diplomatische Gefechte an, die schließlich dazu führten, daß von einer Realisierung des Artikels III Abstand genommen wurde. Primärer Grund für das englische Nachgeben war die Befürchtung, daß sich schließlich eine deutsch-französische Zusammenarbeit in Afrika abzeichnen könnte.

Das Jahr 1894 wurde damit Zeuge einer gravierenden Verschlechterung der Beziehungen zwischen beiden Ländern. Beträchtlicher Unmut hatte sich angesammelt, der Marschall am 12. Juni 1894 zu der Notiz veranlaßte: »Wenn Deutschland jedesmal wegen Unfreundlichkeiten Englands in Kolonialsachen hätte Einspruch einlegen wollen, so wäre der Protest zu einem dauernden Institut in dem Verkehr beider Kabinette geworden.«[41] Der Unterschied zum Jahr 1884 ist offenkundig. Das deutsche Auftreten als Kolonialmacht hatte England anfänglich verblüfft. Zu keinem Zeitpunkt aber hatte Bismarck zugelassen, daß überseeische Politik eine so schwerwiegende Bedeutung gewann, wie dies 1893/94 der Fall war. Am 24. März 1894 notierte Rosebery: »In der ganzen Einstellung Deutschlands ist etwas Bedrohliches, das Malet niemals erklären konnte.«[42] Diese Feststellung stellte gewissermaßen die Parallele zu Rotenhans Anklage vom September 1893 dar, die Großbritannien einen bösen Willen unterstellte.

Auseinandersetzungen um Transvaal

Die Ursachen des militärischen Konflikts zwischen England und Transvaal bzw. der Südafrikanischen Republik lagen zeitlich vor der Gründung des deutschen Kolonialreichs. Die Politik Berlins gegenüber den Buren hatte zu der Auseinandersetzung zwar nicht wesentlich beigetragen, wohl aber das Verhältnis zwischen England und Deutschland in einer Weise verschlechtert, die bisher keine Parallele besaß. Der Grund der englischen Empörung nach dem Telegramm Wilhelms II. an den Präsidenten von Transvaal, Paulus Krüger, bestand in der Tatsache, daß das Deutsche Reich erstmals mit einem

[41] Marschall an Hatzfeldt, 12. Juni 1894. In: GP 8, Nr. 2045.

[42] Zit. nach Theodor A. Bayer, England und der Neue Kurs, 1890–1985. Tübingen 1955, S. 88.

Staat »kokettierte«, der aus englischer Sicht zur vitalen Interessensphäre des Empires gehörte. »In der Zukunft wird wirtschaftlich und politisch Deutschland unser großer Rivale sein«[43], so konnte man in der Presse lesen. Und weiter: »Deutsche Methoden sind spitzfindig und intrigant, französische dagegen offen und ehrlich, und ihre Ambitionen werden nicht durch einen Schleier der dynastischen und verwandtschaftlichen Freundschaft verdeckt.« Das waren unerhörte Worte, die bisher für die Presse nicht typisch waren, auch wenn nationale Aufschreie über koloniale »Ungerechtigkeiten« in Europa immer wieder zu vernehmen waren. Kontrastiert man diese Aussagen mit Kommentaren zur Geburtsstunde des deutschen Kolonialreichs und mit dem deutsch-englischen Einvernehmen, das nach der Berliner Afrikakonferenz und dem Abschluß des Helgoland-Sansibar-Vertrags herrschte, dann wird ein tiefer Graben erkennbar, in dem die kolonialen »highlights« der Vergangenheit versunken waren, und mit ihnen vorläufig die Bereitschaft der verantwortlichen Staatsmänner, dem Kompromiß in Übersee den Vorzug zu geben. Im April 1897 erläuterte Marschall dem früheren parlamentarischen Unterstaatssekretär George Nathaniel Curzon die deutsche Interpretation der Ereignisse und machte deutlich, daß die Verbitterung über das jeweilige koloniale Unverständnis der anderen Seite Kreise gezogen hatte und koloniale Themen in ihrer ganzen Variationsbreite nunmehr eine Eigengesetzlichkeit entfalteten, die sich nur schwer bremsen ließ[44]. Allgemein vergessen und nicht mehr der Zeit entsprechend schien Bismarcks Diktum über das »Periklitieren« in der »Weltpolitik«, dem er in der Reichstagsrede vom 6. Februar 1888[45] eine entschiedene Absage erteilt hatte. Noch zu keinem Zeitpunkt in den bisherigen kolonialen Beziehungen war eine Region zum Streitobjekt erhoben worden, die England oder Deutschland zu seinem »lebensnotwendigen« Einflußbereich zählte – wie berechtigt der Anspruch auch immer gewesen sein mochte. Was war geschehen?

Ebenso wie für die deutsch-englischen Kolonialbeziehungen im allgemeinen zwischen Phasen der Kooperation und der Konfrontation zu unterscheiden ist, so kommt dem Deutschen Reich bei dem Verhältnis zwischen Buren und Engländern bis zum Ausbruch des Krieges 1899 eine unterschiedlich zu gewichtende Bedeutung zu. Vor 1890 waren die Buren bzw. Südafrika kein Gesprächsthema,

43 Hier und im folgenden zit. nach William Greswell, The Germans in South Africa. In: FR 59 (1896), S. 209–215, hier S. 214.

44 Vgl. die Aufzeichnung Marschalls vom 17. April 1897. In: GP 13, Nr. 3403.

45 Sten. Ber., Bd. 100, S. 725.

dem große Beachtung geschenkt wurde. Seit den fünfziger Jahren des 19. Jahrhunderts waren Deutsche in die Kapkolonie eingewandert und hatten sich problemlos integriert. Ihr wirtschaftlicher Erfolg wurde auf die Umstände zurückgeführt, die englische Kolonialpolitik zu charakterisieren schienen und die aus britischer Perspektive in deutschen Schutzgebieten nicht anzutreffen waren: »Die Deutschen waren ein wenig auffälliger als die Skandinavier, aber sie waren sicher nicht ein Zehntel so auffällig wie schottische Kolonisten. In der Regel waren sie außerordentlich dankbar, ihrem ›Vaterland‹ und der Rekrutierung entkommen zu sein. Das freie Leben eines britischen Kolonisten entsprach vollständig ihren Vorstellungen und sie verfluchten das Land, das sie hinter sich gelassen hatten.« Bis 1894 spielte der »German factor« keine wichtige Rolle in den Beziehungen zwischen England und Transvaal. Völlig anders stellte sich die Situation in dem Zeitraum von 1894 bis 1896 dar. Denn das Bemühen der Buren, Engländer von wichtigen ökonomischen Lebensbereichen auszuschließen, hatte u. a. zur Folge, daß führende Positionen zunehmend von Deutschen eingenommen wurden. Diese enge wirtschaftliche Bindung zwischen Buren und Deutschen stand in einem direkten Gegensatz zu den ökonomischen Unionsplänen der Kapkolonie und führte zu einer Verbitterung der Engländer über die wirtschaftliche Benachteiligung, die kaum noch zu besänftigen war. 1895 hielten sich ungefähr 5000 Deutsche in Transvaal auf, die Höhe der Investitionen betrug zwischen 300 und 500 Millionen Reichsmark. Entscheidend für die weitere Entwicklung war, daß zum einen die deutsche wirtschaftliche Präsenz und politische Unterstützung zu einer Interessenverknüpfung Deutschlands und Transvaals führten und zum anderen die Buren sich nicht zuletzt aufgrund dieser Tatsache in ihrem Widerstand gegen die Engländer bestärkt fühlten und mit ihr weitergehende Hoffnungen verknüpften. Welche Position in England gegenüber dem Deutschen Reich auch immer bezogen werden mochte, Einigkeit herrschte darüber, daß Einmischung in südafrikanische Fragen und Parteinahme zugunsten der Buren unter keinen Umständen geduldet werden konnten.

Die unterschiedliche deutsch-englische Bewertung des Transvaalkonflikts kristallisierte sich deutlich in der beiderseitigen Forderung nach Aufrechterhaltung des Status quo in Südafrika heraus. In der britischen Metropole war man der Ansicht, daß internationale Verträge, die Transvaal mit anderen Staaten schließen wollte, nach wie vor der Zustimmung Whitehalls bedurften. Marschall brachte jedoch gegenüber dem britischen Botschafter Malet zum Ausdruck, daß »unsere Politik [...] einfach dahin gehe, diejenigen materiellen Interessen gegen jeden Eingriff zu schützen, welche sich Deutschland durch Erbauung von Bahnen und die Anknüpfung von Handelsbeziehungen mit Transvaal geschaffen habe. Diese Interessen geböten die Aufrechterhaltung Transvaals als wirtschaftlich selbständiger Staat und die Sicherung des Status quo bezüglich der Bahnen und der Delagoabai. Damit sei der Ausgangspunkt und der Endpunkt unserer Politik in jenen Gegenden gekennzeichnet. [...] Transvaal sei mit der im Vertrag von 1884 vorgesehenen Beschränkung ein selbständiger Staat, der diejenigen wirtschaftlichen Beziehungen anknüpfen könne, die er für nützlich erachte.«[46] Aus diesem Grund sprach man sich in Berlin auch gegen die propagierte ökonomische Union der südafrikanischen Staaten aus, die – so wurde nicht zu Unrecht befürchtet – in eine politische Vorherrschaft münden und den deutschen Handel ausschließen würde. Noch im Herbst 1895 bezeichnete der britische Botschafter in Berlin die Transvaalfrage als »Schwarzen Punkt« in den Beziehungen, der zu »ernsten Verwicklungen führen könne«[47]. In der Tat waren Zweifel an der englischen Entschlossenheit keineswegs angebracht, wie die allgemeine Reaktion auf das Telegramm bewies, das Wilhelm II. dem Präsidenten des Transvaal, Krüger, nach der Abwehr des »Jameson Raid« am 3. Januar 1896 sandte: »Ich spreche Ihnen Meinen aufrichtigen Glückwunsch aus, daß es Ihnen, ohne an die Hülfe befreundeter Mächte zu appellieren, mit ihrem Volke gelungen ist, in eigener Tatkraft gegenüber den bewaffneten Scharen, welche in Ihr Land eingebrochen sind, den Frieden wieder herzustellen und die Unabhängigkeit des Landes gegen Angriffe von außen zu wahren.«[48]

Die englische Reaktion war unmißverständlich. Als »climax of a conspiracy carried on for years by official Germany against British rule«[49] bezeichnete die imperialistische Publizistik diese »Gratulation«. Hatzfeldt berichtete von einer großen Verbitterung in der City und vor allem in Wirtschaftskreisen[50]. Das offizielle London reagierte durch die Demonstration britischer Seemachtstärke in aller Welt, während Wilhelm II. im Rahmen der Reichsgründungsfeier am 18. Januar 1896 dazu aufforderte, das »größere Deutsche Reich auch fest an unser heimisches zu gliedern«[51]. Den engen Konnex

[46] GP 11, Nr. 2577.
[47] Aufzeichnung Marschalls vom 15. Oktober 1895. In: GP 11, Nr. 2578.
[48] GP 11, Nr. 2610.
[49] Greswell, The Germans in South-Africa, S. 214.
[50] Hatzfeldt an Holstein, 21. Januar 1896. In: GP 11, Nr. 2636.
[51] Zit. nach Behnen (Hrsg.), Quellen zur deutschen Außenpolitik, S. 146.

zwischen Flotten- und Kolonialpolitik machte noch einmal der deutsche Botschafter in London deutlich, um gleichzeitig vor den Gefahren einer Konfrontation zu warnen: »So wenig ich mir in militärischen Fragen ein Urteil zutraue, so scheinen mir doch zwei Dinge kaum zweifelhaft zu sein: erstens, daß wir ohne eine starke Flotte, die uns leider noch fehlt, materiell nicht in der Lage sein würden, bei einem etwaigen englischen Angriff auf die Transvaalrepublik der letzteren eine entscheidende Hilfe zu leisten, zweitens, daß eine tatsächliche Intervention unsererseits zu einem Konflikt zwischen Deutschland und England führen müßte, welcher sich, soweit ich mir ein Urteil bilden kann, schwerlich auf Südafrika beschränken würde. Mit anderen Worten, die Lokalisierung eines deutsch-englischen Konflikts aus Anlaß einer militärischen Unterstützung des Transvaal durch Deutschland würde voraussichtlich ausgeschlossen sein, und wir würden zu einem Kriege mit England getrieben werden, welcher vielleicht größere Dimensionen annehmen könnte, als unsere koloniale Partei, die nur ihre speziellen Zwecke im Auge hat, sich klarmachen will.«[52]

[52] Hatzfeldt an Hohenlohe, 22. April 1897. In: GP 13, Nr. 3404.

»Weltpolitik«

»Ich bin auch heute der Überzeugung«, so resümiert Bülow gegenüber Tirpitz nach dem Ersten Weltkrieg, »die uns beide erfüllte, als wir vor 27 Jahren gleichzeitig Staatssekretäre wurden, [...] daß unser Volk nach seiner Tüchtigkeit, seiner Kultur (im besten Sinne des Wortes) und seiner Vergangenheit ein Recht auf die Stellung hätte, die ich damals den Platz an der Sonne nannte, d. h. das Recht auf Gleichberechtigung mit anderen großen Nationen.«[1] Gut zwanzig Jahre zuvor, am 6. Dezember 1897, unterstrich der Staatssekretär vor dem Reichstag zunächst die wirtschaftlichen und politischen Interessen in China und prägte im selben Atemzug einen Ausdruck, der zum geflügelten Wort werden sollte und der in nuce das politische Programm der Zukunft vorstellte: einen »Platz an der Sonne«. Bülows Rede stellte eine Zäsur in der klassischen preußisch-deutschen Außenpolitik dar. Großmachtpolitik war in den Augen der Zeitgenossen nur denkbar, indem sich das Reich außerhalb Europas engagierte. Am 6. Dezember verlieh der Staatssekretär folglich nur einer weitverbreiteten Meinung Ausdruck. Die Einigung Deutschlands, so war in der Freiburger Antrittsvorlesung eines bekannten Gelehrten zu vernehmen, war ein Jugendstreich, »den die Nation auf ihre alten Tage beging und seiner Kostspieligkeit halber besser unterlassen hätte, wenn sie der Abschluß und nicht der Ausgangspunkt einer deutschen Weltmachtposition sein sollte.«[2]

Die »Weltpolitik« war schon längst Gegenstand der öffentlichen Diskussion, als Staatssekretär Bülow seine Jungfernrede, allerdings ohne diesen Terminus zu verwenden, hielt. Auch Wilhelm II. griff anläßlich der Reichsgründungsfeier am 18. Januar 1896 nur einen Aspekt allgemeiner Überzeugung auf, indem er das Attribut »Weltreich« zur Charakterisierung benutzte, auf die globale Betriebsamkeit der Deutschen verwies, die wirtschaftliche Verflechtung hervorhob und – »last but not least« – dazu aufforderte, dieses »größere Deutsche Reich« an das »heimische« eng anzuschließen. Mit dieser Forderung entsprach er fast der Diktion und dem Inhalt alldeutscher

[1] Zit. nach Gregor Schöllgen, Der Wille zur Weltmacht. Die deutsche »Weltpolitik« und der Ausbruch des Ersten Weltkriegs. In: Ders., Stationen deutscher Außenpolitik. Von Friedrich dem Großen bis zur Gegenwart. München 1992, S. 51–66, hier S. 54.

[2] Zit. nach Max Weber, Gesammelte Politische Schriften. Hrsg. von J. Winckelmann. 3. Aufl. Tübingen 1971, S. 23.

Blätter, die seit Jahren eine »Weltstellung« postulierten. Und sicher war der Rittergutsbesitzer Wilhelm von Kardorff in einer Reichstagsrede am 26. Januar 1889 nicht der erste Propagandist deutscher »Weltpolitik«, die nach seiner Meinung bereits 1870 ihren Anfang genommen hatte[3]. Eine präzise inhaltliche Definition war allerdings kaum erhältlich. Doch dieser Umstand schien nicht sonderlich zu stören. Der Wille zur »Weltpolitik« war Allgemeingut, der »Kampf ums Dasein« ließ sich vermutlich nur so entscheiden. Diese Ansicht teilten Konservative wie Nationalliberale, die bürgerliche Linke wie weite Teile der SPD. Natürlich existierten Ausnahmen. Aber die Sozialistin Rosa Luxemburg war doch von Resignation befallen, als sie am 18. September 1900 feststellte: »Wir machen uns wirklich in weiten Kreisen der Bevölkerung lächerlich. Wir wettern jeden Tag gegen die Weltpolitik, wir donnern gegen den Militarismus in Friedenszeiten; wo es aber einmal wirklich zum Krieg kommt [i. e. in China], unterlassen wir es, das Facit zu ziehen und zu zeigen, daß unsere jahrelange Agitation auch wirklich in die Halme geschossen ist. [...] Ich bringe das vor, [...] weil wir aus der weltpolitischen Ära jetzt nicht mehr herauskommen.«[4]

Viele Gründe, so etwa wirtschaftliche Motive, Missionierung, Unterdrückung des Sklavenhandels[5], »Kulturarbeit«, die sich nun zu einem Weltmachtanspruch verdichteten, hatten bereits in der Vergangenheit eine Rolle gespielt und erfuhren gewissermaßen eine Neubelebung. Doch der allgemeine Bewußtseinswandel ließ sich mit diesen traditionellen Aspekten der Expansion nicht erklären. Das Novum der Zeit blieb Max Webers analytischem Blick keineswegs verborgen. Lediglich als gleichberechtigter Partner in Europa aufzutreten, ließ inmitten der expandierenden Nachbarn keine Zufriedenheit mehr aufkommen, geformt hatte sich der *Wille* zur »Weltpolitik«, der nach allgemeiner Einschätzung die logische Konsequenz der Reichsgründung war. Daß die etablierten Großmächte unter anderem aufgrund der Annahme, hinter den deutschen Aktionen stehe ein geschlossenes Konzept, sich diesem Ansinnen entgegenstellten und das Wachstum des Rivalen nicht förderten, gehörte ebenso zum Signum der Zeit. Doch zu der Erkenntnis, daß der nunmehr angemeldete eigene machtpolitische Anspruch in einem unüberwindbaren Widerspruch zur Wirklichkeit des europäischen Staatensystems stand, mochten sich die deutschen Politiker ebenso-

[3] Vgl. Sten. Ber. Bd. 105, S. 631.

[4] Zit. nach Fenske, Unter Wilhelm II., S. 185f.

[5] Vgl. dazu auch Horst Gründer, »Gott will es« – Eine Antisklavereibewegung am Ende des 19. Jahrhunderts. In: GWU 28 (1977), S. 210–224.

wenig durchringen wie zu der Bereitschaft, sich auf die Rolle des Juniorpartners beispielsweise im Verhältnis zu Großbritannien zu beschränken. Dies traf erst recht für das Verhältnis in Übersee zu. Denn eine ernsthafte Konkurrenz stellte das Reich nicht dar. Der Kolonialbesitz nahm sich in seiner Größe im Vergleich zum überseeischen Besitz anderer Staaten bescheiden aus. Die wirtschaftliche Bilanz war – und blieb – ernüchternd, die koloniale »Eroberungs-« und »Experimentierphase« ließen keine aufsehenerregenden Erfolge zu, und die sich anschließende Reformphase erwies sich als zu kurz, um den Ruf als allseits geachtete Kolonialmacht zu begründen. Auch wenn sich die Zeitgenossen diesen Erkenntnissen zum Teil nicht verschlossen, so sahen sie sich dennoch gezwungen, an der Expansion teilzuhaben, die zur Errichtung eines Weltstaatensystems zu führen schien.

Parallel zur Forderung nach einem »Platz an der Sonne« fiel der Entschluß zum Aufbau einer Flotte, für die Admiral Tirpitz maßgeblich verantwortlich zeichnete. In erster Linie sollte sie als Druckmittel gegen England fungieren und die »Bündnisfähigkeit« des Reichs unter Beweis stellen. Sodann – und dieser Aspekt war nicht weniger wichtig – war sie eine »Risikoflotte«. Eine Kollision mit der stärksten Seemacht sollte die Existenz der feindlichen Flotte in Frage stellen können. In London blieben diese Planungen natürlich nicht verborgen. Die spätere Konzentration der deutschen Flotte in der Nordsee ließ nur den Schluß zu, daß die Geschütze gegen England gerichtet waren. Diese Perzeption war weit verbreitet und auch keineswegs auf die Entscheidungsträger in London beschränkt, wie der Roman von Erskine Childers aus dem Jahr 1903 zeigte[6].

Am 6. Dezember 1897 erklärte Staatssekretär Bülow erst einmal unter lebhaften Bravorufen: »Wir müssen verlangen, daß der deutsche Missionar und der deutsche Unternehmer, die deutschen Waren, die deutsche Flagge und das deutsche Schiff in China geradeso geachtet werden wie diejenigen anderer Mächte. Wir sind endlich gern bereit, in Ostasien den Interessen anderer Großmächte Rechnung zu tragen, in der sicheren Voraussicht, daß unsere eigenen Interessen gleichfalls die ihnen gebührende Würdigung finden. Mit einem Worte: Wir wollen niemanden in den Schatten stellen, aber wir verlangen auch unseren Platz an der Sonne. In Ostasien wie in Westindien werden wir bestrebt sein, getreu den Überlieferungen der deutschen Politik, ohne unnötige Schärfe, aber auch ohne Schwäche unsere Rechte und unsere Interessen zu wahren.« Der

[6] Erskine Childers, Das Rätsel der Sandbank (The Riddles of the Sands. 1903). Zürich 1975.

Historiker Otto Hintze wird im Jahr 1915 die deutsche Entwicklung rückblickend wie folgt charakterisieren: »Kaum hatten wir die normale nationalstaatliche Daseinsform gewonnen, die Länder wie Frankreich und England schon seit Jahrhunderten besitzen, so sahen wir uns durch das Schicksal zu einer neuen Formwandlung gezwungen, um uns in dem werdenden Weltstaatensystem als eine der führenden Mächte, als ›Weltmacht‹ aufrechtzuerhalten. Das ist der Sinn der ›Weltpolitik‹, die das Zeitalter Kaiser Wilhelms II. charakterisiert. Es ist eine Politik, die darauf ausgeht, dieselbe Stellung und Geltung, die wir uns in dem alten europäischen Staatensystem seit der Zeit des Großen Kurfürsten und Friedrichs des Großen errungen hatten, auch in dem weiteren Kreise des neuen Weltstaatensystems zu behaupten.«[7] Demgegenüber trug der Oberbefehlshaber der europäischen Interventionstruppen im Boxeraufstand, Graf Waldersee, 1900 in sein Tagebuch ein: »Wir sollen Weltpolitik treiben. Wenn ich nur wüßte, was das sein soll; zunächst doch nur ein Schlagwort.«[8] Die »Weltpolitik« wurde erst einmal in das offizielle Regierungsprogramm aufgenommen, assistiert von der öffentlichen Meinung, die sich nach der Rekontinentalisierung der europäischen Politik im Jahr 1906 von der eingeschlagenen politischen Denkrichtung nur schwer wieder ablenken ließ. Die Zahl publizistischer Pamphlete und weltpolitischer Plädoyers nahm ungeheure Dimensionen an und ließ sich nach der Jahrhundertwende bzw. dem Scheitern der Bülowschen Politik kaum unterdrücken. Verglichen mit anderen Weltmächten ließ sich allerdings kein Sendungsgedanke bzw. Sendungsbewußtsein ausmachen, Anzeichen eines »Manifest Destiny« sind nicht zu erkennen.

Paul Rohrbach[9], der zwischen 1897 und 1902 Rußland, Persien und die Türkei bereiste, wollte zwar den »sittlichen Wesensgehalt des Deutschtums als gestaltende Kraft im gegenwärtigen wie im zukünftigen Weltgeschehen«[10] bestimmen, flüchtete sich aber in vage Formulierungen, die ebensolche Unsicherheit verrieten wie die Suche des liberalen Imperialisten Friedrich Naumann nach einer

[7] Die Hohenzollern und ihr Werk. Fünfhundert Jahre vaterländischer Geschichte. Berlin 1915, S. 679.

[8] Denkwürdigkeiten des General-Feldmarschalls Alfred Grafen von Waldersee. Auf Veranlassung des Generalleutnants Georg Grafen von Waldersee bearb. u. hrsg. von Heinrich Otto Meisner. Stuttgart 1922/23, Neudruck Osnabrück 1967, Bd. 2, S. 444.

[9] Vgl. Walter Mogk, Paul Rohrbach und das »Größere Deutschland«. Ethnischer Imperialismus im Wilhelminischen Zeitalter. Ein Beitrag zur Geschichte des Kulturprotestantismus. München 1972.

[10] Der deutsche Gedanke in der Welt. Leipzig 1912, S. 6.

»weltgeschichtliche[n] Aufgabe [...], die niemand so gut vollenden kann wie wir«[11].

Im Ausland wurden die radikalen Stimmen gehört und die Pamphlete und Schriften des Alldeutschen Heinrich Claß und des Militärs Friedrich von Bernhardi zur Kenntnis genommen. Die antiimperialistische Literatur vermochte dem nichts Durchschlagendes entgegenzusetzen. Kennzeichnend für die deutsche weltpolitische Diskussion war die Tatsache, daß ideologische Grundlegung und Rechtfertigung im Grunde fehlten. In erster Linie waren es wirtschafts- und machtpolitische Überlegungen, die die Expansion zu einem Imperativ machten. Die Konzentration der Verfechter deutscher »Weltpolitik« war darauf gerichtet, Deutschlands Anteil »unter den Weltvölkern« zu sichern. Ihre Argumente ähnelten den Motiven, die Publizisten anderer Staaten ins Feld führten; »thematische Vielfalt« war nirgendwo zu entdecken. Krieg war als letztes Mittel keineswegs ausgeschlossen. »Wenn irgend etwas in der Weltgeschichte sicher ist«, so diagnostizierte Naumann 1900, »so ist es der zukünftige Weltkrieg, d. h. der Krieg derer, die sich vor England retten wollen.«[12]

Zu Beginn des zwanzigsten Jahrhunderts machte ein anderes Buch Furore. Bernhardi ließ keinen Zweifel daran: Es würde eine gewaltsame Eskalation geben, daher der Titel ›Deutschland und der nächste Krieg‹. Auch die liberalen Imperialisten plädierten für »Weltpolitik«, lehnten aber den Krieg als Mittel ab. Was in ihren Schriften vielfach anklang, war Kritik an der fehlenden Konzentration der Kräfte. Die »Weltpolitik« bot ein diffuses Bild, von einem geschlossenen Konzept konnte keine Rede sein, eben dies minderte auch den Erfolg. Selbst Tirpitz wies mit erhobenem Zeigefinger auf den »Hans Dampf auf allen Gassen«[13] und stellte der zerfahrenen »Weltpolitik« einen effizienten Propaganda-Apparat an die Seite, der seinesgleichen suchte. Später sollte er behaupten, »die Rüstung zur See war die einzige methodische Weltpolitik, die wir getrieben haben«[14]. »Wirkliche weltpolitische Freiheit«, davon war er über-

[11] Zit. nach Heinz Gollwitzer, Geschichte des weltpolitischen Denkens. Bd. 2, Göttingen 1982, S. 230. Zu Naumanns bekanntesten Veröffentlichungen zählt: Mitteleuropa. Berlin 1915. Zur Rezeption vgl. Hans C. Meyer, Mitteleuropa in German Thought and Action 1815–1945. Den Haag 1955; Bernd-Jürgen Wendt, Deutschland in der Mitte Europas. In: Deutsche Studien 1982, S. 220–275; ders., Großdeutschland. Außenpolitik und Kriegsvorbereitung des Hitler-Regimes. München 1987, S. 42–48; zur jüngsten – polnischen – Auseinandersetzung vgl. die Dokumentation von Hans-Werner Rautenberg, Trauma oder Traum? Der polnische Beitrag zur Mitteleuropa-Diskussion (1985–1990). Dokumentation Ostmitteleuropa 17 (1991).

[12] Zit. nach Gollwitzer, Geschichte des weltpolitischen Denkens. Bd. 2, S. 236.

[13] Tirpitz, Erinnerungen, S. 152.

[14] Tirpitz, Der Aufbau der deutschen Weltmacht. Stutgart 1924, S. 346.

zeugt, »ist nur durch den Aufbau einer Flotte gegeben.«[15] Doch dieses Ziel war Mitte der neunziger Jahre noch nicht realisiert.

Tirpitz' Überlegungen zum Aufbau einer Flotte nahmen aber bereits konkrete Gestalt an. Im Dezember 1895 wurde er zum Gutachter über ein Programm künftiger Schiffsbaupolitik berufen, und zwar von keinem geringeren als Wilhelm II. Damit war seine Chance gekommen! In einer Denkschrift vom Januar 1896[16] stellte er zunächst die Frage, »inwieweit« der »Umfang des vom Oberkommando aufgestellten Programms« den eigenen Erfahrungen entsprach, um sich sodann dem »Programm für die Erweiterung der Marine« zu widmen, das eine geeignete Basis für die Zukunft darstellen sollte. Mit dem Programm des Oberkommandos für die Wiederherstellung der Flotte stimmte Tirpitz grundsätzlich überein, sein Hauptaugenmerk galt daher der Erweiterung der Marine. Im Zentrum seiner Überlegungen stand die Frage, wie der Reichstag veranlaßt werden könnte, den militärischen Planungen zuzustimmen. Denn ohne Flotte, das war Tirpitz' Dogma, konnte die Großmachtstellung des Deutschen Reichs in der Zukunft nicht behauptet werden: »Die Gefahr liegt durch die Weltlage begründet vor, daß unser Reich im kommenden Jahrhundert von seiner Großmachtstellung herabsinkt, wenn nicht energisch ohne Zeitverlust und systematisch unsere gesamten Seeinteressen vorwärtsgetrieben werden.« Und weiter: »Hierdurch wird gleichzeitig das beste Mittel gegen gebildete und ungebildete Sozialdemokratie [sic] geschaffen, und der einzige überschüssige Reichtum, den Deutschland in seiner Menschenproduktion besitzt, kommt zur Ausnutzung, während er jetzt teils uns zu ersticken droht, teils durch Auswanderung entweder verlorengeht, oder unsere Konkurrenten stärkt. Die Erkenntnis der neuen besonderen nationalen Aufgabe, welche in der Entwicklung unserer Seeinteressen liegt, ist zwar in den letzten Jahren gewachsen. Immerhin bleibt aber der Ausspruch, wenn ich nicht irre, Sir Charles Dilkes im ganzen richtig: Deutschland hätte wohl Seeleute, wäre aber keine sea going nation.«

Tirpitz ließ sich nicht von der Aussicht beirren, daß es schwer sein würde, die Abgeordneten des Reichstags für seine Pläne einzunehmen, im Gegenteil! Er glaubte daran, »größere Teile der Nation« für die Flotte gewinnen zu können, um so Druck auf die Reichstagsmitglieder auszuüben. Entscheidend war die Propaganda, die für die »nationale Aufgabe« entfaltet würde. Und sie würde nur dann von

[15] Tirpitz, Erinnerungen, S. 57 (S. 191).

[16] Hier und im folgenden zit. nach Behnen (Hrsg.), Quellen zur deutschen Außenpolitik, S. 132ff.

Erfolg gekrönt sein, wenn ein Schulterschluß der Zentralbehörden der Marine gewährleistet war. Auf den Seeoffizier kamen also neue Aufgaben zu, so die Förderung der allgemeinen Seeinteressen des Reichs, die Beteiligung an entsprechenden Vereinigungen sowie die Förderung von Marineliteratur. Die Zukunft sollte zeigen, daß Tirpitz in der Tat in der Lage war, eine Werbekampagne ungeheuren Ausmaßes zu inszenieren.

Nach der Ernennung zum Staatssekretär des Reichsmarineamtes stellte Tirpitz seine organisatorischen Fähigkeiten unter Beweis. Das Ziel war klar: Gewinnung der Öffentlichkeit für den Flottenbau und entsprechende Sympathiewerbung im Reichstag. Zu diesem Zweck wurde das Reichsmarineamt gewissermaßen in eine Propagandazentrale umgewandelt, und Tirpitz zog alle Register seines Könnens. Die Vergrößerung der deutschen Flotte, so lautete allenthalben die Botschaft, sei die große nationale Aufgabe. Mit seiner Überredungskunst suchte Tirpitz alle Schichten und Altersklassen zu erreichen. In Publikationen und Vorträgen, in Schulen und bei Besichtigungen wurde das Programm eindringlich vorgetragen, und zwar nicht nur von Offizieren, die der Förderung der allgemeinen Seeinteressen ohnehin verpflichtet waren. Hervorragende Gelehrte wie Lujo von Brentano und v. Schulze-Gävernitz stellten sich in den Dienst dieser Propaganda. In den Vorstandszimmern großer Banken verhielt man sich gegenüber dieser Werbekampagne nicht ablehnend, ganz im Gegensatz zu den kolonialen Forderungen, die gut ein Jahrzehnt zuvor erhoben worden waren. Natürlich war die Schwerindustrie bereit, den Plänen des Großadmirals zu folgen, und selbstverständlich auch die Handelskammern der Küstenstädte. Gefragt war die Unterstützung des Alldeutschen Verbandes, der sich nur allzugern zur Verfügung stellte. Die Kolonialgesellschaft schwenkte auf Tirpitz' Linie ein, und der deutsche Flottenverein verzeichnete bald die Mitgliederzahl von einer Million, ungeachtet zahlreicher Skandale, die seine Entstehungsgeschichte begleiteten. Tirpitz, so schien es, erhielt Rückendeckung, wohin er den Blick auch wandte. Letztlich beruhte das Geheimnis seines Erfolges darauf, daß die Vergrößerung der Flotte und die Entwicklung der deutschen Wirtschaftskraft in eins gesetzt wurden. In Bülows Sammlungspolitik spielte Tirpitz' Propaganda eine nicht zu vernachlässigende Rolle, und am Ende identifizierten sich auch all jene mit ihr, die sich der Sozialdemokratie entgegenstellten. Im März 1898 konnte Tirpitz einen ersten Erfolg verzeichnen. Innerhalb eines Jahres war es ihm gelungen, den Reichstag zu einem willfährigen Instrument seiner Politik umzuwandeln und damit eine Schlüsselstellung in der deutschen Außenpolitik einzunehmen. Die Abgeordneten bewilligten 400 Millionen Reichsmark für neue Schiffe, geplant waren 19 Schlachtschiffe, 8 Küstenboote, über 40 Kreuzer sowie Torpedoboote und andere Spezialschiffe. Und nur zwei Jahre später präsentierte Tirpitz eine Ergänzungsvorlage, der die Zustimmung im Reichstag ebenfalls nicht versagt wurde.

Der Architekt der deutschen Flotte hatte damit sein erstes großes Ziel erreicht. Doch während es gelang, die Abgeordneten des Reichstags über den tatsächlichen Zweck der Flottenvergrößerung hinters Licht zu führen, begann sich jenseits des Kanals eine schleichende Unsicherheit einzustellen. Mochten sich die ökonomischen Rivalitäten bisher noch im Rahmen sportlicher Wettkampfregeln bewegen, von den Schiffsgeschützen, die auf die Home Fleet gerichtet waren, ließ sich dies nicht mehr behaupten. In London witterte man allmählich lebensbedrohliche Gefahren. Daran konnte auch die Erklärung des Kanzlers Hohenlohe-Schillingsfürst am 6. Dezember 1897 nichts ändern, in der er dem Reichstag versicherte: »Die Vorlage zeigt Ihnen, daß wir nicht daran denken, mit den großen Seemächten zu rivalisieren, und für den, der Augen hat zu sehen, zeigt sie, daß uns der Gedanke einer Politik der Abenteuer fern liegt. Gerade aber zur Führung einer friedlichen Politik, wie wir sie wollen, muß unsre Flotte einen Machtfaktor bilden, der in den Augen von Freund und Feind ausreichendes Gewicht besitzt. Deutschland kann und darf keine quantité négligeable sein, wenn es gilt, internationale und unsere Interessen wesentlich berührende Probleme zu lösen, die sich nicht auf dem Boden des europäischen Kontinents abspielen. Wollen wir unsere weitere gedeihliche Entwicklung auf wirtschaftlichem Gebiete und unsere Stellung im Konzert der Mächte sichern, so müssen wir auch hier ein, wenn auch bescheidenes Wort, jedenfalls aber ein deutsches Wort mitzureden haben.«[17]

Mit diesen Worten mochte Caprivis Nachfolger die Abgeordneten zunächst beruhigen. Irreführend war die Formulierung »Führung einer friedlichen Politik« allemal, denn die Flottenvergrößerung fungierte nach Tirpitz' Überlegungen als politisches Druckmittel gegen England; der Staatssekretär war ein erklärter Gegner der transozeanischen Kreuzerkriegsstrategie. Er bevorzugte die Hochseeschlachtflotte und legte ihr Einsatzgebiet in einer Denkschrift vom 15. Juli 1897 eindeutig fest. »Für Deutschland ist zur Zeit der gefährlichste Gegner zur See England. Es ist auch der Gegner, gegen den wir am dringendsten ein gewisses Maß an Flotten-

[17] Sten. Ber., Bd. 159, S. 43.

macht als politischen Faktor haben müssen.«[18] Und weiter hieß es in dem Memorandum, das dem Kaiser übergeben wurde: »Unsere Flotte muß [...] so eingerichtet werden, daß sie ihre höchste Kriegsleistung zwischen Helgoland und der Themse entfalten kann [...] Die militärische Situation gegen England erfordert Linienschiffe in so hoher Zahl wie möglich.« Folglich riet Tirpitz von »verfrühten weltpolitischen Auftritten« ab. Unablässig warnte er vor aufsehenerregenden Schritten, die England provozieren könnten. Letztlich trieb ihn die Sorge um, daß die Gegenspieler versuchen könnten, die deutsche Flotte zu »kopenhagen«, d. h. sie in der Frühphase ihrer Entwicklung zu zerstören. Immerhin soll der englische Admiral Fisher diese Möglichkeit auch in Betracht gezogen haben. Da für Tirpitz »wirkliche weltpolitische Ebenbürtigkeit« erst nach der Vergrößerung der deutschen Flotte realisiert war, betrachtete er Deutschlands Griff nach Übersee als verfrüht und sah sich im Gegensatz zu denjenigen, die – nach seiner Interpretation – die Verständigung mit England zu früh auf ihre Fahnen schrieben. Und dazu sollten der spätere Kanzler Theobald von Bethmann Hollweg, der Botschaftsrat in London, Richard von Kühlmann, und andere gehören. Territoriale Offerten waren in seinen Augen nach der Lektüre der Werke des Seekriegshistorikers Alfred Thayer Mahan kein Äquivalent für eine Beschränkung der deutschen Flottenrüstung. »Da Deutschland in bezug auf Seemacht besonders zurückgeblieben«, so seine Stichworte für den Immediatvortrag in Rominten, »so Lebensfrage für Deutschland als Weltmacht und großer Kulturstaat, das Versäumte nachzuholen. Sowohl um die Seemacht im engeren Sinne (Flotte) schaffen und erhalten zu können, als auch, weil es Macht an sich bedeutet, muß Deutschland seine Bevölkerung deutsch erhalten und sich weiter zum Weltindustrie- und Handelsstaat ausbilden.«[19] Doch die englische Mentalität blieb Tirpitz fremd. Die Achillesferse *seiner* »Weltpolitik« bestand darin, daß die englische Entschlossenheit zur Wahrung der maritimen Überlegenheit unterschätzt sowie die Tatsache außer acht gelassen wurde, daß die wirkliche Weltmacht auf das Reich als Bündnispartner nicht angewiesen war. Und schließlich stand sein Flottenbauprogramm unter dem Imperativ einer ausreichenden deutschen Finanzstärke, die überschätzt wurde.

Tirpitz' Ziele fügten sich auf den ersten Blick fast nahtlos ein in das außenpolitische Programm des neuen Staatssekretärs im Aus-

[18] Hier und im folgenden zit. nach Craig, Deutsche Geschichte 1866–1945, S. 273f.

[19] Hier und im folgenden zit. nach Behnen (Hrsg.), Quellen zur deutschen Außenpolitik, S. 224.

wärtigen Amt, der auf eine lange diplomatische Ausbildung zurückblicken konnte. Zwei Jahre nach der Reichsgründung war Bernhard von Bülow[20] in den Dienst des Auswärtigen Amts getreten und stieg beständig die Karriereleiter hinauf. Er war Repräsentant deutscher Politik in St. Petersburg, vertrat die Interessen des Reichs in Athen, Wien und Paris, in Rom nahm er sogar den Rang eines Botschafters ein. Zwischendurch war er Gesandter in Bukarest, auf dem Berliner Kongreß 1878 übernahm er die Aufgabe des Schriftführers. Zu Bülows Freunden zählte kein Geringerer als Philipp von Eulenburg[21], ein Wilhelminist par excellence und – was noch wichtiger war – des »Kaisers bester Freund«. Eulenburgs politischer Einfluß beruhte auf dieser Verbindung, die Phase seiner wichtigsten politischen Tätigkeit war auf die Jahre 1894 bis 1897 beschränkt. In dieser Zeit konzentrierte er sich darauf, der Ernennung Bülows zum Reichskanzler den Weg zu ebnen, um – und dies war sein Ziel – das »Persönliche Regiment« Kaiser Wilhelms II. zu etablieren. Eulenburg war es, der den Kaiser auf Bülow aufmerksam machte und ihn als Krisenmanager empfahl. Voller Erwartung und mit dem ihm eigenen Vokabular schrieb Wilhelm II. im Dezember 1895: »Der Fürst [i. e. Hohenlohe-Schillingsfürst] ist zu alt, er kann nicht mehr die Außenpolitik als auch das Staatsministerium leiten, und der gegenwärtige Vizekanzler [i. e. Karl Heinrich von Boetticher] ist ein feiges Würstchen. Bülow wird mein Bismarck werden, und so wie dieser und mein Großvater Deutschland äußerlich zusammenhämmerten, so werden wir im Innern den Dreck des Parlaments- und Parteiapparats wegräumen.«[22] Auch in den folgenden zwei Jahren erfreute sich Bülow der Sympathie des Kaisers, der anläßlich seiner Ernennung zum Staatssekretär im Jahre 1897 emphatisch hervorhob: »Bernhard – Prachtkerl! [...] hat sich vorzüglich gemacht und adoriere ich ihn! [...] Welche Freude, mit jemand zu tun zu haben, der einem mit Leib und Seele ergeben ist und einen auch verstehen will und kann.«[23] Daran ließ Bülow in den nächsten Jahren nicht den geringsten Zweifel. Er zog alle Register seines Könnens, um sich das

[20] Vgl. Peter Winzen, Bülows Weltmachtkonzept. Untersuchungen zur Frühphase seiner Außenpolitik 1897–1901. Boppard a. Rh. 1977; ders., Der Krieg in Bülows Kalkül. Katastrophe der Diplomatie oder Chance zur Machtexpansion? In: Jost Dülffer und Karl Holl (Hrsg.), Bereit zum Krieg. Kriegsmentalität im wilhelminischen Deutschland 1890–1914. Göttingen 1986, S. 161–193.

[21] Vgl. Michael Stürmer, Dilettant, aber Günstling des Kaisers Wilhelm II. In: SZ vom 10. Oktober 1979.

[22] Zit. nach Rich, Hollstein, Bd. 2, S. 501.

[23] Hier und im folgenden zit. nach Johannes Haller, Aus dem Leben des Fürsten Philipp zu Eulenburg-Hertefeld. Berlin 1924, S. 240f.

Wohlwollen des Monarchen zu erhalten. Er wußte genau, auch später als Kanzler, daß seine verfassungsrechtliche Stellung vom Kaiser abhängig war. Um sie zu erhalten, waren ihm alle Mittel recht, selbst auf byzantinistische Formen verzichtete er nicht. Schrieb der Staatssekretär an Eulenburg, »Ich hänge mein Herz immer mehr an den Kaiser. Er ist so bedeutend!!«, dann ging er davon aus, daß des »Kaisers bester Freund« diese Loyalitätsbekundung auch an den eigentlichen Adressaten weiterleitete. So war der Verdacht schnell bei der Hand, daß Bülow im Grunde den Kaiser in seinen Träumen und Obsessionen nur bestärkte; diese Vermutung zu äußern, kostete allerdings Freundschaft und Vertrauen. »Er verbindet in einer Weise«, so sinnierte Bülow, »wie ich nie gesehen habe, Genialität, echteste und ursprünglichste Genialität mit dem klarsten bon sens. Er besitzt eine Phantasie, die mich mit Adlerschwingen über alle Kleinigkeiten emporhebt, und dabei den nüchternsten Blick für das Mögliche und Erreichbare. Und dabei welche Tatkraft! Welches Gedächtnis! Welche Schnelligkeit und Sicherheit der Auffassung!« Diese Zitate kommentieren sich ohne Not von selbst.

Innenpolitisch machte sich Bülow eine Strategie zu eigen, die der preußische Finanzminister Johannes Miquel entwickelt hatte und die unter dem Schlagwort »Sammlungspolitik« firmierte. Ziel dieses Konzeptes war, agrarische und industrielle Gruppen so miteinander zu vereinen, daß sie als homogene Kraft den Reichstag kontrollierten. Bülows Hauptaugenmerk ruhte allerdings nicht auf der Gestaltung der innenpolitischen Verhältnisse. Der Primat seiner Politik galt dem Flottenbau sowie der Machtexpansion. »Ich lege den Hauptakzent«, so notierte er Ende des Jahres 1897, »auf die auswärtige Politik«, fügte allerdings ergänzend an: »Nur eine erfolgreiche Außenpolitik kann helfen zu versöhnen, zu beruhigen, zu sammeln, zu einigen.«[24] Bülow wünschte gute Beziehungen zu Rußland und ein spannungsfreies Verhältnis mit Großbritannien, ein Programm, das angesichts des Tirpitzschen Flottenbaus eher der Quadratur des Kreises glich.

Wurden die letztlich verschwommenen Ziele deutscher Außen- und »Weltpolitik« schon von Regierungsseite häufig in brüskem Ton vorgetragen, so galt dies erst recht von manchem Interessenverband, der auf jede diplomatische Sprache verzichtete. Nach dem Deutschen Kolonialverein (1882) hatte sich 1894 noch vor Grün-

[24] Zit. nach John C. G. Röhl, Germany without Bismarck. The Crisis of Government in the Second Reich. 1890–1900. London 1967, S. 252.

dung des Flottenvereins (1898)[25] der Alldeutsche Verband konstituiert, der unüberhörbar Deutschlands Stellung als Weltmacht anmahnte, dessen Ausdehnung in und außerhalb Europas propagierte und sich durch die Aggressivität seiner Forderungen von der Regierung unterschied[26].

Die Alldeutschen protestierten nicht nur gegen den »Verzicht« auf Ostafrika, der im Helgoland-Sansibar-Vertrag gewissermaßen in Paragraphen gegossen wurde. Ihre Kritik hatte sich auch auf die von den Repräsentanten des »Neuen Kurses« geübte Konzentration auf die Wahrung der Reichsstellung in der Mitte Europas gerichtet. Bülows taktische Absicht, im Windschatten britisch-russischer Rivalität Kompensationen für Zugeständnisse zu erhalten, konnte die hochgesteckten alldeutschen Erwartungen nicht zufriedenstellen. Ihre Ideen nährten sich von dem Gedankengut des Sozialdarwinismus. Sie griffen auf Paul de Lagardes (i. e. Paul Bötticher)[27] Lehren vom Volkstum zurück, machten sich Friedrich Ratzels Gedanken vom »Lebensraum« zu eigen und zeichneten sich durch einen erklärten Willen zur Macht aus. Zu den Mitgliedern des Alldeutschen Verbandes gehörten u. a. die Historiker Georg von Below, Karl Lamprecht, Dietrich Schäfer und zeitweise sogar auch Max Weber. Vorsitzender war lange Zeit der nationalliberale Politiker Ernst Hasse, von 1893 bis 1903 Mitglied des Reichstags. Diktion und Inhalt der alldeutschen Forderungen waren eindeutig. Bereits auf dem ersten Verbandstag im September 1894 hatten sie postuliert: »Die Entfaltung aller friedlichen und kriegerischen Machtmittel des Deutschen Reichs zum Schutze der Deutschen im Auslande. Demgemäß Abstellung der z. Z. aus allen Erdteilen einlaufenden Klagen über die mangelnde Energie der Vertreter des Reichs bei der Ausübung dieses Schutzes.«[28] Und was die Anwesenden auch hörten: »Vermehrung unserer Kreuzerflotte«. Hasse stand diesen Forderungen in nichts nach, 1897 veröffentlichte er ein programmatisches Büchlein über deutsche »Weltpolitik«. Darin verlangte er nicht nur – wie Bülow es zeitgleich tat – einen »Platz an der Sonne«: »Eine deutsche ›Weltpolitik‹ wird im schlimmsten Fall auch vor der Anwendung von Gewalt gegenüber anderen Kulturvölkern nicht zurück-

[25] Vgl. Geoff Eley, Reshaping the Right. Radical Nationalism and the German Navy League. 1898–1908. In: HJ 21 (1978), S. 327–354.

[26] Vgl. auch Dieter Düding, Die Kriegervereine im wilhelminischen Reich und ihr Beitrag zur Militarisierung der deutschen Gesellschaft. In: Jost Dülffer und Karl Holl (Hrsg.). Bereit zum Krieg, S. 99–121.

[27] Vgl. Hermann Glaser, Bildungsbürgertum und Nationalismus. Politik und Kultur im Wilhelminischen Deutschland. München 1993, S. 210.

[28] Hier und im folgenden zit. nach Fenske, Unter Wilhelm II., S. 92.

scheuen dürfen. Denn wenn sie verlangt und verlangen muß, daß keine Verschiebung der Machtverhältnisse, keine wesentliche Veränderung der Besitzverhältnisse zwischen den großen und mächtigen Völkern der Erde vor sich gehe, ohne daß Deutschland seine Zustimmung dazu erteilt und wenn diese Zustimmung nur im Falle der Gewährung gleicher Vorteile auch an Deutschland ausgesprochen wird, so liegt darin eigentlich nur eine Übertragung der jahrhundertelang in Geltung gewesenen Politik des sogenannten Konzertes der europäischen Großmächte auf die heutigen Weltmachtverhältnisse.«[29] Kriegerische Konflikte waren folglich keineswegs ausgeschlossen! Und der »Kampf ums Dasein« verlangte nun einmal Opfer. Die »Legitimation« deutscher »Weltpolitik« bzw. ihre Begründung las sich mit Hasses Worten wie folgt: »Wir wollen auch außerhalb unserer Reichsgrenzen frei von fremdem Einfluß, fremder Bevormundung und Bewucherung bleiben. Aber wenn man uns den nötigen Ellbogenraum gewährt, dann gönnen wir auch Anderen Luft und Licht und Anteil an der Herrschaft über die täglich enger werdende, aber doch für die Menschheit noch genügende Erde.«

Eine zentrale Rolle spielte in Hasses Gedankengut der Begriff »Volk«, das einzige, so der Vorsitzende des Alldeutschen Verbandes, was Bestand habe. Staaten, ihre Verfassung und die Zustände der Gesellschaft seien permanenten Änderungen unterworfen. »Das Volk ist das Einzige, was weitere Wandelungen überdauern wird. Freilich nur unter einer Voraussetzung, nämlich der, daß es an sich und im Vergleich mit anderen maßgebenden Völkern, groß ist, mächtig und frei. Für die Lebensbedingungen des 20. Jahrhunderts ist aber für das deutsche Volk eine kräftige deutsche ›Weltpolitik‹ die einzige Gewähr dafür, den Kampf um das Dasein zu bestehen. Darum tritt jeder Alldeutsche ein für eine deutsche ›Weltpolitik‹.«

Zum Repertoire des deutschen Imperialismus gehörte auch die Vorstellung, »Weltpolitik« am Goldenen Horn betreiben zu müssen. Die Wahrung deutscher Interessen vollzog sich allerdings keineswegs durch Aufteilung oder Annexion des Osmanischen Reichs. Sie trug eher informellen Charakter, auch wenn Pläne deutscher Publizisten eine völlig andere Gestalt annahmen. Rohrbach beispielsweise liebäugelte mit der »Schaffung eines großen deutschen Handelsgebiets im Bereich der Bagdadbahn«[30] und präsentierte damit neben anderen Agitatoren deutscher »Weltpolitik« ein Stichwort, das bald in aller Munde war und bis zum Ausbruch des Ersten

[29] Hier und im folgenden zit. nach Ernst Hasse, Deutsche Weltpolitik. Hrsg. vom Alldeutschen Verband, München 1897, S. 10–16.

[30] Rohrbach, Deutschland, S. 168.

Weltkriegs das wichtigste Prestigeobjekt des Reichs beschrieb. Doch während es Rohrbach in erster Linie darum ging, dem englischen Empire das Wasser abzugraben, also um Prestige einzuheimsen, wurde das Projekt von deutschen Banken weitaus nüchterner, aber nicht mit weniger Interesse betrieben. Berlin war hochgradig daran interessiert, eine Aufteilung der Türkei zwischen Rußland und England zu unterbinden sowie mit diesen Mächten und Frankreich in wirtschaftliche Konkurrenz zu treten.

Die Hohe Pforte verband mit der Bagdadbahn[31] die Hoffnung, das von Krisen geschüttelte und vom Zerfall bedrohte Osmanische Reich stabilisieren zu können. Natürlich blieben die Kontakte mit dem Deutschen Reich den anderen europäischen Metropolen nicht verborgen, die jetzt mit Verlusten rechnen mußten. Doch entscheidend war, daß die wechselseitige Konkurrenz eine Allianz nicht erlaubte, um den unerwünschten Eindringling abzuwehren. Und um das Konfliktpotential von vornherein zu reduzieren, argumentierten Berliner Diplomaten in aller Öffentlichkeit, daß lediglich wirtschaftliche Interessen geltend gemacht werden sollten.

Schnell wurde deutlich, daß deutsches Kapitel allein nicht ausreichte[32]. Vonnöten waren Konsortialpartner, um deren Beteiligung durch Gewährung von Anteilen geworben wurde. Eine Zusammenarbeit bahnte sich mit der Banque Impériale Ottomane an, die unter französischer Kontrolle stand. Die Reichsleitung verstand sich grundsätzlich zu Zugeständnissen, um die Realisierung des Projektes nicht zu gefährden. Im übrigen wollte sich Wilhelm II. aber als selbstloser Protektor präsentieren und unterstrich diese Absicht ausdrucksvoll durch seine Palästinareise im Oktober 1898, zu einem Zeitpunkt, als sich Englands Aufmerksamkeit auf die Buren und Rußlands Konzentration auf den Fernen Osten richteten. Freilich wurden in der deutschen Öffentlichkeit an die Reise des Kaisers weitergehende Erwartungen geknüpft. Die kolonialpropagandistische Publizistik zeichnete sich schon seit langem durch das Stereotyp aus, daß Palästina sozusagen »Außenposten deutscher Zivilisation« werden müsse. Vielfach wurde diese Forderung mit dem Gedanken an Massenauswanderung entlang der Donau und in den Nahen Osten verknüpft; vertreten wurde dieses Programm u. a. von List, später von dem Nationalökonom Wilhelm Roscher. Immer wieder erfuhr es eine Neubelebung, ›Palästina als Ziel und Boden germanischer

[31] Vgl. die grundlegende Studie von Gregor Schöllgen, Imperialismus und Gleichgewicht. Deutschland, England und die orientalische Frage. (1982), München 1992.

[32] Für die geographische Verteilung deutscher Kapitalanlagen im Ausland von 1897 bis 1914 vgl. Tilly, Vom Zollverein zum Industriestaat, S. 221.

Auswanderung und Kolonisation mit Rücksicht auf eine germanische Kolonisation des Orients im Allgemeinen‹, so lautete der Titel einer Publikation des Jahres 1868[33]. Auch der Kolonialverein machte sich schließlich dieses Programm zu eigen, allerdings ohne Bismarcks Interesse am Nahen Osten wecken zu können. Als Wilhelm II. sich für die Teilnahme an der Einweihung der Erlöserkirche in Jerusalem entschied, war damit der Gedanke der Förderung eines jüdischen Staates in Palästina nicht verbunden, Schaden in dem Verhältnis zu Konstantinopel sollte seine Reise auf keinen Fall nach sich ziehen. In diesem Punkt ging er völlig konform mit dem Auswärtigen Amt, das eine Entfremdung mit der Türkei unter allen Umständen verhindern wollte.

Und der politische Nebenertrag der Reise? Zum einen bestand er in einer Stärkung der Beziehungen zum Osmanischen Reich, sodann aber auch in einer »Aufwertung des Sultans«, dessen Ansehen durch die Hinrichtung christlicher Armenier international Schaden genommen hatte. Immerhin verstand sich der Kaiser zu der Versicherung, daß er den Mohammedanern »zu allen Zeiten ein treuer Freund«[34] sein werde – zu mehr aber auch nicht! Damit war ein Schlußstrich unter die alldeutsche Propaganda gezogen, die von einer lebendigen deutschen Palästina-Politik träumte.

Inzwischen hatten der deutsche Botschafter in Konstantinopel und der Direktor der Deutschen Bank ihre Bemühungen um ein Abkommen intensiviert, die schließlich von Erfolg gekrönt waren. Am 20. November 1899, also gut ein Jahr nach dem Besuch Wilhelms II. in Palästina, erhielt eine deutsche Gruppe eine vorläufige Konzession für den Eisenbahnbau, am 5. März 1903 wurde ein entsprechender Vertrag unterzeichnet[35]. Die Aufgaben, mit denen sich die Bagdadbahngesellschaft konfrontiert sah, waren gewaltig! Mit den vorgesehenen Nebenstrecken mußten Schienen über eine Entfernung von 4000 Kilometern verlegt werden. Darin erschöpfte sich die Konzession nicht. Entlang der Bahnlinie durften Bodenschätze abgebaut, Magazine und Depots eingerichtet und das erforderliche Baumaterial zollfrei eingeführt werden. Der friedlichen Durchdringung der Türkei schienen damit Tür und Tor geöffnet, kurz eine Wirklichkeit, zu deren Charakteristik sich der Begriff »informeller Imperialismus« einbürgern sollte.

Doch nun, nach der Vertragsunterzeichnung, entsprach nichts

[33] Vgl. Gründer, Die Kaiserfahrt Wilhelms II., S. 366 und S. 384 (Anm. 10).

[34] Zit. nach GP 12/II, S. 575.

[35] Vgl. Richard M. Francis, The British Withdrawal from the Bagdad Railway Project in April 1903. In: HJ 16 (1973), S. 168–178.

mehr den Erwartungen. Die geplante Verbindung zwischen Konstantinopel und dem Persischen Golf entwickelte sich zu einer unerwarteten Hypothek in den Beziehungen zwischen London und Berlin. Während englische Diplomaten gegen das deutsche Vorgehen zunächst keine Einwände erhoben hatten, nicht zuletzt, weil es primär wirtschaftlicher Natur zu sein schien, so machten sie jetzt ernüchternde Beobachtungen. Denn die genaue Lektüre der Konzession[36] des Jahres 1903 ergab, daß ein deutsches Unternehmen die Bahn bis zum Persischen Golf und damit in das indische Vorfeld verlegen sollte. Vitale englische Interessen waren damit bedroht, eine schwere Krise zeichnete sich ab. Aus einem wirtschaftlichen Unternehmen, dem wichtigsten Prestige-Projekt deutscher »Weltpolitik«, war ein Politikum ersten Ranges geworden. Ein weiteres Problem ergab sich für Berlin aus den finanziellen Belastungen. Konnte man wirklich auf andere Kapitalmärkte verzichten? Die deutschen Kapitalgeber verneinten diese Frage, die Reichsleitung stellte sich ihren Überlegungen auch nicht in den Weg, wollte aber auf jeden Fall den deutschen Charakter des Unternehmens gewahrt wissen. Damit schied eine Internationalisierung aus. Die nächsten Monate zeigten, daß die Überlegungen der einzelnen Mächte nur schwer auf einen gemeinsamen Nenner zu bringen waren. Vom französischen Außenminister Théophile Delcassé war zu vernehmen, daß eine Internationalisierung bei starker französischer sowie geringerer russischer und britischer Kapitalbeteiligung denkbar sei. Diese Vorstellung fand in St. Petersburg natürlich kein Echo. Da man die Speerspitze des deutschen Unternehmens auf sich gerichtet sah, wurde eine Internationalisierung grundsätzlich abgelehnt. Und in England tobte die Presse. Hatte man sich zunächst noch zu einer Beteiligung verstanden, die die Kontrolle über den Persischen Golf in den eigenen Händen beließ, so sahen englische Diplomaten die Lösung jetzt nur noch in der Destruktion des deutschen Unternehmens. Auch in den folgenden Jahren blieb die Bagdadbahn ein gordischer Knoten, der englische Widerstand bröckelte nicht ab! Die Internationalisierung war damit auf lange Sicht erst einmal gescheitert. Zwar beteiligte sich die Banque Impériale Ottomane in Paris zu 30 Prozent an dem Unternehmen, doch die aggressive deutsche Marokkopolitik zeigte auch in diesem Kontext ihre Auswirkungen: Paris vermißte Zugeständnisse. Lösungsansätze zeichneten sich erst wieder mit dem deutsch-russischen Übereinkommen vom Dezember 1910 ab,

[36] Für den Wortlaut vgl. Eduard Rudolf Johan Brünner, De Bagdadspoorweg. Bejdrage tot de Kennis Omtrent het Potreden der Mogendheden in Turkije 1888–1908. Diss. Utrecht, Groningen 1956, S. 415ff.

das in den Vertrag vom 19. August 1911 mündete: Das Reich verzichtete auf den Bau einer Bahnlinie zwischen der Bagdadlinie und der russisch-persischen Grenze, ferner erhielt St. Petersburg die Zusicherung, daß Berlin keine politischen Ziele verfolgte. Kurz vor dem Ersten Weltkrieg, am 15. Februar 1914, kam es zu einer Einigung mit Paris, die in einer Aufteilung in Interessenzonen bestand. Die Franzosen beherrschten das geplante syrische Netz. Am 15. Juni 1914 schließlich signalisierte London Zustimmung zu einer Einigung. Im Süden durfte die Eisenbahnlinie allerdings nicht über Basra hinausgehen, damit hatte sich Berlin zu weitgehenden Zugeständnissen entschlossen. Was erklärte die deutsche Nachgiebigkeit? Zum einen die Erkenntnis, daß der in der Vergangenheit praktizierte »ruinöse Konfrontationskurs« in Sachen »Weltpolitik« nicht zuletzt vor dem Hintergrund der Marokkokrise dringend revisionsbedürftig war, wollte man überhaupt Erfolge erzielen. Zum anderen die Einsicht, daß die deutsche Kapitaldecke einfach nicht ausreichte.

Bündnisverhandlungen

Nach der Inauguration deutscher »Weltpolitik« waren die Beziehungen zwischen Berlin und London durch ein Schwanken zwischen zwei Extremen gekennzeichnet. Auf der einen Seite trug das Flottenprogramm dazu bei, das Verhältnis zusehends in Frage zu stellen, auf der anderen Seite trieb deutsche wie englische Politiker die Frage um, wie ein Bündnis, zumindest aber eine Annäherung, realisiert werden könnte. Den Zeitgenossen blieb die Widersprüchlichkeit dieser Tendenzen keineswegs verborgen. Die Ecken und Kanten des Wilhelminischen Deutschland, das war klar, fügten sich nicht ein in die gewachsene Weltordnung der Pax Britannica und ihrer Architekten, die über eine zunehmende Überbürdung klagten. Um die Jahrhundertwende kam das Grundmuster außenpolitischen Konfliktverhaltens des britischen Empire wieder deutlich zum Tragen: Friedenswahrung und Risikoscheu wurden großgeschrieben, was nicht gleichbedeutend war mit Frieden um jeden Preis. Der Transvaalkonflikt beispielsweise warf ein grelles Licht auf die Grenzen britischer Toleranz. »Supremacy, predominance, preponderance, paramountcy – call it what you will«[37], mit diesen Worten beschrieb der britische Kolonialminister Chamberlain auf unnachahmliche Weise den Anspruch seines Landes. Unablässig drängte er darauf, in Südafrika die Vorherrschaft zu sichern. In diesem Konflikt für die Buren Partei zu ergreifen, wurde in London keineswegs

[37] Zit. nach Gottfried Niedhart, Geschichte Englands im 19. und 20. Jahrhundert. München 1988, S. 123.

als Kavaliersdelikt gesehen und von Öffentlichkeit und Regierung entsprechend geahndet, wie Wilhelm II. nach der Krüger-Depesche erfahren mußte. Und trotz allem schien London Berlin 1898 eine Partnerschaft anzubieten! Wie kam es zu dieser überraschenden Wende, die einen Verzicht auf die »splendid isolation« suggerierte, wie immer dieser Terminus letztlich definiert werden mochte?

Ein ganzes Ensemble von Ereignissen und Entwicklungen stimmte die Verantwortlichen in London nachdenklich. Längst schon war es nicht mehr möglich, kolonialen Rivalen in Übersee nur mit gezwungener Leutseligkeit gegenüberzutreten, wie es anläßlich Deutschlands Debüt als Kolonialmacht noch praktikabel war. Denn die folgenden Jahre zeigten, daß die Ereignisse an der europäischen Peripherie mehr und mehr englische vitale Interessen berührten. Die russischen Ambitionen in China lösten Stirnrunzeln aus. Das Jahr 1898 erlebte die Faschodakrise, die in der Vergangenheit ihresgleichen suchte. Damit nicht genug! Der Konflikt mit Transvaal eskalierte, eine Entwicklung, die in der Hauptstadt ausschließlich als Privatangelegenheit des Empire gesehen wurde. Und auch die Orientreise des Kaisers war in der Metropole nicht unbeobachtet geblieben. Überhaupt gab der deutsche Ehrgeiz zu denken, aus englischer Sicht fehlten einfach »Maß und Mäßigung«. Sicher, die Flottenbauprogramme der Jahre 1898 und 1900 waren noch keine unmittelbare Bedrohung[38], doch stellte sich eine schleichende Unsicherheit ein, die in wenigen Jahren zu nagender Gewißheit werden sollte. Zu den Maximen britischer Sicherheitspolitik gehörte aber nicht nur die »Balance of Power« in Europa, sondern auch ein adäquater Sicherheitsvorsprung! Erst die Kombination beider Größen gab dem Empire das machtpolitische Fundament. Die Fingerübungen alldeutscher Propagandisten wurden auf jeden Fall zur Kenntnis genommen, selbst wenn sich die Reichsleitung ihnen nicht anschloß.

Doch es gab noch weitere Erkenntnisse, die zum Handeln zwangen. Auch wenn der Anspruch auf »Weltpolitik« erst 1897 offiziell verkündet wurde, hatte das deutsche Wirtschaftspotential die Großmacht schon längst zu einer ökonomischen Weltmacht erhoben. Unverblümt und nicht ohne Neid wies die britische Presse auf diesen Tatbestand hin, und dies nicht mit dürren Worten, die auf souveräne Überlegenheit schließen ließen. 1897 veröffentlichte die ›Saturday Review‹ einen Artikel, in dem von »Germaniam esse delendam« die Rede war. In Zukunft wurde er immer wieder zitiert, auch wenn er für die Presse nicht repräsentativ war. »Gilt es«, so war

[38] Vgl. u. a. G. S. Clarke, Germany as a Naval Power. In: NCA 45 (1899), S. 802–813.

in dem Blatt zu lesen, »ein Bergwerk auszubeuten, eine Eisenbahn zu bauen, einen Eingeborenen zum Verzehr von Dosenfleisch oder zum Genuß von Gin zu veranlassen, immer kämpfen Deutsche und Engländer um den größeren Anteil. Eine Million kleiner Konflikte türmen sich zur größten Kriegsursache auf, die die Welt je gesehen hat. Würde Deutschland morgen ausgelöscht, gäbe es übermorgen keinen Engländer, der nicht reicher geworden wäre. Nationen haben bisher um Städte oder Thronfolgerechte gekämpft. Müssen sie nicht um 250 Millionen Pfund jährlichen Außenhandels kämpfen?«[39] Ein Teil der Presse führte also bewegt Klage über den Konkurrenzkampf und polemisierte – analog zu deutschen Blättern – gegen den Rivalen auf der Weltbühne. Weitgehend ignoriert wurde dabei die Tatsache, daß das britische Finanzkapital einen freien Verkehr auf den internationalen Anleihe- und Geldmärkten dem Krieg vorzog. Und Deutschland war, das wußte man natürlich in englischen Wirtschafts- und Finanzkreisen, nicht nur Konkurrent[40], sondern auch Kunde, und zwar der zweitbeste.

In dieser angespannten Situation präsentierte der britische Kolonialminister Chamberlain am 29. März 1898 dem deutschen Botschafter in London, Paul von Hatzfeldt, den »Wunsch nach einer bindenden Abmachung zwischen England und dem Dreibund«[41] und schien damit ein Bündnis anzubieten, um das sich die Repräsentanten des »Neuen Kurses« bisher vergeblich bemüht hatten. In Berlin fühlte man sich jedoch schon lange nicht mehr an das Programm der Vorgänger gebunden und bezweifelte nicht ohne Grund die Ernsthaftigkeit hinter dem englischen Vorschlag. Bülow blieb kühl, Chamberlains Initiative sackte alsbald in sich zusammen. Was waren die Gründe? Gegenüber Hatzfeldt hob der Staatssekretär hervor, daß die Zusage eines englischen Kabinetts zweifelhaft bleibe, immerhin war eine neue Regierung nicht an die Absprache gebunden. Ein weiteres, gewichtigeres Motiv trat hinzu. Bülow wies nicht ohne Berechtigung darauf hin, daß eine deutsche Allianz mit Rußlands Hauptfeind in St. Petersburg nicht nur Verärgerung auslösen würde, sondern darüber hinaus zu einem engeren Zusammengehen mit Frankreich führen könnte. Schließlich und nicht zuletzt bezweifelte er die Zuverlässigkeit des englischen Bündnispartners im Falle eines (kontinentalen) Konfliktes. Vor allem aber irritierte in Berlin die Tatsache, daß die Einstellung Salisburys zu dieser Frage noch

39 Zit. nach Niedhart, Geschichte Englands, S. 126.

40 Für einen Vergleich jährlicher Zuwachsraten ausgewählter Industriebranchen in Großbritannien und Deutschland vgl. Tilly, Vom Zollverein zum Industriestaat, S. 218.

41 Hatzfeldt an AA, 29. März 1898. In: GP 14/I, Nr. 3782.

keineswegs klar war. Stand er vorbehaltlos hinter Chamberlains Initiative oder meldete er Zweifel an einem solchen Bündnis an, begründet durch die Spannungen an der orientalischen Peripherie? Sechs Wochen mußte man auf Salisburys Reaktion warten, und der winkte tatsächlich ab.

Salisburys Diktum und Bülows Ablehnung schlossen die Lösung kleinerer Fragen allerdings nicht aus, wie sie dann in einer Reihe kolonialer Abkommen Gestalt annahmen. Aber auch sie konnten nicht als Ersatz gelten, bestenfalls als Schritt in die richtige Richtung. Darüber hinaus sollten die folgenden Jahre zeigen, daß sich die Motive für die überseeischen Vereinbarungen aus unterschiedlichen Quellen speisten und am Ende nicht zur Deckung zu bringen waren. Während man in London scheinbar Bereitschaft zur potentiellen Aufteilung der Erbmasse befreundet-abhängiger Staaten signalisierte, wurde in Berlin an das Abkommen tatsächlich die Hoffnung geknüpft, auf Kosten dritter Staaten eine Synthese zwischen imperialer Expansion und bilateraler Verständigung einleiten zu können. Und als die Zukunft zeigte, daß sich die vereinbarten Voraussetzungen für den territorialen Zugewinn nicht realisieren ließen, wurde einmal mehr deutlich, daß die Krisen und Konflikte lediglich storniert wurden. Doch für diese Erkenntnis war es um die Jahrhundertwende noch zu früh. Chamberlain mußte erkennen, daß sich das Reich nicht als Nothelfer des britischen Empire bestellen lassen wollte und rückte im Laufe der Verhandlungen von seiner Initiative immer mehr ab. Darüber hinaus vermochte er nicht das gesamte Kabinett für sein Projekt zu mobilisieren. Über diese Hintergründe war man in Berlin zum Teil durchaus informiert. Dort huldigten die Politiker allerdings der verhängnisvollen Illusion, weiterhin das »Zünglein an der Waage« spielen und eine »freie Hand« bewahren zu können. Bülow verlegte sich also aufs Warten und schien nicht für nachdenkenswert zu halten, daß das Empire auch andere Adressaten für einen Bündnisgedanken wählen konnte. Reminiszenzen an Konflikte der Vergangenheit schreckten nicht. Eine Juniorpartnerschaft mit England in puncto »Weltpolitik« entsprach darüber hinaus nicht dem Idiom der Zeit, zu groß war der allgemeine Sog des Imperialismus, als daß die Reichsleitung Selbstbeschränkung in das Regierungsprogramm hätte aufnehmen können. Und um die Jahrhundertwende konnte Bülow relativ sicher sein, daß die Nation seine Ansicht teilte.

Doch der entscheidende Punkt bestand jetzt darin, daß die englischen Befürworter eines Bündnisses mit Deutschland zwar von Salisbury gemaßregelt wurden, sich aber deswegen noch lange nicht dazu verstanden, mit alten Maximen britischer Außenpolitik zu liebäugeln. Folglich trieb sie in der Zukunft die Suche nach alternativen Bündnispartnern um, die schließlich von Erfolg gekrönt wurde. Außenminister Lord Lansdowne machte 1902 deutlich, daß Whitehall nicht unverbrüchlich auf ein Konzept festgelegt war. Es mußte ein Ende damit haben, so sinnierte er, sich von »abgestandenen Formeln und altmodischen Irrlehren immer wieder auf eine Politik der Isolation festlegen zu lassen [...] Solange es keine triftigen Gegenargumente gibt, ist ein Land, welches das Glück hat, Verbündete zu besitzen, prima facie eher zu beneiden, als ein Land, das keine besitzt.«[42] Diese Möglichkeit nicht ernsthaft ins Visier genommen zu haben, darin bestand ein Kardinalfehler deutscher Außenpolitik, die durch Flottenvermehrung und aggressive Expansion zunehmend Kredit verspielte.

Auch die Öffentlichkeit nahm sich beiderseits des Kanals immer wieder der deutsch-englischen Beziehungen an, selten aber waren die Stimmen, die sich den Strömungen der Zeit entgegenstellten und scharfsinnig die Gefahren der Zukunft analysierten. Zu diesen wenigen zählte Theodor Barth, Publizist und Begründer der Zeitschrift ›Die Nation‹. Mit erhobenem Zeigefinger und unter besonderer Berücksichtigung des Burenkriegs analysierte er das Verhältnis. »Auf beiden Seiten bringen die Menschen mehr und mehr ihre Unzufriedenheit zum Ausdruck, und es passiert nur allzu schnell – wie Bismarck sagte –, daß die Nationen die Scheiben bezahlen müssen, die die Presse zerbrochen hat.«[43] Bei dieser Warnung blieb Barth nicht stehen und widersprach energisch der Ansicht, daß ökonomische Rivalität notwendigerweise zu politischer Gegnerschaft führe. Weder wirtschaftlicher Wettbewerb noch koloniale Konkurrenz, so formulierte er um die Jahrhundertwende, zögen notwendig allgemeine Verstimmung nach sich. Die Frage war, ob der sich in die Beziehungen einschleichende Antagonismus nach 1901 noch gestoppt werden konnte. Zu der allgemeinen Malaise trug ohne Zweifel bei, daß der schwer erkrankte deutsche Botschafter in London sich immer weniger in der Lage sah, seinen Amtsgeschäften nachzugehen, und sich von dem ambitiösen, aber wenig erfahrenen Baron Hermann von Eckardstein vertreten lassen mußte.

Der englische Entschluß, stärkste Seemacht zu bleiben, war 1889 per Gesetz zementiert worden. Überdeutlich sollte der Welt vor Augen geführt werden, daß das Empire sich dem allgemeinen Flot-

[42] Zit. nach Nicholas Mansergh, The Coming of the First World War. A Study in the European Balance. London 1949, S. 247f.

[43] England and Germany. In: CR 77 (1900), S. 620–628, hier S. 621.

tenrüsten nicht entzog, sondern entschlossen war, jeder Nation Paroli zu bieten, die die englische Suprematie in diesem Punkte in Frage stellen wollte. Die Anstrengungen, die man sich selbst auferlegte, waren in der Tat gewaltig. »Two-Power-Standard«, so ließ sich in drei Worten das Programm charakterisieren, das Whitehall der allgemeinen »Bedrohung« entgegensetzte. Damit war der britischen Marine die Aufgabe gestellt, stärker zu sein als die beiden nachfolgenden Flottenmächte. Mit der Jahrhundertwende wurde dann die Notwendigkeit diktiert, mit Rivalen vertragliche Vereinbarungen einzugehen; dies gelang, aber eben nur zum Teil. Die USA, Japan und Frankreich entzogen sich dem Ansinnen nicht, wohl aber die Macht in der Mitte Europas. Und in London wurden keine Zeichen registriert, die im Reich auf einen Gesinnungswandel schließen ließen. Dort wurde England zwar nicht zum Kriegsfeind Nummer eins erklärt, doch wie ernst waren die wiederholten Beteuerungen der Friedfertigkeit zu nehmen, wenn mit ihnen die Forderung nach Expansion Hand in Hand ging? Deutschland war bereits stärkste Landmacht, war nun insgeheim das Ziel aufgestellt worden, die stärkste Seemacht auf Platz zwei zu verweisen? »Es ist gar nicht auszudenken«, so lamentierte dagegen der Historiker Dietrich Schäfer 1899, »welche Not über unser Volk hereinbrechen würde, wenn uns einmal die See gesperrt werden sollte.« »Selbst die größte Seemacht«, das war seine Überzeugung, »darf sie nicht schließen können, wollen wir nicht mit einem Schlage um Jahrzehnte zurückgeschleudert werden.«[44]

Aber erschöpfte sich die Funktion der deutschen Flotte tatsächlich nur in der Küstenverteidigung, wie im Deutschen Reich allenthalben vorgegeben wurde? Konnte man Ausführungen Glauben schenken, die das Reich als »Hüter des europäischen Friedens« bezeichneten? Schäfer weiter: »Daß das neue Reich Waffen, die ihm in die Hand gegeben sind, nicht in frivoler Weise mißbraucht, darüber hat eine nun dreißigjährige Erfahrung Deutschland und die Welt belehrt und beruhigt. Noch nie existierte eine Macht, die so an der Spitze kriegerischen Könnens stand, und die zugleich so friedfertig gesinnt war. Unser starkes Landheer ist notorisch der Bürge und Hüter des europäischen Friedens. Was wäre aus diesem geworden«, so weiter die Argumentation, »wenn wir nach 70 abgerüstet hätten? Und die gleiche Erfahrung werden wir zur See machen. Muß man uns fürchten, so werden wir nicht angegriffen. Nur wenn ein Angriff auf uns gefahrlos scheint, wird man ihn wagen. Daß wir die

[44] Hier und im folgenden zit. nach Fenske, Unter Wilhelm II., S. 180f.

Angreifenden sein können, ist ausgeschlossen. Aber wir wollen unseren Platz an der Sonne. Und den wird man uns wohl lassen, wenn man weiß, daß wir entschlossen und imstande sind, ihn zu behaupten.«

Es war nicht der »Platz an der Sonne«, der die Fachleute an der Themse mißtrauisch stimmte! Es war in nuce die Bedrohung der britischen Schlagader, eine Tatsache, die Winston Churchill als Lord der Admiralität 1912 in die prägnante Formel kleidete: »Für uns ist die britische Flotte eine Notwendigkeit, für die Deutschen ist ihre Flotte dagegen eher ein Luxus.«[45] Ebensowenig wie sich das Reich dem Sog der Expansion entziehen konnte, ebensowenig vermochte Großbritannien trotz strategischer Überbeanspruchung das »Naturgesetz« seiner Außenpolitik aufzugeben. Der deutsch-englische Antagonismus, der sich um die Jahrhundertwende abzeichnete, führte nicht unwiderruflich zum 1. August 1914, wohl aber bildete er ein entscheidendes Konfliktpotential. Das britische Bedrohungsgefühl verdichtete sich mehr und mehr, und die Reichsleitung tat wenig, um diesem Gefühl überzeugend entgegenzutreten.

Koloniale Abkommen

»Portugal«, so schreibt der englische Kolonialpionier und Schriftsteller Harry Johnston im Jahr 1912, »liegt nun auf dem Operationstisch des europäischen Areopag. Das Land wird im Augenblick sehr gründlich untersucht, insbesondere die weiter ab liegenden Gliedmaßen, um festzustellen, ob es die notwendige Vitalität besitzt, die momentane Krise seines Kolonialreiches zu überleben.«[46] Mit diesem Befund leitete Johnston ein Plädoyer für die Abtretung eines Teils des portugiesischen Kolonialbesitzes an jene europäischen Mächte ein, die ihre Fähigkeit zur »Kolonisation« unter »Beweis« gestellt hatten. Zwar war die chronische Finanzarmut des kleinen Landes auch 1898 für den Bestand des überseeischen Besitzes nicht weniger bedrohlich gewesen, doch hinterließen portugiesische Mißwirtschaft und ineffiziente Verwaltung bei Teilen der europäischen Öffentlichkeit einen so nachhaltigen Eindruck, daß Spekulationen über einen Besitzerwechsel keineswegs eine Sensation darstellten. Johnston beugte sich über die afrikanische Landkarte, beschrieb die Geschichte der einzelnen Kolonien, analysierte ihre wirtschaftliche Bedeutung und legte den Finger auf die Wunde, die englischen Libe-

[45] Zit. nach William Manchester, Der Traum vom Ruhm 1874–1932. (1983), München 1989, S. 546f.; vgl. dazu Lookout, Englands Weltherrschaft und die deutsche »Luxusflotte«. Berlin 1912.

[46] The Portuguese Colonies. In: NCA 71 (1912), S. 497–510, hier S. 498.

ralen besonderes Kopfzerbrechen zu bereiten schien. Im Grunde sei den Portugiesen, so der »Old African Hand«, das Schicksal der Einheimischen völlig gleichgültig. Sklavenhandel sei an der Tagesordnung, Alkoholhandel habe ganze Stämme dezimiert. Diese Ansicht haben fraglos viele Zeitgenossen geteilt, im Grunde stellte sie schon in den neunziger Jahren eine weitverbreitete Meinung dar.

Zwischen England und Portugal bestanden schon seit Jahrhunderten engere Kontakte. Allerdings hatten sich nicht zwei paritätische Mächte zu einer Allianz zusammengefunden. Lissabon war mehr oder weniger zu einem Satellitenstaat geworden. Gegen Ende des 19. Jahrhunderts erreichte die notorische Finanznot jedoch einen Grad, der das Überleben des portugiesischen Kolonialreichs mit einem deutlichen Fragezeichen versah. Die Gefahr, die in englischen Augen aus der portugiesischen Finanznot resultierte, bestand darin, daß Lissabon sich natürlich auch bei den Mächten um eine Anleihe bemühen konnte, die als Rivalen in Übersee agierten. Und dazu gehörte in den neunziger Jahren das Deutsche Reich. In London war darüber hinaus nicht unbemerkt geblieben, daß Berlin die Entwicklung auf dem afrikanischen Kontinent mit Argusaugen verfolgte und beispielsweise eine Abtretung der portugiesischen Delagoa-Bucht an England keineswegs ohne »angemessene Kompensation« akzeptieren würde. Die Verhandlungen, die England mit Portugal aufnahm, blieben zunächst ohne Ergebnis. Die Entscheidungsträger in Lissabon schienen jedoch nur vor der Alternative zu stehen, sich entweder in eine vollständige finanzielle Abhängigkeit von Frankreich zu begeben oder mit Großbritannien zu einem Arrangement zu gelangen.

Als Berlin schließlich am 6. Juni 1898 von diesen Verhandlungen erfuhr, wurde der deutsche Botschafter in Lissabon, Christian Graf von Tattenbach, angewiesen, König Carlos mitzuteilen, daß freundschaftliche Beziehungen nur aufrecht erhalten werden könnten, wenn deutsche Interessen angemessen berücksichtigt würden[47]. Die Gründe für diese Intervention waren vielfältig und entbehrten nicht einer gewissen Kontinuität. Neben dem Wunsch, den Weg für eine allgemeine deutsch-englische Annäherung zu ebnen, spielte die Tatsache eine nicht unbedeutende Rolle, daß sich das Deutsche Reich seit jeher gegen eine territoriale Umklammerung des kolonialen Besitzes gewehrt hatte. Man argwöhnte wohl nicht zu Unrecht, daß die Verpfändung von portugiesischen Einnahmezöllen England immerhin die Möglichkeit bot, auf die Gestaltung der Kolonie

[47] Vgl. Bülow an Tattenbach, 18. Juni 1898. In: GP 14/I, Nr. 3811.

Moçambique Einfluß zu nehmen. Zu dieser Befürchtung gesellte sich ein weiteres Motiv. Ein wirtschaftlicher Warenaustausch mit der Südafrikanischen Republik war im Grunde nur noch via Moçambique möglich, wobei die Bahnstrecke von Pretoria nach Lourenço Marques besonders ins Gewicht fiel. Aber es war nicht nur die Angst vor einer »kolonialen Einkreisung«, die Bülow zum Einschreiten bewog. Die imperialistische Publizistik hatte das ihre dazu beigetragen, territoriale Machtausdehnung um ihrer selbst willen als gerechtfertigt erscheinen zu lassen. Hinzu kam, daß auch das Deutsche Reich ein Gläubigerstaat Portugals war und daher naturgemäß ein Interesse am finanziellen Innenleben des kleinen Landes und seines überseeischen Besitzes besaß.

Das Charakteristikum der kolonialen Verhandlungen um die Jahrhundertwende bestand in der Möglichkeit, imperialistische Expansion und Verständigungsbemühungen via Portugal miteinander verknüpfen zu können. Erst dieser Konnex schaffte die Voraussetzung für den Vertrag, der schließlich zwischen England und dem Deutschen Reich am 30. August 1898 unterzeichnet wurde[48]. Die unterschiedliche Gewichtung beider Aspekte lieferte auch die Erklärung für die Berlin schließlich düpierende englische Vertragsauslegung in der geheimen Deklaration von 1899[49], von der Berlin offiziell erst 1913 unterrichtet wurde.

Als Bülow den deutschen Botschafter in London anwies, Berlins Interessen in den englisch-portugiesischen Gesprächen zur Geltung zu bringen, dachte er keineswegs an eine vollständige Obstruktion der Verhandlungen. Unter bewußter Ausnutzung der südafrikanischen Krise zielte sein Augenmerk auf eine Abmachung, »durch welche wir uns gleichfalls zu einem mäßigen Teile an der Portugal zu gewährenden Anleihe beteiligen und dafür von Portugal direkt gewisse territoriale Garantien zugesichert erhalten«[50]. Die deutsche Wunschliste war lang. Als Verhandlungsobjekt wurde an eine Marinestation auf den Kanarischen oder Kapverdischen Inseln, an Fernando-Po, an Grenzkorrekturen zwischen Togo und der Goldküste, die Walfischbucht, Sansibar, Pemba, Mossamedes, Benguela, Korrekturen der Südgrenze von Deutsch-Ostafrika, Portugiesisch-Timor, den Suluarchipel, Mindanao, die Karolinen- und Samoa-

48 Vgl. GP 14/I, Nr. 3871.

49 Vgl. Michael Fröhlich, Von Konfrontation zur Koexistenz. Die deutsch-englischen Kolonialbeziehungen in Afrika zwischen 1884 und 1914. Bochum 1990, S. 191 (Anm. 35).

50 Zit. nach Peter Winzen, Die Englandpolitik Friedrich von Holsteins 1895–1901. Köln 1975, S. 204.

inseln gedacht[51]. Einige dieser Territorien waren immerhin in spanischem Besitz! Obwohl die deutschen Interessen spätestens seit Mitte der neunziger Jahre kein Geheimnis mehr waren, gab sich Salisbury überrascht, winkte zunächst einmal ab und rechtfertigte seine Haltung mit dem Hinweis, die Verhandlungen mit Portugal seien rein finanzieller Natur. Doch angesichts der komplexen südafrikanischen Interessenlage erlahmte der Widerstand gegen eine deutsche Beteiligung allmählich, die Berliner Forderungen wurden dem englischen Kabinett vorgetragen. Doch die aus Londoner Sicht exorbitanten territorialen Forderungen des Deutschen Reichs schienen eine Einigung zunächst zu verhindern, Chamberlain argwöhnte sogar, daß letzten Endes ein Abkommen von deutscher Seite gar nicht intendiert sei. Das Übereinkommen, auf das man sich nach langen und zähen Verhandlungen schließlich einigte, war durch eine Dreiteilung charakterisiert. Der erste Abschnitt sah vor, daß im Falle einer portugiesischen Kreditaufnahme sowohl London wie Berlin als Gläubiger auftreten konnten und daß das Darlehen durch eine Verpfändung der Zoll- und Verwaltungseinnahmen von Moçambique, Angola und Portugiesisch-Timor zu sichern war. Die Einteilung in entsprechende englische und deutsche Einflußzonen im Falle des Zusammenbruchs des portugiesischen Kolonialreichs wurden in einer sich anschließenden »geheimen Konvention« und einer »geheimen Note« geregelt. Grob gesprochen wurden dem Deutschen Reich die Zolleinnahmen von Portugiesisch-Timor, von Moçambique nördlich des Sambesi und die Zolleinnahmen Angolas südlich von Egito und nördlich von Ambris überlassen. Der dazwischenliegende Landstreifen sowie das südliche Moçambique sollten zum englischen Einflußbereich gehören. Die »geheime Konvention« sah Maßnahmen für den Fall vor, daß die Integrität der südlich des Äquators liegenden afrikanischen Besitzungen Portugals wie auch die auf Timor nicht aufrechtzuerhalten war. Beide Staaten kamen überein, unter diesen Umständen der Intervention von Drittmächten entgegenzutreten. Die sich anschließende »geheime Note« spezifizierte Bestimmungen der »geheimen Konvention«. Sollte letztere in Kraft treten, war grundsätzlich ein Gegenseitigkeitsverhältnis vorgesehen. In jedem Fall war vorab eine gemeinsame Verständigung Englands und des Deutschen Reichs geplant. Schließlich sollte das Abkommen weder ganz noch teilweise ohne wechselseitige Zustimmung veröffentlicht werden.

In den Augen der englischen Öffentlichkeit war nach Abschluß

[51] Vgl. Anlage zu GP 14/I, Nr. 3086.

dieses Abkommens, das nicht publiziert wurde, in den deutsch-britischen Beziehungen eine Wende zum Besseren eingetreten. Die ›Times‹ sprach am 8. Dezember 1898 von einem »immediate and very beneficial effect« und meinte hiermit die erkennbare deutsche Neutralität im Transvaalkonflikt[52]. Mit dem Abkommen von 1898 schien man an die alte Politik kolonialer Verständigung des Jahres 1890 wieder anzuknüpfen, und die Aussicht, auf dieser Basis einander näherzukommen, erhielt neuen Auftrieb. Auf deutscher Seite zeigten sich die Kommentatoren zurückhaltender; dies nicht zuletzt deshalb, weil die Bestimmungen des Abkommens ja nicht veröffentlicht worden waren. Derselbe Sachverhalt traf zwar im Prinzip auch für England zu, doch hatte sich mit Blick auf Südafrika eine für die breite englische Öffentlichkeit deutlich sichtbare Änderung des deutschen »official mind« ergeben. Da sich die Berliner Hoffnung auf eine portugiesische Anleihe aber nicht erfüllte und damit die »eigentlichen« Bestimmungen des Vertrags nicht in Kraft treten konnten, fiel es natürlich schwer, koloniale Agitatoren von den Vorteilen zu überzeugen. Die schwierige Lage, mit der man sich in der Wilhelmstraße konfrontiert sah, spiegelte sich in einem Artikel der ›Münchener Allgemeinen Zeitung‹ vom 16. September 1898: »Sofern nicht zwingende Gründe – sogenannte Gründe der Staatsraison – ein absolutes Stillschweigen der amtlichen Kreise in Berlin und London erheischen, erscheinen baldige authentische Aufschlüsse, zum wenigsten über die Hauptpunkte der neuen Abmachung mit dem Kabinett von St. James dringend erwünscht, ja unerläßlich [...].« Denn nur auf diesem Wege, so fuhr das Blatt fort, sei es möglich, wirksam Gerüchten von einer Preisgabe deutscher Interessen entgegenzutreten. Da eine Veröffentlichung vertraglich nicht vorgesehen war, blieb zunehmend der Eindruck zurück, auch bei der kolonialen Neuverteilung nach Beendigung des »scramble« erneut den kürzeren gezogen zu haben.

Die portugiesischen Kolonien waren nicht das einzige Terrain, das um die Jahrhundertwende die Möglichkeit der Verständigung und zugleich die Aussicht auf Gebietserwerb bot. Bereits in den achtziger Jahren war Samoa Gegenstand von Verhandlungen zwischen dem Deutschen Reich, England und den USA gewesen. Damals wie in den neunziger Jahren war der tatsächliche Wert der Inseln umstritten; doch während Bismarck den »furor teutonicus« in die Schranken verwies und einem Konflikt mit den beteiligten Mächten auf einer Konferenz in Berlin aus dem Weg gegangen war,

52 Vgl. auch Diplomaticus, The Anglo-German Agreement. In: FR 70 (1898), S. 627–634.

hob Tirpitz den strategischen Wert der Inseln hervor und plädierte für Annexion. Daß alle Verhandlungen erfolgreich beendet werden konnten, lag nicht nur in dem Umstand begründet, daß Großbritannien sein Hauptaugenmerk auf den Burenkrieg richten mußte. Angesichts der Unruhen, die sich nach dem Tod des Königs auf Samoa zuspitzten, hatte man in Berlin mit der Entsendung von Solf[53] eine geschickte Hand bewiesen. Zwar gelang es diesem nicht, mit dem englischen Konsul ein schnelles Einvernehmen zu erzielen, doch verfocht er konsequent den Gedanken internationaler Zusammenarbeit. Bereits in seiner Eigenschaft als Bezirksrichter in Ostafrika hatte der spätere Gouverneur von Samoa sich eher durch eine Behinderung als durch eine Förderung alldeutscher Zielsetzungen ausgezeichnet. Hartnäckig war er denn auch als Staatssekretär des Reichskolonialamts darum bemüht, die Beziehungen zwischen Weißen in Übersee kooperativ zu gestalten und den vor Kriegsausbruch in Europa herrschenden Antagonismus nicht auf die Kolonien zu übertragen. Denn was immer man unter Zivilisation verstand – und für welche Greueltaten der Begriff auch herhalten mußte –, es war klar, daß ein Krieg alle Mühen der wirtschaftlichen Erschließung und Nutznießung zunichte machen würde. So konnte Solf noch vor Ausbruch des Krieges konstatieren, daß ein europäischer Konflikt nicht drohen würde, wenn man auf dem Kontinent dem Beispiel der Landsleute in Übersee folgte.

Mit dem Ergebnis der Verhandlungen konnten die Entscheidungsträger in Berlin sowie die imperialistische Publizistik zufrieden sein. Am 14. November wurde in London ein Abkommen[54] geschlossen, das dem Deutschen Reich die Samoainseln Upolu und Savaii zusprach, den Vereinigten Staaten die Insel Tuhila und den Briten die Tonga- und Savage-Inseln. Zwar war in diesem Fall Einvernehmen in einem potentiellen Streitobjekt erzielt und weiterhin die Illusion genährt worden, der deutsch-englischen Annäherung gedient zu haben, doch stand der weltpolitische Tumult in keinem rechten Verhältnis zu dem tatsächlichen Wert, den die Inseln für das Deutsche Reich beispielsweise in wirtschaftlicher oder strategischer Hinsicht besaßen.

Das Bemühen um Ausgleich und wirtschaftliche Einflußnahme waren die bestimmenden Impulse auch bei dem dritten Projekt, das

[53] Vgl. Karl Carstens, Zum Gedenken an Wilhelm Solf. Gouverneur von Samoa – Staatssekretär des Reichskolonialamts und des Auswärtigen Amts – Deutscher Botschafter in Japan. Bulletin vom 25. Oktober 1962; Walter Görlitz, Statthalter des Kaisers auf Samoa. In: Die Welt, Nr. 27 vom 1. Februar 1986.

[54] Für den Wortlaut vgl. SEG 15 (1899), S. 159ff.

die Diplomaten beiderseits des Kanals ins Auge faßten. Der Boxeraufstand und seine Niederschlagung hatten Anlaß gegeben, in China eine Politik der »offenen Tür« anzumahnen, die nach der russischen Annexion der Mandschurei sowie der Einbeziehung des Gebiets am Jangtse in die britische Einflußsphäre keineswegs mehr gesichert war. In Berlin festigte sich der Eindruck, daß London den Löwenanteil für sich reklamieren wollte. Da das Jangtsebecken bei der ökonomischen Erschließung des chinesischen Reichs den größten Profit abzuwerfen versprach, waren Rußland wie auch das Deutsche Reich bemüht, zumindest zu verhindern, daß England den Handel monopolisierte. Zudem gab man sich in Berlin nicht der Illusion hin, als alleiniger Sieger das Feld verlassen zu können. »Da wir nicht darauf rechnen können, den Jangtse – wenigstens in absehbarer Zeit – zu monopolisieren, sollte unsere Aufgabe sein, wenigstens zu verhindern, daß England ihn monopolisiert«, so der stellvertretende Staatssekretär des Auswärtigen Amtes, von Derenthall, an Bülow am 27. Juli 1900[55]. Am 16. Oktober wurden zwischen dem englischen Premierminister und dem deutschen Botschafter Noten ausgetauscht, die zwar die deutsche, nicht aber die englische Seite zufriedenstellen sollten. Das Abkommen bestand aus vier Punkten[56]. Der erste legte fest, »daß die an den Flüssen und an der Küste Chinas gelegenen Häfen dem Handel und jeder sonstigen erlaubten wirtschaftlichen Tätigkeit für die Angehörigen aller Nationen ohne Unterschied frei und offen bleiben«. Ergänzend wurde festgelegt, daß diese Abmachung für das gesamte chinesische Gebiet gelten solle, wo die Signatarmächte über Einfluß verfügten. Die zweite Bestimmung untersagte, die Wirren im Gefolge des Boxeraufstands für territoriale Annexionen zu nutzen. Vielmehr verpflichteten sich die Unterzeichner, den territorialen Bestand Chinas zu wahren, und – drittens – Versuche zu verhindern, territoriale Vorteile zu erlangen. Der letzte Punkt war eine Aufforderung an andere Mächte, sich den Grundsätzen dieses Abkommens anzuschließen. Vergleicht man die ursprünglichen Zielsetzungen der an diesem Vertrag beteiligten Mächte mit dem Ergebnis der Verhandlungen, dann ist unverkennbar, daß es keinem der Gesprächspartner gelungen war, seine ursprüngliche Absicht durchzusetzen. Das Deutsche Reich hatte einen Vertrag gewünscht, der ausschließlich das Jangtsetal thematisierte, – und ein allgemeines chinesisches Abkommen unterzeichnet. London hatte deutsche Unterstützung gegen Rußland gefordert – und mußte sich am Ende mit Bestimmungen zufrie-

[55] Vgl. GP 16, Nr. 4701.
[56] Vgl. GP 16, Nr. 4744.

dengeben, die sehr elastisch waren und das Reich nur mit dessen Zustimmung in einen Gegensatz zu Rußland versetzte.

Sowohl das Jangtse-Abkommen wie auch der Vertrag über die portugiesischen Kolonien waren mit immanenten Mängeln behaftet, die im Zeitalter des Imperialismus keine wirkliche Zufriedenheit aufkommen ließen[57]. Die unterschiedlichen Intentionen, die die Gesprächspartner jeweils verfolgten, erlaubten in ihrer Gegensätzlichkeit am Ende nur deswegen einen Kompromiß, weil sie vitale Fragen unberührt ließen und zeitweilig auf beiden Seiten des Kanals der Wunsch bestand, durch Erfolge an der Peripherie des europäischen Geschehens einem sich in ersten Konturen abzeichnenden Antagonismus zu begegnen. Denn parallel zu diesen Verhandlungen wurde über die deutsche Flotte entschieden, wurden Auseinandersetzungen über die Beschlagnahme deutscher Schiffe vor der südafrikanischen Küste nur mühsam unterdrückt und schließlich ein deutsches Engagement in der Türkei initiiert, das noch für beträchtlichen Konfliktstoff sorgen sollte.

Auch Zeitgenossen fragten immer wieder nach den Ursachen für die Verschlechterung der Beziehungen zwischen den Großmächten. Am untersten Ende der Gefahrenskala rangierten die deutsch-englischen Kolonialbeziehungen. Die Welt war aufgeteilt, und von keinem Punkt des Deutschen Reichs in Übersee ging für England eine Bedrohung aus. Diejenigen, die allen Widerständen zum Trotz versuchten, Möglichkeiten kolonialer Verständigung auszuloten, die nicht in geringfügigen Grenzkorrekturen bestanden, konnten letztlich nur zu Projekten Zuflucht nehmen, die eine Neuverteilung vorsahen[58].

Es wäre verfehlt, wollte man den Initiatoren dieser Pläne Realitätsbewußtsein absprechen, nur weil die ins Auge gefaßten Maßnahmen keinen direkten Konnex zum Haupthindernis einer Verständigung, nämlich der Flottenfrage, besaßen. Die Verfechter derartiger Überlegungen waren sich darüber im klaren, daß ein kolonialer Ausgleich vor dem Hintergrund des allgemeinen Antagonismus wohl wenig mehr als eine »vertrauensbildende Maßnahme« sein konnte. Und zu dieser schien man immer erst dann Zuflucht zu nehmen, wenn sich auf essentielle Fragen keine Antworten finden ließen, wie es bei den Bündnisverhandlungen der Fall war.

Allerdings ist vor dem Ersten Weltkrieg zwischen Überlegungen der Diplomaten über die afrikanische Peripherie und den Bemühun-

[57] Vgl. »X«, The German Danger in the Far East. In: NR 36 (1900), S. 178–195.

[58] Vgl. dazu auch Frank Lascelles, Thoughts on the Anglo-German Problem. In: CR 101 (1912), S. 1–9.

gen der »men on the spot« um eine Annäherung vor Ort zu unterscheiden. Während die diplomatischen Verhandlungen im Grunde immer komplizierter wurden, weil lediglich Aussichten auf eine Neuverteilung bestanden, schien sich das Verhältnis in Afrika zu Beginn des zwanzigsten Jahrhunderts, insbesondere nach der Niederschlagung der Aufstände in den deutschen Kolonien, spürbar zu entspannen. Auf diesen Sachverhalt wies beispielsweise ein Gespräch, das Oberleutnant Heiling-Brunner, Offizier in Togo, mit dem Gouverneur der Goldküste, James J. Thorburn, zwei Jahre vor Kriegsausbruch führte: »Der Gouverneur, der sehr gut deutsch spricht, führte [...] aus: Mit Betrübnis müsse man konstatieren, daß die Beziehungen zwischen den Mutterländern nicht die wünschenswertesten seien. Wer sei daran Schuld? Eine in beiden Ländern hetzende Presse. Die Völker wüßten nichts von Feindschaft. Wir in den Kolonien seien auf den Verlauf der kommenden Dinge zu Hause ohne Einfluß. Aber wir alle in Afrika, wo wenig Weiße gegen viele Schwarze ständen, wir dürfen eines nicht vergessen: ein ›Weltgefühl‹. Wir müßten unbekümmert um die heimischen Ereignisse hier als gute Nachbarn wohnen. Denn sonst würde zum lachenden Dritten der Eingeborene, und dann ist alles verloren!«[59] Mit Blick auf die genannten Ursachen des Antagonismus sind Korrekturen erforderlich, der Wunsch nach friedlicher Gestaltung allerdings ist bemerkenswert und erweist sich keineswegs als Ausnahme. Während in Europa Verhandlungen über die afrikanische Peripherie schließlich ins Leere liefen bzw. eine substantielle Verbesserung des Verhältnisses nicht bewirken konnten, zeichnete sich in Übersee mehr und mehr ein Zustand ab, der durch »friedliche Koexistenz« geprägt war.

In einer Aufzeichnung vom 6. Mai 1909 thematisierte der Staatssekretär des Reichskolonialamts, Bernhard Dernburg, just diese Entwicklung und regte weitere Verhandlungen an, die bei den englischen Entscheidungsträgern eher auf Gleichgültigkeit stießen[60]. Wohl hatte sich das »Colonial Office« schon seit geraumer Zeit zur Zusammenarbeit mit deutschen Behörden verstanden, doch stellte es unter den englischen Ministerien kein politisches Schwergewicht dar. Für Männer wie Crowe existierten »koloniale Probleme« zwischen beiden Ländern im Prinzip nicht. Und damit war, wie Peters 1917 rückblickend formulierte, zusammenfassend festzustellen: »In

[59] Zit. nach einem Bericht v. Doerings, Gouvernement Togo, an den Staatssekretär des Reichskolonialamts, 24. Juni 1912. In: PA/AA, DBL 378.

[60] Vgl. Werner Schiefel, Bernhard Dernburg. Kolonialpolitiker und Bankier im wilhelminischen Deutschland. Zürich, Freiburg 1974, S. 124 ff.; An., A German Missionary of Empire. In: The Spectator, 19. Januar 1907.

Wirklichkeit gehört die koloniale Frage auch gar nicht zu den Ursachen dieses Krieges. Ich habe seinen Ausbruch im August 1914 mit in London erlebt und weiß, wovon ich rede. Kein Mensch, es sei denn der kleine Ring britisch-ostafrikanischer Interessenten, mißgönnte Deutschland seine paar Länderfetzen über See und dachte daran, darüber mit uns zu kämpfen. Ich bin selbst eine Reihe von Jahren in London Mitglied der Primrose-Liga gewesen und stand in vielfachen Beziehungen zu den leitenden Köpfen daselbst. Nicht nur mißgönnte man uns drüben unsere kleinen Besitzungen über See nicht, sondern kühl und nüchtern urteilende Staatsmänner sahen umgekehrt in unseren kolonial-politischen Bestrebungen ein Ventil, welches imstande sein könne, die wachsende Spannung zwischen beiden Völkern abzuschwächen.«[61]

Krisen

Ein kapitaler Fehler deutscher Außenpolitik zu Beginn der neunziger Jahre bestand in der Annahme, daß der russische Absolutismus und der französische Republikanismus unter keinen Umständen eine Allianz eingehen würden. Am 4. Januar 1894 wurden die deutschen Diplomaten allerdings von der Wirklichkeit eingeholt, als ein französisch-russischer Vertrag das künftige Zusammengehen in Paragraphen goß. Mochte diese Tatsache auch nicht unabänderlich und mochten in Berlin wie in St. Petersburg Kräfte am Werk sein, das Rad dieser Entwicklung wieder zurückzudrehen, so mußten die Militärs in ihren Planungen jetzt doch von der Prämisse ausgehen, daß Frankreich im Falle eines Krieges in Osteuropa kein Außenseiter bleiben würde. 1891 wurde Alfred Graf von Schlieffen Chef des Generalstabs der Armee, kein politischer General, dem eigenen Selbstverständnis nach lediglich militärischer Experte; die Priorität in der Angriffsordnung wurde neu gesetzt. Im Falle eines Krieges im Osten würde man zuerst Frankreich niederringen müssen. Die Beziehungen zu England allerdings beschäftigten den General kaum.

Der Gang der Weltereignisse hielt große Veränderungen bereit, zu denen das Ende der britischen Isolation zählte. Das von Krisen, Spannungen und Überbeanspruchung geschüttelte Empire begab sich auf die Suche nach Bündnispartnern und schien zu diesem Zweck auch mit dem Reich Kontakt aufnehmen zu wollen. Welche Ernsthaftigkeit hinter diesem Versuch auch immer stecken mochte, die Reichsregierung verschloß gewaltsam die Augen vor der Tatsa-

[61] Kolonialpolitik als Kriegsursache. In: Carl Peters, Zum Weltkrieg. Hamburg 1917, S. 239–242, hier S. 240f.

che, daß Deutschland nicht der einzige Adressat möglicher Bündnisgespräche sein mußte. Im Jahr 1902 wurde deutlich, daß Großbritannien keineswegs unverbrüchlich auf *ein* außenpolitisches Konzept festgelegt war. Das Bündnis mit Japan hatte für Europa aber nicht die schicksalhaften Folgen, die die englisch-französische Einigung des Jahres 1904 – die »Entente cordiale« – nach sich ziehen sollte. Ursprünglich zielte dieses Abkommen lediglich darauf ab, koloniale Differenzen zwischen den beiden Mächten aus dem Weg zu räumen, doch der Vertrag beinhaltete unausgesprochene Weiterungen, die den Unterzeichnern selbst noch nicht bewußt waren, als die Tinte trocknete. Es beendete die Konfrontation in Siam und Neufundland und zog einen Schlußstrich unter westafrikanische Grenzkonflikte. Im Mittelpunkt jedoch standen Ägypten und Marokko, das der französischen Einflußsphäre zugeschlagen wurde, während die englische Herrschaft am Nil von Frankreich endgültig anerkannt wurde. Die Brisanz dieser Einigung sollte sich für das Reich erst in den folgenden Jahren zeigen, die jedermann vor Augen führten, daß dieses koloniale Abkommen gewissermaßen der Startschuß für eine weitreichende, auch Europa einschließende Zusammenarbeit zwischen beiden Nationen war, die man in der Wilhelmstraße ebenso für ausgeschlossen gehalten hatte wie eine Annäherung zwischen St. Petersburg und Paris. War es ursprünglich noch ein Charakteristikum kolonialer und imperialistischer Expansion, daß die Großmächte in Übersee einander mit Drohgebärden gegenüberstanden und der Schatten dieser Konfrontation auch auf Europa fiel, so war nach der Jahrhundertwende das Gegenteil zu beobachten: Die Peripherie hatte den Kontinent wieder eingeholt, allerdings unter umgekehrten Vorzeichen! Indirekt trug sie nunmehr dazu bei, die Gegensätze zum Teil zu mildern sowie den Weg zu einem festgefügten Dualismus in Europa zu ebnen. Und die deutsche Flottenrüstung hatte das ihre dazu beigetragen, die »Weltpolitik« letztlich wieder zur Europapolitik zu machen.

Doch die europäische Herrschaft konnte keineswegs in allen überseeischen Kolonien als gesichert gelten. Unruhen, die den Keim künftiger Konflikte in sich trugen, schadeten in jedem Fall dem Image der verantwortlichen Kolonialmacht. Die überseeischen Rivalen waren in der Regel schnell mit der Empfehlung zur Hand, den Widerstand einheimischer Gesellschaften rücksichtslos zu brechen, nicht um dem Nachbarn eine harmonische Herrschaft zu ermöglichen, sondern um ein Übergreifen der Auseinandersetzungen auf das eigene Territorium zu unterbinden. 1904 sah sich das Reich nicht zum ersten Male mit einem Aufstand in den eigenen

Kolonien konfrontiert, Ausmaße und Intensität der Unruhen in Deutsch-Südwestafrika nahmen aber rasch eine ungeahnte Dimension an, die die Herrschaft mit einem großen Fragezeichen versah.

Bereits vor der Erhebung der indigenen Bevölkerung waren sowohl das Verhältnis zwischen Einheimischen und Deutschen wie auch die militärische Konstellation zwischen deutschen und englischen Kolonien Gegenstand von Memoranden aus englischer Feder[62]. Anlaß dazu hatten vor allem die Unruhen in Deutsch-Südwestafrika in den neunziger Jahren gegeben, die zwar Befürchtungen in der Kapkolonie auslösten, in London jedoch nicht mit derselben Aufmerksamkeit verfolgt wurden. In Süd(west)afrika, wo seit jeher deutsche »men on the spot« auf außerordentliche Reserviertheit stießen, hatte sich im Verlaufe dieser Konflikte die Aversion gegen den Nachbarn nur verstärkt. In der Unfähigkeit, der Situation in der eigenen Kolonie Herr zu werden, wurde letztlich eine nachträgliche Bestätigung dafür gesehen, daß der Widerstand gegen die Gründung des deutschen Kolonialreichs berechtigt gewesen war. Nun galt es, sich mit dieser unerfreulichen Realität abzufinden[63]. Ein permanentes Problem resultierte aber aus der Tatsache, daß englische wie deutsche Kolonien sich nicht so wirksam voneinander abschotten konnten, daß die Auswirkungen des Widerstandes der indigenen Bevölkerung gegen den kolonialen Neuling auf Deutsch-Südwestafrika beschränkt blieben.

Noch bevor im Januar 1904 der eigentliche Aufstand gegen die deutschen Kolonialherren[64] begann und die Herero aufgrund der Unerfahrenheit und geringen Stärke der in Südwestafrika stationierten Truppen eine Reihe militärischer Erfolge erzielten, war London über Unruhen informiert worden. Bereits zuvor hatte die Kapregierung die Anweisung erteilt, Aufständische bei Grenzübertretungen zu entwaffnen. Der Eindruck einer ernsten Krise der deutschen Kolonialmacht spiegelte sich auch in den Nachrichten, die Cleverly nach Kapstadt sandte. Zwar waren ihm der unmittelbare Anlaß der Erhebung und Absprachen zwischen einzelnen Gruppen der indigenen Bevölkerung nicht bekannt, doch warnte er nach ihm vorliegenden Erkenntnissen dringend davor, die Folgen dieser Entwicklung zu unterschätzen. Die Ausmaße des Aufstandes waren nach seinem

[62] Vgl. Fröhlich, Von Konfrontation zur Koexistenz, S. 225.

[63] Vgl. Uncomfortable Neighbours. In: St. James Gazette, 22. Juni 1904.

[64] Vgl. Arnold Valentin Wallenkampf, The Herero Rebellion in South West Africa, 1904–1906. A Study in German Colonialism. Phil. Diss. Los Angeles 1969 (Ann Arbor 1977); Jon M. Bridgman, The Revolt of the Hereros. Berkeley 1981; Gunter Spraul, Der »Völkermord« an den Herero. Untersuchungen zu einer neuen Kontinuitätsthese. In: GWU 38 (1988), S. 713–739.

Wissen alarmierend, und er schien von der Gesamtheit der Einheimischen getragen zu werden. Die koloniale Entwicklung Deutsch-Südwestafrikas unter Gouverneur Theodor Leutwein, der gegenüber den Einheimischen eine kompromißbereite Haltung einnahm, im Rahmen seiner »divide et impera-Politik« aber nicht selten gegen den Widerstand der weißen Siedler kämpfen mußte, gab am Ende aus englischer Perspektive genügend Anlaß, die Politik gegenüber den Einheimischen mit Mißtrauen zu verfolgen. Nicht zu übersehen war, daß die durch verschiedene, nicht nur von der Kolonialmacht zu verantwortende Faktoren ausgelöste wirtschaftliche Armut der Herero ihre offenkundige Rechtsunsicherheit sowie die »rassistische Ideologisierung«[65] zunehmend das Leben in der ersten deutschen Kolonie prägten und entscheidende Gründe für die Erhebung darstellten.

Was in Afrika in den Augen der Zeitgenossen not tat, war eine deutsch-englische Kooperation in all den Fragen, die benachbarte Kolonien gleichermaßen betrafen. Dazu gehörte im Prinzip auch eine einheitliche Politik gegenüber den einheimischen Gesellschaften. Den Engländern in Südafrika war dieses pragmatische Gebot nicht neu. Aber während des Burenkriegs war eine engere Zusammenarbeit nicht möglich. Darüber hinaus hatte es ohnehin lange gedauert, bis die deutlich ausgeprägte südafrikanische Reserviertheit gegenüber dem kolonialen Nachbarn einer zunehmenden Gewöhnung Platz machte. Eine sehr nüchterne und realistische Charakterisierung der beiderseitigen Beziehungen gab die ›African World‹ im Dezember 1905 unter der Überschrift »Germany and Britain in Africa«. In Ost-, West- bzw. Südafrika existierte zwar, so das Blatt, eine gemeinsame Grenzlinie von mehreren tausend Kilometern, doch bewirkte dieser Umstand nach Meinung des Verfassers noch lange keine deutsch-englische Zusammenarbeit bei der »Zivilisation« des Kontinents. »Nächstenliebe« durfte keineswegs dazu führen, im benachbarten Territorium an der Niederschlagung eines Aufstands mitzuwirken, um dadurch im eigenen Territorium die Gefahr einer noch größeren Revolte auszulösen.

Der Aufstand, der erst 1907 niedergeschlagen wurde und die Wahlen im Reich nicht unberührt ließ (»Hottentottenwahlen«)[66], wirkte sich in mancherlei Beziehung auf die bilateralen Verhältnisse in Afrika aus. Zum einen hatte sich sehr deutlich gezeigt, daß das in

[65] Gründer, Geschichte der deutschen Kolonien, S. 117.

[66] Vgl. Wolfgang Reinhard, »Sozialimperialismus« oder »Entkolonialisierung der Historie«. Kolonialkrise und »Hottentottenwahlen« 1904–1907. In: Hist. J. 97/98 (1978), S. 384–417.

Europa beschworene Stereotyp von den gemeinsamen Interessen der »weißen Rasse« in Übersee kaum Wirkungen zeitigte. Ferner hatten die Unruhen zur Folge, daß das Negativbild der deutschen Kolonialherrschaft eine erneute Bestätigung erfuhr. Die wenigen moderaten Stimmen, die dem Deutschen Reich eine Lernphase zubilligten, wurden hoffnungslos in den Hintergrund gedrängt. Außerdem war die zunehmende deutsche Truppenstärke in Südwestafrika nicht nur in der Presse, sondern auch in ernster zu nehmenden englischen Memoranden Anlaß zur Sorge. Die Formulierung »case of war with Germany« tauchte immer häufiger auf und schlug sich in militärischen Planspielen nieder, die zwar Vorläufer in der Zeit vor dem Aufstand gehabt hatten, nun aber in größerer Zahl entworfen wurden. Auch nach der Beendigung der Unruhen kursierten auf englischer Seite weiterhin Überlegungen, wie mit Südwestafrika im Kriegsfall am besten zu verfahren sei. In ihren Denkschriften gingen die Militärs allerdings stets davon aus, daß die Ursachen für militärische Konflikte zwischen beiden Nationen in Europa liegen würden. In der Tat war die »Weltpolitik« wieder zur Europapolitik geworden. Selbst ein wenig harmonisches Nebeneinander in Übersee schien den Zeitgenossen kaum ein hinreichender Kriegsgrund zu sein.

Vergleicht man die offizielle englische Haltung gegenüber der Serie von Unruhen, die innerhalb deutscher Schutzgebiete seit ihrer Gründung zu verzeichnen waren, so ergab sich eine konstante Einstellung, die alles in allem durch das Bemühen charakterisiert war, unter keinen Umständen mit dem Reich als Kolonialmacht in Verbindung gebracht zu werden. Dies traf zu für den Zeitraum der gemeinsamen deutsch-englischen Blockade der ostafrikanischen Küste 1888/89, für die Unruhen in den neunziger Jahren in Deutsch-Südwestafrika sowie für die Phase der großen indigenen Aufstände zu Beginn dieses Jahrhunderts. Eine Solidarität der »weißen Rasse« wurde zwar vom Reich immer wieder angemahnt, in Europa – selbst in der englischen Presse – größtenteils auch für selbstverständlich gehalten, von den Vertretern der erfahrenen Kolonialmacht in Afrika allerdings nur ungern geübt. Wohl hatte man sich mittlerweile nolens volens zu einer »friedlichen Koexistenz« bereit gefunden, effektive Zusammenarbeit war damit aber noch nicht notwendigerweise verknüpft. Die Politik gegenüber einheimischen Gesellschaften glich einem Minenfeld, das beide Mächte bisher immer getrennt und damit paradoxerweise auch wieder verbunden hatte. Summa summarum war der deutsche Kolonialbesitz in englischen Augen nicht so attraktiv, als daß sich um seinetwillen ein ernsthafter

Disput bzw. militärischer Konflikt gelohnt hätte. Gerade weil die deutschen Möglichkeiten territorialer Expansion beschränkt waren und damit nicht zu einer existentiellen Bedrohung für das britische Empire erwachsen konnten, sah London keinen Anlaß, der deutschen Ausdehnung unüberwindliche Hindernisse in den Weg zu legen. Und nach der Niederschlagung des Aufstandes in Deutsch-Südwestafrika zeichnete sich allmählich die Tendenz ab, daß die Entwicklung der deutsch-englischen Kolonialbeziehungen gewissermaßen umgekehrt proportional zu dem allgemeinen deutsch-englischen Antagonismus verlief. Während sich das Gesamtverhältnis der beiden Nationen von »bilateraler Normalität«[67] zur Konfrontation entwickelte, traf für die Begegnung der »men on the spot« eher das Gegenteil zu.

Nach dem Pronunziamento deutscher »Weltpolitik« zeigte sich Wilhelm II. an überseeischem Besitz erst recht wenig interessiert. In seinem unruhigen Kopf nahm zu Beginn des 20. Jahrhunderts ein ganz anderer Plan Gestalt an, der engstens mit der Niederlage Rußlands in der Seeschlacht von Tsushima am 27. Mai 1905 verknüpft war. Die Ergebnisse des russisch-japanischen Krieges waren für die Großmächte von einschneidender Bedeutung. Japan avancierte nach seinem Sieg zur Vormacht im Fernen Osten, und Rußland rang sich nach der vernichtenden Niederlage zu einem außenpolitischen Kurswechsel durch, dessen Kompaßnadel wieder auf Europa und ganz besonders auf Südosteuropa gerichtet war. Damit schien ein Konflikt mit Österreich-Ungarn unvermeidlich, das sich zwar der überseeischen Expansion enthalten hatte, aber durchaus machtpolitische Ambitionen vor der eigenen Türschwelle demonstrierte. Noch während des russisch-japanischen Krieges war Berlin bemüht, das Zarenreich von dem Nutzen eines Bündnisses mit dem Deutschen Reich und der Wertlosigkeit der Allianz mit Frankreich zu überzeugen. Hinter dem deutschen Ansinnen stand sogar die Hoffnung, auch den Widerstand der französischen Diplomaten gegen ein Zusammengehen mit dem Reich zu brechen und die Zerstörung der deutschen Flotte durch eine Kontinentalliga zu verhindern.

Am 23./24. Juli 1905 traf sich Wilhelm II. mit Zar Nikolaus II. bei

[67] Klaus Hildebrand, Zwischen Allianz und Antagonismus. Das Problem bilateraler Normalität in den britisch-deutschen Beziehungen des 19. Jahrhunderts (1870–1914). In: Heinz Dollinger, Horst Gründer und Alwin Hanschmidt (Hrsg.), Weltpolitik. Europagedanke. Regionalismus. Festschrift für Heinz Gollwitzer. Münster 1982, S. 305–331; Gustav Schmidt, Great Britain and Germany in the Age of Imperialism. In: WS 4 (1986), S. 31–52; ders., Das Einmaleins politischer Konflikte. Zum Verhältnis von Regime-Unterschieden und Großmachtambitionen in den deutsch-britischen Beziehungen 1870–1914. In: GG 11 (1985), S. 508–527.

Björkö. Tatsächlich gelang es ihm, seinen Gesprächspartner zur Unterschrift unter einen Bündnisvertrag zu bewegen[68]. Doch nicht nur die russischen Diplomaten erkannten in diesem Abkommen keinen Nutzen, auch Tirpitz befürchtete für seine Flotte negative Auswirkungen. Würde England ein deutsch-russisches Bündnis nicht als Provokation betrachten? Der »Vertrag von Björkö« löste sich schließlich in nichts auf, weil die russischen Diplomaten an ihrem französischen Bündnispartner festhielten, obwohl er sie in dem Konflikt mit Japan nur sehr zögernd unterstützt hatte. Damit war eine Gegenstrategie gescheitert, die in Berlin angesichts der »Entente cordiale« sowie des deutsch-englischen Antagonismus entwickelt worden war. Den Diplomaten in der Wilhelmstraße fiel es darüber hinaus schwer, von der Illusion Abstand zu nehmen, daß ein englisch-russischer Krieg im Bereich des Möglichen lag.

Im März 1905, also ein Jahr nach dem Abschluß der »Entente cordiale«, wurde der Startschuß für eine zweite Gegenoffensive gegeben, die Wilhelm II. nach Tanger führte. Nach seiner Landung am 31. März unterstrich er die Unabhängigkeit des Sultans von Marokko. Zugleich forderte die deutsche Regierung die Aufhebung der Bestimmungen, die im Rahmen des »herzlichen Einvernehmens« bezüglich Marokko festgelegt worden waren. Das Ziel der Aktion war, das Abkommen zu sprengen bzw. London die Wertlosigkeit eines Bündnisses mit Paris vor Augen zu führen – und umgekehrt. Hinzu trat die Überlegung, auf diese Weise auch der französisch-russischen Allianz ihre Spitze zu nehmen. Diese von Berlin provozierte erste Marokkokrise verfolgte also nicht den Zweck, deutsche Ansprüche in Übersee einzuklagen, sondern zielte darauf ab, die Position des Reichs in Europa wieder zu festigen.

Das Ergebnis war allerdings ruinös. Zwar sah sich der französische Außenminister Delcassé im Gefolge dieser Aktion genötigt, sein Amt zur Verfügung zu stellen, doch war die von Berlin geforderte internationale Konferenz alles andere als ein Erfolg. Zum einen war der Widerstandswille der französischen Regierung nach wie vor ungebrochen, zum anderen waren die in London zur Macht gekommenen Liberalen entschlossen, dem Deutschen Reich Paroli zu bieten. Schon lange war der britische Außenminister Sir Edward Grey davon überzeugt, daß Berlin nichts anderes als die Vorherrschaft in Europa anstrebte[69]. Aus diesen Tatsachen erklärte sich die überein-

[68] Vgl. GP 19/II, Nr. 6220.

[69] Vgl. dazu auch D. W. Sweet, Great Britain and Germany. 1905–1911. In: Francis Harris Hinsley (Hrsg.), British Foreign Policy under Sir Edward Grey. Cambridge 1977, S. 216–235; R. T. B. Langhorne, Great Britain and Germany. 1911–1914. A.a.O.,

stimmende Haltung der Franzosen wie Engländer, auf der Konferenz von Algeciras[70] den deutschen Diplomaten energisch entgegenzutreten sowie auf der Aufrechterhaltung des Abkommens zu bestehen. Das Ergebnis: die Drohgebärden Berlins bewirkten, daß ein sich immer fester fügendes gegnerisches Bündnissystem entstand, das sich im Rahmen der »Entente cordiale« allenfalls in Konturen abgezeichnet hatte. Der marktschreierische Stil[71] war mit Schach beantwortet worden. In Europa gab es jetzt nur noch eine Macht, auf die das Reich zählen konnte, nämlich Österreich-Ungarn. Wer jetzt weitere Veränderungen in Europa wünschte, der öffnete den Acheron.

»Obwohl Deutschland keiner solchen Zurückweisung ausgesetzt war, wie sie Frankreich im Jahre 1898 widerfuhr«, so konnten Beamte des englischen Außenministeriums in Crowes berühmtem Memorandum vom 1. Januar 1907[72] lesen, »scheinen die mit der Algeciraskonferenz im Zusammenhang stehenden Ereignisse auf die deutsche Regierung die Wirkung einer unerwarteten Enthüllung gehabt zu haben, die deutlich die Anzeichen eines neuen Geistes verriet, in dem England sein eigenes Verhalten gegen Frankreich einerseits und gegen Deutschland andererseits zu regeln gedenkt. Daß das Ergebnis eine sehr ernste Enttäuschung für Deutschland war, ist in reichlichem Maße durch die große Unruhe offenbar geworden, die die Unterzeichnung der Algecirasakte im Lande hervorgerufen hat, indem die amtlichen, halbamtlichen und nichtamtlichen Kreise in der Äußerung ihrer erstaunten Unzufriedenheit miteinander wetteiferten.« Crowe diagnostizierte allerdings nicht nur eine um sich greifende Empörung und Ernüchterung deutscher Politiker über das Scheitern der »Weltpolitik«, sondern sprach die Überzeugung aus, daß die »Wegnahme Schlesiens im tiefen Frieden«, Bismarcks Reichseinigungspolitik sowie das Bekenntnis zur »Weltpolitik« Ausdruck zielgerichteter und konsequenter Strategie seien. Crowes politische Philosophie zeichnete sich durch ein statisches Weltbild aus, in dem trotz aller Überbeanspruchung Großbritannien den Anspruch auf Führung anmeldete. Das schloß das Recht anderer Staaten auf Expansion keineswegs aus, wie er gönnerhaft anmerkte. Auch war das englische Außenministerium nicht an einem russisch-

S. 288–314; Michael Ekstein, Sir Edward Grey and Imperial Germany in 1914. In: JCH 6 (1971), S. 121–131.

70 Vgl. dazu auch Budgett Meakin, The Algeciras Conference. In: FR 79 (1906), S. 940–947.

71 Vgl. auch Joachim Graf von Pfeil, Warum brauchen wir Marokko? München 1904.

72 Hier und im folgenden zit. nach Hölzle (Hrsg.), Quellen zur Entstehung des Ersten Weltkrieges, S. 44.

französischen Übergewicht interessiert! Deutschland stand außerdem in der Optik des englischen Beamten das Recht zu, um »intellektuelle und moralische Führerschaft der Welt [zu] wetteifern« und Kultur wie Kapital im Ausland zu verbreiten. Mit kompromißloser Härte allerdings mußte reagiert werden, sollte Deutschland Großbritanniens maritime Vorherrschaft in Frage stellen. Trotz aller vermeintlichen Konzessionen, zu denen er sich verstand, hielt er dogmatisch an der Ansicht fest, daß jeder deutsche Gewinn ein britischer Verlust sei.

In einem Punkt waren britische Analysen – und unter ihnen stellte Crowes Denkschrift keine Ausnahme dar – mit einem großen Fragezeichen versehen! Die Achillesferse ihrer Überlegungen bestand nämlich in der Unklarheit der definitiven deutschen Ziele. Wollte das Reich lediglich an der »Weltpolitik« partizipieren, dachte es an eine Neuaufteilung oder verstand es sich als zukünftiger Erbe des englischen Empire? Wohin man auch blickte, eindeutige Antworten waren nirgendwo zu erhalten. Thomas Sanderson, außenpolitischer Vertreter der Ära Salisbury, vermochte diesen Überlegungen ebensowenig ihren Schrecken zu nehmen wie Crowe, plädierte aber um so nachhaltiger für einen Ausgleich und gab selbstkritisch zu bedenken: »Es ist mir manchmal so vorgekommen, daß einem Ausländer, der unsere Presse liest, das britische Reich wie ein ungeheurer Riese erscheinen muß, der sich über den Erdball reckt, mit gichtisch-dikken, sich nach allen Richtungen streckenden Fingern und Zehen, denen man sich nicht nähern kann, ohne ihm ein Gekreisch zu entlocken.«[73] Das waren ungewöhnliche Worte aus dem Munde eines britischen Diplomaten, die in der Zukunft in Geschichtsbüchern immer wieder zitiert werden sollten, die aber in den mehr und mehr zur Normalität werdenden Turbulenzen der Zeit das Steuer nicht mehr herumwerfen konnten. Bis zum Überdruß hatte die Öffentlichkeit sich mit dem deutschen Streben nach Weltmacht auseinandergesetzt; bestand da überhaupt noch die Möglichkeit, eine Politik der Entspannung zu betreiben? Von Tag zu Tag schien sich die Überzeugung zu festigen, daß effektiver Schutz allenfalls in einem Bündnis denkbar war. Auf diese Weise ließen sich, das war die Argumentation, destabilisierende Einflüsse leichter unterdrücken. Aber – und diese Gefahr zeichnete sich den Zeitgenossen noch nicht mit allen Konsequenzen ab – der eigene Handlungsspielraum würde eingeengt und dadurch die Fähigkeit reduziert, auf Krisen flexibel zu reagieren. Doch diese Überlegungen standen nicht im Vordergrund,

[73] Zit. nach Hölzle (Hrsg.), Quellen zur Entstehung des Ersten Weltkrieges, S. 47.

als sich England zu dem die »Entente cordiale« ergänzenden Abkommen mit Rußland am 31. August 1907 verstand. Persien wurde in »drei« Interessenzonen aufgeteilt, die nördliche fiel unter russische Herrschaft, die mittlere nahm den Status eines »Niemandslandes« an, der südliche Part wurde der englischen Interessensphäre zugeschlagen. Jetzt fiel auf deutscher Seite das Wort »Einkreisung«, oder war das Wort »Auskreisung« angemessener, da weltpolitische Fragen fortan ohne deutsches Zutun gelöst werden sollten[74]? Unverkennbar war, daß Bülows »Weltpolitik« – mochte sie nun einem Konzept folgen oder lediglich ein Bekenntnis darstellen – endgültig gescheitert war. Doch der weltpolitische Grundakkord, einmal angeschlagen, ließ sich in der Öffentlichkeit nicht ohne weiteres unterdrücken und begleitete die Außenpolitik weiterhin, gewissermaßen im Hintergrund der Konflikte, die sich geographisch gesehen immer mehr dem Zentrum Europas näherten.

Der Sommer 1908 wurde erneut Zeuge einer Krise, die ihren Ursprung in einer türkischen Revolution hatte. Die »Jungtürken« klagten Reformen ein und weckten in Österreich-Ungarn die Befürchtung, daß die neue türkische Regierung Ansprüche auf Bosnien und die Herzegowina erheben würde, die Wien seit 1878 besetzt hatte. Entgegen den Bestimmungen des Berliner Kongresses entschied man sich in der österreichischen Metropole für eine direkte Eingliederung in das eigene Staatsgebiet – und löste prompt den Protest der Serben aus, die in den betroffenen Gebieten lebten. Offiziell war Rußland die Schutzmacht der Balkanstaaten, paradoxerweise war es aber der russische Außenminister Alexander Iswolsky, der die Krise zum Ausbruch kommen ließ. Dieser war mit dem österreichischen Außenminister Aloys Graf Aehrenthal in geheimen Gesprächen übereingekommen, sich wechselseitig zu unterstützen und nur gleichzeitig ihre Absichten publik zu machen, doch hatten beide Diplomaten die feindselige internationale Reaktion unterschätzt. Die russische Wunschvorstellung bestand in der Öffnung der Meerengen des Bosporus sowie der Straße der Dardanellen für russische Kriegsschiffe. Als Aehrenthal entgegen der Absprache mit dem russischen Außenminister die unverzügliche Realisierung der eigenen Ansprüche in Aussicht stellte, zeitigte dies bei Serben wie Russen, die von Iswolsky nicht unterrichtet worden waren, erbitterte Empörung; an den Grenzen marschierten Soldaten auf.

Und wie verhielt sich Berlin gegenüber dem Verbündeten? Bülow fühlte sich zur Bündnistreue verpflichtet. Den europäischen Metro-

[74] Vgl. Klaus Hildebrand, Deutsche Außenpolitik 1871–1918. München 1989, S. 36.

polen wurde damit unmißverständlich demonstriert, daß Berlin den engen Schulterschluß mit Wien suchte, um sich nicht auch des letzten Verbündeten beraubt zu sehen. Natürlich löste diese Krise allgemeines Unbehagen aus. War – so schien man sich zu fragen – das Deutsche Reich wirklich mit allen Kräften entschlossen, einer friedlichen Entwicklung den Weg zu ebnen? Wieder bestand ein Resultat der Krise in der Tatsache, daß die Mitglieder der Tripelentente enger aneinanderrückten. Eine andere Folge war, daß die österreichische Annexion als Katalysator weiterer kriegerischer Auseinandersetzungen auf dem Balkan wirkte. Das Jahr 1908 war mithin von drei gefährlichen Tendenzen untermalt: dem Drang zu Bündnissen, der allgemeinen Rüstungssteigerung sowie einer »Hörigkeit« gegenüber militärischen Beratern. Ob die politischen Entscheidungsträger in Europa die Gefährlichkeit dieser Trias bis in alle Verästelungen wahrnahmen oder bewußt die Augen vor ihr verschlossen, kann nicht mit letzter Sicherheit entschieden werden.

Der deutschen Öffentlichkeit zumindest entfaltete sich diese verhängnisvolle Interdependenz nicht in allen Konsequenzen. Und sie war letztlich mit dem Status quo nicht unzufrieden, immerhin entwickelte sich das Reich bis 1914 zu einer der stärksten Industrienationen der Welt[75]. Die deutsche Außenpolitik war durch parvenühafte Züge gekennzeichnet – entsprechend dem Auftreten ihrer Repräsentanten, die im allgemeinen mehr durch theatralische Posen und Ziellosigkeit glänzten als durch eine maßvolle Vertretung ihrer Interessen.

Wie war dieser Malaise abzuhelfen? Die Absicht, den außenpolitischen Kurs auf ein erreichbares Ziel hin auszurichten und beispielsweise die Verantwortlichkeit des Kanzlers gegenüber dem Reichstag zu erhöhen, war – wie die Daily-Telegraph-Affäre zeigte – nur mit einem geringen Beharrungsvermögen gepaart und das Ergebnis ein altbekanntes: Die anfängliche, heftige Reichstagsdebatte über das Vergehen des Kaisers zeichnete sich durch den Hang zu rhetorischen Übertreibungen aus, denen jede Durchschlagskraft fehlte. Und so verstrich erneut die Chance, durch eine Verfassungsreform stärkeren Einfluß auf die Gestaltung der Politik auszuüben. Was war geschehen?

Die Londoner Zeitung ›Daily Telegraph‹ veröffentlichte am 28. Oktober 1908 ein Interview mit Wilhelm II., in dem der Kaiser nicht mit Kritik an ausländischen Mächten sparte und sich darüber hinaus zu der Aussage verstieg, er habe während des Krieges gegen

[75] Für den Aufstieg zum Industriestaat vgl. Tilly, Vom Zollverein zum Industriestaat, S. 77–152.

die Buren – denen er in der Krüger-Depesche gratuliert hatte – einen Kontinentalbund gegen England verhindert und einen Feldzugsplan dorthin gesandt. Im Ausland, vor allem in Großbritannien, entzündeten diese Bemerkungen zwar keinen Sturm der Entrüstung[76], wohl aber im Reich selbst, wo die Empörung über die erneute Entgleisung des Kaisers groß war. Die Forderung im Reichstag war theoretisch naheliegend: Die Prärogative des Kaisers mußte beschnitten und ihm selbst mußten Fesseln angelegt werden, um Schaden vom Reich fernzuhalten. Die Ironie des Schicksals wollte es, daß sich Wilhelm II. in diesem Fall an die Verfassung gehalten und dem Kanzler den Text zur Lektüre zugeleitet hatte. Dieser nahm sich allerdings nicht die Zeit, die Durchschrift zu prüfen, sondern betraute damit einen untergeordneten Beamten. Dazu mochte sich Bülow in der Reichstagsdebatte nicht bekennen, er distanzierte sich dezent von der Veröffentlichung und plädierte für eine stärkere Zurückhaltung des Kaisers. Wilhelm II. fügte sich diesem Votum, das Verhältnis zu dem von ihm verfassungsmäßig abhängigen Kanzler war indes irreparabel zerstört, fortan keine Rede mehr davon, daß es sich um einen »Prachtkerl« handelte.

[76] Vgl. u. a. J. Ellis Barker, The Foreign Policy of Emperor Wilhelm II. In: NCA 63 (1908), S. 26–37.

Marokko

»Hurrah! Eine Tat«, so konnte man am Morgen des 2. Juli 1911 in der ›Rheinisch-Westfälischen Zeitung‹ lesen. Dieser Aufschrei der Erleichterung war durch eine Aktion ausgelöst worden, die Staatssekretär Alfred von Kiderlen-Wächter inszeniert hatte und die Diplomaten allenthalben vor ein Rätsel stellte. Die Zeitung berichtete weiter: »Es wird wie ein jubelndes Aufatmen durch unser Volk gehen. Der deutsche Träumer erwacht aus zwanzigjährigem Dornröschenschlaf. Endlich eine Tat, eine befreiende Tat, die den Nebel bittersten Mißmutes in deutschen Landen zerreißen muß.«[1] Und gleichzeitig nutzte das Blatt die Gelegenheit, mit den Kanzlern der Vergangenheit abzurechnen, die sich der Nachfolge Bismarcks unwürdig erwiesen hätten. Dazu zählte kein geringerer als einer der Architekten deutscher »Weltpolitik«, Bernhard von Bülow, der dem Reich eine Niederlage nach der anderen bereitet hätte: »In den zwei Jahrzehnten nach dem Abgang des großen Reichsschmiedes haben unfähige Nachfolger Mißerfolg auf Mißerfolg gehäuft. In feiger Furcht sind die unwürdigen Nachkömmlinge der Helden von 1870 Schritt für Schritt vor den Herausforderungen des Auslandes zurückgewichen. Eine Fülle von Demütigungen haben die Caprivi und Hohenlohe und Bülow auf unser Volk gehäuft, als ob wir nicht die volksstärkste Nation in Europa wären, als ob wir uns mit unseren berechtigten Machtansprüchen nicht auf ein Heer von 5 Mill. Bajonetten stützen könnten und auf eine Flotte, die nicht mehr zu verachten ist […]«.

Das waren deutliche Worte! Die Außen- bzw. »Weltpolitik« Bülows hatte 1907 mit dem englisch-russischen Abkommen ihr Ende gefunden und hinterließ nichts, was zu Hoffnungen auf den Status einer allseits anerkannten Weltmacht oder zu einem gewinnbringenden Ausgleich mit anderen Mächten berechtigte. Die Folge war zwar kein erklärter Verzicht auf »Weltpolitik«, wohl aber eine Beschränkung in der Option der Mittel. Fortan wurden die gegnerischen Allianzen einem Härtetest unterzogen, denn garantiert war ja keineswegs, daß der einmal vollzogene Schulterschluß allen Belastungen standhalten würde. Aber genau das war, wie die Zukunft zeigen sollte, der Fall. Und deswegen mochte die Presse im Juli tri-

[1] Hier und im folgenden zit. nach Fenske, Unter Wilhelm II., S. 303ff.

umphieren, das Ergebnis des »Panthersprungs nach Agadir«[2] würde die verantwortlichen Redakteure keineswegs zufriedenstellen, und der territoriale Gewinn, den das Reich nach Beendigung der provozierten Krise einstreichen konnte, stand wieder einmal in keinem rechten Verhältnis zu dem Getöse, den Drohgebärden, kurz: dem marktschreierischen Stil, der die Aktion von Anfang an begleitete.

Im Frühjahr 1911 hatte die französische Regierung anläßlich von Unruhen Truppen nach Fez in Marokko gesandt, um die dort lebenden Ausländer zu schützen. Diese Maßnahme fand, daran gab es keinen Zweifel, keine Deckung durch das Abkommen von Algeciras. Trotz deutscher wirtschaftlicher Interessen neigte Kiderlen-Wächter allerdings dazu, das Terrain aufzugeben, freilich nicht ohne Kompensationen. Der französische Teil des Kongo wäre ein angemessener Ausgleich gewesen. Die Frage jedoch, wie sich ein solch respektables Ergebnis erzielen ließ, wurde von dem Staatssekretär auf eine Weise beantwortet, die das Gegenteil des Intendierten bewirkte. Der Kaiser ließ sich zur Demonstration einer martialischen Gebärde überreden und stimmte der Entsendung des Kanonenboots ›Panther‹ nach Agadir zu.

Bereits in der ersten Runde schien der Kampf verloren. In Paris war man alles andere als geneigt, dem deutschen Druck nachzugeben, schon deshalb nicht, weil ein kampfbereiter Verbündeter zum entschlossenen Widerstand mahnte. In London war man sich im übrigen nicht ganz schlüssig darüber, welchem Ziel die deutsche Aktion diente, möglicherweise einem Flottenstützpunkt am Atlantik. Gegenüber dem deutschen Botschafter stellte der britische Außenminister klar, daß seine Regierung in dieser Angelegenheit über die weiteren Schritte unterrichtet werden wolle. Kiderlen-Wächter dachte nicht daran. Die Folge: In London steigerte sich die Unruhe, und der britische Schatzkanzler David Lloyd George, der in der Vergangenheit als Pazifist und radikaler Anti-Imperialist aufgetreten war, machte in einer Rede anläßlich des jährlichen Festessens Londoner Finanzleute am 21. Juli unverblümt deutlich, daß der Frieden nicht um jeden Preis aufrechterhalten werden könne. Nun konnte erst recht keine Rede mehr davon sein, daß die französische Seite Konzessionen machte, auch wenn Rußland – der zweite Verbündete – den Bündnisfall nicht als gegeben ansah.

»Die Verständigung mit uns über die Aufteilung steht ihnen noch frei. Wollen sie nicht«, so war in der ›Rheinisch-Westfälischen Zeitung‹, die den Text von der ›Norddeutschen Allgemeinen Zeitung‹

[2] Vgl. Emily Oncken, Panthersprung nach Agadir. Die deutsche Politik während der Zweiten Marokkokrise 1911. Düsseldorf 1981.

übernommen hatte, weiter zu lesen, »dann mag der ›Panther‹ die Wirkung der Emser Depesche haben. Das deutsche Volk wird zeigen, daß es seine Ehre zu wahren weiß.« Der Einsatz dieser Ehre brachte dem Reich lediglich 263 000 Quadratkilometer ein, einen Teil des französischen Kongo. Und er verlangte zusätzlich die Abtretung eines Teils von Kamerun. Dieses Fiasko stellte keine Partei zufrieden, und der Autorität des neuen Kanzlers Bethmann Hollweg wurde ein heftiger Schlag versetzt. Noch vor Beendigung der Krise hatte Helmuth von Moltke, Chef des Generalstabs der Armee, »drohend« seiner Frau geschrieben: »Die unglückselige Marokko-Geschichte fängt an, mir zum Halse herauszuhängen. [...] Wenn wir aus dieser Affäre wieder mit eingezogenem Schwanz herausschleichen, wenn wir uns nicht zu einer energischen Forderung aufraffen können, die wir bereit sind mit dem Schwert zu erzwingen, dann verzweifle ich an der Zukunft des Deutschen Reichs. Dann gehe ich. Vorher aber werde ich den Antrag stellen, die Armee abzuschaffen und uns unter das Protektorat Japans zu stellen, dann können wir ungestört Geld machen und versimpeln.«[3]

Einige tausend Quadratkilometer afrikanischen Territoriums reichten nicht aus, um die Empörung über das Ergebnis zu lindern und das Vertrauen in die politische Führung wiederherzustellen. Und diese Spannung war bei weitem nicht das einzige Resultat! Natürlich verschlechterte sich weiterhin das Verhältnis zwischen dem Reich und den Entente-Mächten, die Rüstungsspirale wurde angezogen und zunehmend kamen Zweifel auf, ob die eskalierenden Konflikte in eine friedliche Lösung münden würden. Denn im Gefolge der zweiten Marokkokrise hatte Italien »prophylaktisch« Tripolitanien besetzt, dadurch war es zu einem Krieg mit der Türkei gekommen, und die Balkanstaaten nutzten die Gunst der Stunde, die Türkei um ihre europäischen Besitzungen zu erleichtern. Nichts deutete darauf hin, daß pazifistische Strömungen oder auf Ausgleich bedachte Kräfte die Oberhand gewinnen würden. Viel zu viele Kräfte zogen in unterschiedliche Richtungen, und wer Frieden auf seine Fahnen schrieb, konnte sicher sein, daß ihm die Militärs die Gefolgschaft versagen würden. Zumindest stellte er unter Beweis, daß er mit den Regeln der modernen Welt nicht wirklich vertraut war. Parteien und Verbände schienen sich in nationalistischen Tönen übertrumpfen zu wollen. Der politische Manövrierraum der Regierung wurde enger, enger aber auch die militärische Zusammenarbeit zwischen den Entente-Mächten; England und Frankreich schlossen eine Marine-

[3] Erinnerungen, Briefe, Dokumente. Stuttgart 1922, S. 326.

konvention, Grey und Paul Cambon, französischer Botschafter in London, verstanden sich zu einem offiziellen Briefwechsel, der den Generalstabsplan in ein regelrechtes Abkommen umwandelte.

Der Proteststurm, der in Deutschland der zweiten Marokkokrise folgte, warf weitreichende Fragen auf. Hatte sich die konstitutionelle Monarchie in dem »Kampf ums Dasein« überhaupt bewährt? Auf jeden Fall verlor die Regierung zusehends an Autorität, und die Zukunft sollte zeigen, daß Bethmann Hollweg und seine Politik des Rapprochements mit Großbritannien dem Nationalismus mehr oder weniger hilflos gegenüberstanden; dies nicht zuletzt deshalb, weil der Ausgleich mit London gleichsam als nationaler Verrat angesehen wurde, nachdem die Engländer – so schien es – in der Marokkokrise blankgezogen hatten. Dieser Nationalismus war keineswegs ein Phänomen, das lediglich die Groß- bzw. Weltmächte charakterisierte. Er grassierte ebenso an der europäischen Peripherie, insbesondere auf dem Balkan. Freilich war die Entwicklung der Balkanstaaten zu einem erheblichen Teil abhängig von dem Schicksal eines Staates, an dem die europäischen Metropolen in der Vergangenheit größtes Interesse gezeigt hatten, dem Osmanischen Reich. Erst die Desintegration dieses Herrschaftssystems bot die Möglichkeit einer eigenständigen Entwicklung der Balkanstaaten, aber genau dieser Prozeß war den europäischen Regierungen alles andere als willkommen. Ein Reformprogramm, das Österreich-Ungarn und Rußland der Türkei oktroyierten, verfehlte sein Ziel; der Widerstand der einheimischen Bevölkerung gegen die türkische Herrschaft nahm an Intensität zu, und als Österreich-Ungarn die Provinzen Bosnien und Herzegowina annektierte, steigerte sich die nationalrevolutionäre Unruhe erst recht. Geographisch gesehen schoben sich die Krisenherde immer näher an das europäische Zentrum. Der italienisch-türkische Krieg hatte in den Balkanstaaten die Befürchtung geweckt, daß Wien diese Auseinandersetzungen dazu benutzen könnte, sich das türkische Relikt in Europa auch noch anzueignen. Als Folge wurde im März 1912 zwischen Serbien und Bulgarien ein Bündnis mit dem Zweck geschlossen, sich im Falle eines Angriffs wechselseitige Hilfe zu leisten, geschlossen europäischen Annexionsabsichten entgegenzutreten sowie zu einer übereinstimmenden Haltung gegenüber der Türkei zu finden. Es dauerte nur kurze Zeit, bis sich Griechenland und Montenegro diesem Abkommen anschlossen. Damit war der Balkanbund gegründet, der im Oktober 1912 den Rubicon überschritt und die türkischen Streitkräfte bis an die Meerengen zurückdrängte. Problematisch gestaltete sich nicht der militärische Sieg, wohl aber die Verteilung der Beute.

Für jedermann war offensichtlich, daß die europäische Herrschaft des »kranken Mannes am Bosporus« ihr Ende nahm. In einer der sensibelsten Zonen Europas hatte sich ein machtpolitisches Vakuum gebildet, das die Großmächte auf den Plan rief und Österreich-Ungarn wie Rußland in Frontstellung zueinander brachte. Während St. Petersburg sich dem Ziel der Beherrschung der Meerengen immerhin genähert hatte, konstatierte Wien einen Machtverlust schlimmsten Ausmaßes. Der Gedanke an eine offensive Balkanpolitik schien sich fortan regelrecht zu verbieten, irredentistische Bewegungen in südslawischen Territorien gewannen an Selbstbewußtsein und zu erwarten war eine verstärkte Opposition Serbiens wie Montenegros. Ein Erfolg allerdings ließ sich verbuchen: Albanien erklärte auf österreichisches Drängen hin seine Unabhängigkeit und versperrte Serbien damit den Weg an die Adria.

Natürlich hatte das Reich das Geschehen nicht mit teilnahmslosem Blick verfolgt, auch wenn es in dieser Region keine direkten Interessen verfolgte und in einer serbischen Präsenz an der Adria für Österreich-Ungarn keine Gefahr sah. Entscheidend war für Berlin die Überlegung, daß das Bündnis mit der Donaumonarchie durch den Balkankonflikt keineswegs gesprengt würde. Bereits in der bosnischen Annexionskrise hatte Bülow vor einer Situation gewarnt, in der »Österreich-Ungarn das Vertrauen zu uns verlöre und von uns abschwenkte«[4]. An dieser Haltung änderte sich im Laufe der folgenden Jahre wenig, unbedingte Unterstützung wurde zugesichert!

Da Rußland Serbien und Bulgarien gewissermaßen als Nothelfer bestellt hatte und der Balkan der russischen Interessensphäre zugeschlagen werden sollte, zeichnete sich ein Großmachtkonflikt mit Österreich-Ungarn ab, das in dem Zweibund mit Berlin die einzige Absicherung für einen Präventivschlag gegen Rußlands Satelliten sah. Neben dem Reich war allerdings auch England an einer friedlichen Lösung interessiert. Fernab der Querelen über Flottenrüstung und Handelsrivalität schien sich die Perspektive einer Zusammenarbeit mit Großbritannien zu eröffnen, und dies auf einem Gebiet, das durch Konflikte der Vergangenheit noch nicht belastet war. Diese Kooperation durfte das Bündnis mit Österreich-Ungarn allerdings nicht in Frage stellen, darin bestand die Gratwanderung der deutschen Politik, darin bestanden die Grenzen der Manövrierfähigkeit. Eine entsprechende Warnung an die russische Adresse während einer Reichstagsrede wurde in London allerdings prompt beantwortet. England würde, so bekam der deutsche Botschafter zu hören, in

[4] GP 26/I, S. 50f.

einem militärischen Konflikt nicht stiller Zuschauer sein und eine Niederlage Frankreichs auf keinen Fall hinnehmen.

Die deutschen Diplomaten zeigten sich von dieser Mitteilung keineswegs beeindruckt, verärgert war allerdings Wilhelm II., der anläßlich einer Zusammenkunft mit Tirpitz, Moltke, dem Chef des Admiralstabs, August von Heeringen, und dem Chef des Marinekabinetts, Georg Alexander von Müller, am 8. Dezember 1912 seiner Empörung Luft machte[5]. Präsent waren lediglich Militärs, keine Politiker! Der Kaiser plädierte für ein kräftiges Auftreten Österreich-Ungarns gegenüber den »auswärtigen Slaven«. Der Krieg, so führte der Monarch weiter aus, sei unvermeidlich, wenn »Rußland die Serben stütze«. Moltke assistierte. Er wünschte einen Krieg, den er für unvermeidbar hielt, zum frühestmöglichen Zeitpunkt! Ganz anders Tirpitz, der ein Hinausschieben um eineinhalb Jahre vorzog. Die Diskussion blieb ohne konkretes Ergebnis, Bethmann Hollweg wurde erst Tage nach der Begegnung von ihr unterrichtet. Anlaß dieser Besprechung war die Balkankrise, und diese war es auch, die ein deutsch-britisches Krisenmanagement herbeiführte.

Seit dem 17. Dezember 1912 tagte die sogenannte Londoner Botschafterkonferenz, der es tatsächlich gelang, den Konflikt noch einmal beizulegen: Albanien wurde selbständig, und Serbien blieb von der Küste ausgeschlossen. Auch wenn die praktische Umsetzung dieser Bestimmungen mit Problemen regelrecht befrachtet wurde, war es doch gelungen, die Balkankrise zu lokalisieren und ein militärisches Aufeinanderprallen der Großmächte zu verhindern. Der Erfolg war nicht von langer Dauer, im Juli 1913 brach ein zweiter Balkankrieg aus, in dem Serbien gegenüber dem österreichischen Satellitenstaat Bulgarien die Oberhand behielt und als Gewinner aus dem Konflikt hervortrat. Bethmann Hollweg drängte den österreichischen Außenminister Leopold Graf Berchtold zur Mäßigung, erneut fanden vermittelnde Gespräche mit England statt.

Auch wenn das Inferno jetzt noch einmal abgewendet werden

[5] Zum sog. Kriegsrat vgl. Georg Alexander von Müller, Der Kaiser. Aufzeichnungen des Chefs des Marinekabinetts Admiral Georg Alexander v. Müller über die Ära Wilhelms II. Hrsg. von Walter Görlitz. Göttingen 1965, S. 124f.; John C. G. Röhl, An der Schwelle zum Weltkrieg. Eine Dokumentation über den »Kriegsrat« vom 8. Dezember 1912. In: MM 21 (1977), S. 77–134; Wolfgang J. Mommsen, Der Topos vom unvermeidlichen Krieg. Außenpolitik und öffentliche Meinung im Deutschen Reich im letzten Jahrzehnt vor 1914. In: Jost Dülffer und Karl Holl (Hrsg.), Bereit zum Krieg. Kriegsmentalität im wilhelminischen Deutschland 1890–1914. Göttingen 1986, S. 221 (Anm. 27); John C. G. Röhl, Kaiser, Hof und Staat. Wilhelm II. und die deutsche Politik. München 1988, S. 246 (Anm. 1).

konnte, so war den Verantwortlichen doch unabweislich und dramatisch vor Augen geführt worden, daß die Balkanstaaten sich das Gesetz des Handelns nur mühsam diktieren ließen. Unverkennbar war auch, daß sich in dieser europäischen Region eine »Konfliktdynamik eigener Provenienz« herausgebildet hatte, die nichts mit überseeischer Rivalität gemein hatte. Und schließlich blieb dem analytischen Blick nicht verborgen, daß weder Rußland noch Österreich-Ungarn über geeignete Instrumentarien verfügten, um sich der unbedingten Gefolgschaft ihrer Satelliten zu versichern. Doch im Gegensatz zu früheren Auseinandersetzungen, die sich an der europäischen Peripherie ereigneten, kämpfte Wien nicht auf einem Nebenkriegsschauplatz. Die Donaumonarchie sah sich einer vitalen Gefährdung ihres Großmachtstatus' in Europa gegenüber und fand in Serbien einen Nachbarn, dessen aggressive Außenpolitik von innenpolitischen Fesseln frei war. Noch etwas kam hinzu, was sich maßgeblich auf das psychologische Szenario am Ballhausplatz auswirkte: Während Serbien in Rußland einen »loyalen« Partner besaß, der bereitwillig assistierte, waren die europäischen Großmächte von einer expansiven Politik Österreich-Ungarns wenig angetan. Der Krise konnte jedoch – und dies zeigte die Londoner Botschafterkonferenz – ein Teil ihrer Brisanz genommen werden, weil sich London und Berlin blockübergreifend zu Teillösungen verstanden. In Whitehall verschloß man sich keineswegs der Erkenntnis, daß eine blinde Gefolgschaft den außenpolitischen Bewegungsspielraum einschränkte und damit den eigenen Interessen schadete. Die deutsch-britische Kooperation war sichtbarer Ausdruck dafür, daß zwischen den Diplomaten beider Länder Einigkeit über die »Legitimität« der Forderungen herrschte, die die gegnerischen Staaten aufstellten. Hinzu kam die Entschlossenheit, dem jeweiligen Bündnispartner die Grenzen der eigenen Unterstützung vor Augen zu führen. Und diese waren erreicht, wenn ausschließlich österreichische bzw. ungarische Interessen die Gefahr eines allgemeinen Krieges heraufbeschworen! Darüber hinaus hatte Bethmann Hollweg sich nunmehr darauf festgelegt, »Weltpolitik« nicht mehr in dem bislang üblichen marktschreierischen Stil zu praktizieren, sondern »Weltpolitik« gleichsam durch »Entspannung« gegenüber Großbritannien und »Dämpfungspolitik« gegenüber Österreich-Ungarn zu realisieren. Die Drohgebärden der Vergangenheit sollten durch politische Instrumentarien ersetzt werden. Dazu diente noch ein weiteres Kolonialabkommen, das zwischen England und dem Reich vor Kriegsausbruch paraphiert wurde.

Erneut war es Portugal, das als Nothelfer der Großmächte bestellt wurde. Und dieses Mal sollte es um eine Revision des Kolonialvertrags von 1898 gehen. Dieser Gedanke war nicht neu, schon seit längerem lag das Thema Portugal »auf dem Operationstisch des Chirurgen«[6], wie Johnston es formuliert hatte, allerdings nicht mit der Absicht, es im Sinne eines deutsch-englischen Rapprochements zu funktionalisieren. Als die Diplomaten beiderseits des Kanals diesem Gedanken näherrückten, wurden ihre Gespräche von öffentlichem Mißtrauen flankiert. Immerhin, so Stimmen in England, verhandelte man über das Terrain eines verbündeten Staates! Außerdem war im Jahr 1899 ein geheimer Vertrag mit Lissabon unterzeichnet worden, der Berlin noch nicht offiziell bekanntgegeben worden war, weil er den Besitz Portugals garantierte. Die Verhandlungen würden also mit Hypotheken der Vergangenheit belastet sein. Doch trotz aller Bedenken, die vor allem vom englischen Außenministerium immer wieder artikuliert wurden, kam es am 13. August bzw. 20. Oktober zur Paraphierung einer revidierten Fassung[7] des Vertrags vom 30. August 1898. Die wichtigsten territorialen Bestimmungen des 24 Artikel umfassenden Abkommens bestanden darin, daß das Deutsche Reich mit Rücksichtnahme auf ein holländisches Vorkaufsrecht auf den portugiesischen Teil Timors verzichtete, der ihm im Vertrag von 1898 zugewiesen worden war. Als Entschädigung wurden Sao Tomé und Príncipe in den deutschen Interessenbereich einbezogen. Beide Inseln betrachteten Zeitgenossen gemeinhin als die wichtigsten Bestandteile des portugiesischen Kolonialbesitzes. Im nördlichen Moçambique wurde die Interessenzone – im Vergleich zum alten Vertrag – durch Abtretung eines bis zum Lugera reichenden Gebietes am Sambesi zugunsten Englands verschoben. Außerdem erhielt London einen an Nordrhodesien angrenzenden Teil des östlichen Angola. Das übrige Territorium dieser Kolonie wurde der deutschen Interessensphäre zugeschlagen. Für den Fall, daß Portugal um Kredite nachsuchen sollte, einigten sich London und Berlin auf enge Zusammenarbeit. Darüber hinaus kam man überein, der Einmischung von Drittmächten gemeinsam entgegenzutreten.

Dieses Abkommen war gewissermaßen eine vertrauensbildende Maßnahme, die unter Beweis stellte, daß Vereinbarungen jenseits zementierter europäischer Bündnisse möglich waren. Gleichwohl war der Vertrag mit mancherlei Haken und Ösen versehen. Denn hinsichtlich der Realisierbarkeit besaß das Abkommen im Vergleich zu dem von 1898 nur einen geringen Vorteil. Während die Verwirklichung des Vertrags der Jahrhundertwende letzten Endes vom

[6] The Portuguese Colonies, S. 498.
[7] Vgl. GP 14/I, Nr. 3872.

Bankrott Portugals bzw. der Aufnahme einer Anleihe abhängig war, entfiel diese Voraussetzung jetzt vollständig. Statt dessen aber war die Verwirklichung jetzt von den »Lebensinteressen« der angrenzenden Territorien abhängig. Anders formuliert: Zwar entfiel die Voraussetzung portugiesischer Zahlungsunfähigkeit, jedoch war sie durch eine relativ vage Bestimmung ersetzt worden. Und da einem deutschen bzw. englischen Eingreifen Beratungen zwischen den Metropolen vorauszugehen hatten, argwöhnte Staatssekretär Gottlieb von Jagow später nicht ohne Grund, daß die Sicherung der eigenen Interessen »von dem Stande unserer allgemeinen Beziehungen zu England«[8] abhängig sein könnte.

Auch in den Kolonien mehrten sich Stimmen, die von einem bevorstehenden, ja – so schien es manchmal – unausweichlichen Krieg sprachen. Er würde seine Ursachen nicht in Übersee haben, darüber war man sich im klaren. Aber würden die Kolonien von dem erwartungsgemäß kurzen Krieg verschont bleiben? Natürlich würde die Entscheidung auf einem europäischen Schlachtfeld gesucht. Aber ebenso natürlich war, daß die »zivilisatorischen Errungenschaften« in den Kolonien Schaden nehmen würden, der Afrikaner sah Weiße gegen Weiße kämpfen! In Europa maß man diesen Befürchtungen wenig Beachtung bei; der Krieg würde kommen, früher oder später, sicher! Das »Unvermeidliche« war eine beständige Quelle der Angst, die man gern von sich wegschob.

Die Haldane-Mission

Das Bemühen um einen Ausgleich zwischen Deutschland und England war keineswegs auf Diplomaten – und auf die Jahrhundertwende – beschränkt. Angesichts der zunehmenden allgemeinen Entfremdung fragten Zeitgenossen immer wieder nach den Ursachen und entwickelten auf dem Reißbrett Projekte, die rückblickend nicht als Ausdruck fehlenden Realitätsbewußtseins zu interpretieren sind, sondern eher ein beredtes Zeugnis für die Entschlossenheit darstellten, eine Rückversicherung gegen die Eskalation zu schließen. Beiderseits des Kanals waren sich die Vertreter derartiger Überlegungen darüber im klaren, daß ihre Verständigungsstrategien den Kern des Antagonismus nicht aus der Welt schaffen konnten, aber durchaus »vertrauensbildende Maßnahmen« waren, die die Lösung zentraler Fragen flankierten.

Nach seinem Englandbesuch im Herbst 1903 verstieg sich Prinz Heinrich gegenüber Tirpitz zu der Äußerung, daß die »Katze aus

[8] Jagow an den deutschen Botschafter in London, Karl Max Fürst von Lichnowsky, 28. Juli 1914. Privatbrief, Konzept. In: GP 37/I, Nr. 14715.

dem Sack« sei. Damit spielte er auf die Tatsache an, daß die deutsche Flotte nicht unbemerkt von England durch die »Gefahrenzone« gebracht werden könne. Die Folge dieser Entdeckung: London entschloß sich zum Bau des Dreadnought-Typs (»Fürchte nichts«), eines kampfkräftigen Schiffes, und führte aller Welt vor Augen, daß die deutsche Herausforderung erkannt und Gegenmaßnahmen eingeleitet worden waren. Im Reichsmarineamt stieg natürlich die Sorge vor einem Vernichtungsschlag durch die englische Flotte. Tirpitz war jedoch entschlossen, hinter diesem qualitativen Sprung nicht zurückzustehen, das Wettrüsten hielt an. Erst die zweite Marokkokrise nötigte aus der Sicht Bethmann Hollwegs zu der Überlegung, durch eine Vereinbarung mit Großbritannien dem Konfrontationskurs ein Ende zu setzen.

Dem Hamburger Reeder Albert Ballin[9] fiel die Aufgabe zu, die englische Gesprächsbereitschaft zu erkunden. Er tat dies mit Wissen des Reichskanzlers. Die Reaktion in London war jedoch erst einmal ernüchternd. Zwar war man in der britischen Metropole durchaus zu Gesprächen bereit, doch wurde daran die Erwartung geknüpft, auf die bevorstehende Erweiterung des Flottengesetzes zu verzichten und das Bautempo zu drosseln. Im Gegenzug signalisierten die Diplomaten an der Themse Konzessionen in kolonialen Fragen und die Bereitschaft, aggressiven Bündnissen gegen das Reich eine Absage zu erteilen. Bethmann Hollweg gab seine Hoffnung auf ein Abkommen nicht auf. Zwar waren die Chancen, Tirpitz in seinem Sinne beeinflussen zu können, gering, doch kam ihm zugute, daß die Verantwortlichen in London keineswegs abgeneigt waren, Einsparungen auf dem Rüstungssektor zugunsten anderer Reformen zu verwenden. Am 8. Februar 1912 fand sich der britische Kriegsminister Richard Burdon Haldane in Berlin ein, um Möglichkeiten der Verständigung auszuloten, die – wie Vorgespräche gezeigt hatten – von Anfang an sehr begrenzt waren. Der erste Verhandlungstag stand ganz im Zeichen der Fragen, die Reibungsflächen boten: das Neutralitätsabkommen, die Flottennovelle sowie Abkommen an der Peripherie. Die Unterredungen am zweiten Tag wurden fast ausschließlich von der Flottenrüstung bestimmt, Tirpitz ließ jedoch keinen Zweifel daran, daß an eine Revision der Flottennovelle nicht zu denken sei. Eine Annäherung schien also lediglich in puncto Bautempo möglich. Aber auch in dieser Frage liefen die Verhandlungen ins Leere. Eine Einigung war nur möglich, wenn die Engländer sich zu einer bedingungslosen Neutralitätszusage für den Fall eines

[9] Vgl. Lamar Cecil, Albert Ballin. Wirtschaft und Politik im deutschen Kaiserreich 1888–1918. Hamburg 1969.

deutsch-französischen Krieges verstünden. Und daran war überhaupt nicht zu denken! Haldane reiste unverrichteter Dinge wieder ab, seine Mission war gescheitert.

Dennoch gab sich Wilhelm II. nach wie vor der Illusion hin, das Empire durch Drohgebärden einschüchtern zu können. Doch noch im selben Jahr sorgte Whitehall dafür, daß die letzten Illusionen zunichte gemacht wurden und Tirpitz' Strategie in den Orkus stürzte. Zwischen Franzosen und Engländern kam es zu einem Notenaustausch, in dem Grey die Bereitschaft erklärte, daß »jede der beiden Regierungen, falls sie ernsthaften Anlaß hat, einen unprovozierten Angriff einer dritten Macht oder ein anderes den allgemeinen Frieden bedrohendes Ereignis befürchten zu müssen, unverzüglich mit der anderen darüber verhandeln sollte, ob ein gemeinsames Vorgehen beider Regierungen ratsam ist«[10]. Die unmittelbare Folge: Die französische Flotte wurde ins Mittelmeer verlegt. England hatte deutlich signalisiert, daß es Frankreich in einer Krise beistehen würde.

Im Rückblick zeigt sich, daß die Haldane-Mission von Anfang an keine Erfolgsaussicht besessen hatte. Mit zu unterschiedlichen Erwartungen traten die Gesprächspartner einander gegenüber. Während die deutsche Seite die Priorität auf einen politischen Ausgleich legte, wollte sich der britische Kriegsminister schwerpunktmäßig auf die Erörterung der Flottenrüstung verlegen; daß auch andere Stichworte fielen, wie der Gedanke einer Abtretung Sansibars oder Pembas, fiel demgegenüber nicht so ins Gewicht. Die Formel, die Kiderlen-Wächter für ein Neutralitätsabkommen ausarbeitete, beschränkte sich nicht darauf, nur im Falle eines unprovozierten Angriffs Neutralität zu fordern. Sie verlangte, »daß jeder der Vertragspartner, wenn er in einen Krieg mit einer oder mehreren Mächten verwickelt werden sollte, sich verpflichtete, zumindest eine wohlwollende Neutralität zu beobachten und für die Lokalisierung des Konflikts bemüht zu sein«[11]. Eine solche Formel, so argwöhnte die englische Seite mit Recht, würde Deutschland freie Hand geben und gewissermaßen einen Konflikt provozieren, der Frankreich erneut mit einer militärischen Niederlage bedrohen würde. Aus der englischen Optik mußte es aber darum gehen, exakt diese Entwicklung zu verhindern.

Der Reichsleitung waren die Antriebskräfte der britischen Politik kein Geheimnis. Bethmann Hollweg und Kiderlen-Wächter stießen

[10] Zit. nach E. L. Woodward, Great Britain and the German Navy. Oxford 1935, S. 380ff.

[11] GP 31, Nr. 11361.

in ihrer Opposition gegen die Flottennovelle gerade bei den deutschen Diplomaten in London, Botschafter Paul Graf von Wolff-Metternich und Botschaftsrat Richard von Kühlmann, auf verwandte Gedanken. Mit analytischem Blick teilte Kühlmann im Januar 1912 dem Kanzler mit: »Entweder Deutschland benützt unter Verwertung der Machtmittel zu Lande und unter voller Beibehaltung des Flottengesetzes, aber ohne Änderung des Bauplanes, die gegenwärtige in England herrschende Stimmung, um sich Großbritanniens Zustimmung zu Arrangements zu sichern, welche Deutschland eine Zukunft als koloniale Großmacht verbürgen, führt damit zugleich eine Entspannung zwischen beiden Ländern herbei und leitet eine Epoche freundlicherer diplomatischer Beziehungen ein, oder aber es vergrößert, dem Druck eines Teils der Presse folgend, sein Flottenprogramm [...] und zerstört dadurch sowohl die Möglichkeit einer kolonialen als auch einer allgemeinen politischen Verständigung mit England und erhöht zugleich die Wahrscheinlichkeit eines bewaffneten Zusammenstoßes mit den Mächten der Tripelentente.«[12] Deutliche Worte! Doch für Bethmann Hollweg bestand das schier unlösbare Problem darin, sich von den Fesseln der Strategien des Generalstabs, des Tirpitz-Planes sowie last but not least den Hypotheken der »Weltpolitik« zu befreien. Ohne Hilfe des Auslands war die Bewältigung dieser Aufgabe kaum möglich. Allerdings ließen die anderen Mächte nur wenig Anzeichen erkennen, dem Reich die Umkehr zu erleichtern. Immerhin wurden von einigen Mitgliedern des britischen Kabinetts Impulse ausgesandt, die von den Protagonisten einer deutsch-englischen Verständigung aufgegriffen wurden.

Nicht zu ihnen zählte der Marineattaché Wilhelm Widenmann, der ebenfalls an der deutschen Botschaft die englische Politik beobachtete und Metternich wie Kühlmann in seinen Briefen nach Berlin hart zusetzte. »Je größer und dauernder die deutsche Flotten-Konzentration schon in Friedenszeiten in der Nordsee sein wird, um so mehr wird man in England trotz des defensiven Grundgedankens an den offensiven Geist der deutschen Flotte glauben lernen, und um so günstiger wird daher ihr Einfluß auf den von uns zu führenden Landkrieg werden.«[13] Keine Frage, daß diese Berichte von Wilhelm II. und Tirpitz lieber gehört wurden als die auf Maß und Mäßigung bedachten Denkschriften derjenigen, die später als »liberale Imperialisten« bezeichnet werden. Gemeint waren unter anderen Metternich und Karl Max Fürst von Lichnowsky, Kühlmann und

[12] GP 31, Nr. 11345.

[13] Zit. nach Schöllgen, Imperialismus und Gleichgewicht, S. 335.

der deutsche Gesandte in Lissabon, Friedrich Rosen, aber auch der Leiter des Reichskolonialamts, Solf. Ihr Plan war, durch kolonialen Zugewinn, der allerdings erst noch auszumachen war, die Phalanx der Flottenrüster aufzubrechen, ihre Speerspitze von Großbritannien abzulenken und damit die Gefahr eines englischen Beitritts zum Zweibund abwehren zu können. Zwar gelang es, entsprechende Gespräche zu führen, doch ließ sich zwischen den Flottenrüstern und den Propagandisten eines größeren Kolonialreichs keine tragfähige Brücke schlagen. Tirpitz' Widerstand war zu groß, die Attraktivität eines deutschen »Mittelafrika« zu gering. Auch die Öffentlichkeit war für das Projekt nicht zu gewinnen, Schlagzeilen bildeten andere Stichworte, so etwa der Titel von Bernhardis Buch ›Deutschland und der nächste Krieg‹. Dieses Opus von mehreren hundert Seiten war vor dem Krieg fast in aller Munde. Bernhardi stellte die Frage »Sein oder Nichtsein?« In kalter Ausschließlichkeit plädierte er für eine Abrechnung mit Frankreich, um für die »Weltpolitik« Armfreiheit zu gewinnen. In der Tat lasen sich die Ausführungen wie eine Aufforderung zum Krieg und fanden im Ausland gebührende Beachtung! »Zunächst würde unsere politische Stellung schon dadurch sehr wesentlich befestigt werden«, so Bernhardis Argumentation, »wenn wir die fortdauernd bestehende Gefahr, bei günstiger Gelegenheit von Frankreich angegriffen zu werden, sobald wir anderwärts in Verwicklungen geraten, endgültig beseitigen könnten. Auf die eine oder die andere Weise muß mit Frankreich abgerechnet werden, wenn wir Armfreiheit für unsere ›Weltpolitik‹ gewinnen wollen. Das ist die erste und unbedingteste Forderung einer gesunden deutschen Politik, und da die französische Feindschaft auf friedlichem Wege ein für allemal nicht zu beseitigen ist, muß es eben durch Waffengewalt geschehen. Frankreich muß so niedergeworfen werden, daß es uns nie wieder in den Weg treten kann.«

Doch damit nicht genug! Bernhardi wollte bei den Nachbarn des Reichs die Überzeugung wecken, daß ihre Selbständigkeit (!) und ihre Interessen unter dem Schirm deutscher Waffen am ehesten gewahrt blieben. Ihm schwebte die Vision vor, auf diese Weise den Dreibund zu einem »mitteleuropäischen Bunde« zu erweitern; Deutschlands Macht in der Mitte Europas würde so gestärkt und die Ausgangsbasis für einen Krieg verbessert. Diese Überlegungen waren kein exzentrisches Produkt ihrer Zeit, aber auch nicht repräsentativer Ausdruck der öffentlichen Meinung. Sie waren charakteristisch für die nationalistische Rechte, die aggressive »Weltpolitik« auf ihre Fahnen schrieb und sich in Einschüchterungsaktionen gefiel; dies um so mehr, als die Illusion einer Partnerschaft mit England nach dem Scheitern der Haldane-Mission endgültig hinweggeräumt worden war. Das Vokabular speiste sich aus dem Gedankengut des Sozialdarwinismus, die Rede war vom Überlebenskampf der Völker und Rassen! Der rechte Nationalismus etablierte sich als Macht, die in der Regierung Bethmann Hollwegs keine Gesinnungsfreunde mehr fand und alles tat, um die Regierung unter Druck zu setzen, erst recht nach der zweiten Marokkokrise. Mehr und mehr leistete die Unfähigkeit zu politischen Lösungen, wie sie im Rahmen der Haldane-Mission von Bethmann Hollweg vergeblich angestrebt worden waren, der Konfliktbereitschaft und damit auch den Militärs Vorschub. Der Rüstungswettlauf wurde zu einem konstitutiven Merkmal der Außenpolitik. Die Pflege des militärischen Apparats nahm manchmal den Charakter eines Selbstzwecks an, auf jeden Fall war die Aufrüstung doppelgesichtig und widersprüchlich. Sie war Ersatz für den Bündnispartner, aber auch ein Magnet, der den eigenen Bündniswert erhöhen sollte. Hinzu kam, daß aus der Sicht Berlins Konferenzen wie die in Algeciras für die deutschen Interessen unbefriedigend endeten. Damit stieg die Bedeutung militärischer Durchschlagskraft. Unmerklich wurden auf diese Weise Akzente verlagert. Natürlich hatte der Krieg immer als Mittel der Politik gegolten, doch er schien sich jetzt zunehmend, ja unwiderstehlich in das Zentrum des imperialistischen Repertoires zu schieben. Die Resonanz auf Bernhardis Buch war ein deutlicher Beleg.

Bernhardis Thesen blieben allerdings nicht unwidersprochen! Inspiriert von dem deutschen Botschaftsrat in London, Richard von Kühlmann, präsentierte der Journalist Hans Plehn eine Replik unter dem Titel ›Deutsche Weltpolitik und kein Krieg!‹[14] Energisch wies er die Ansicht zurück, daß »Weltpolitik« nach der zweiten Marokkokrise nur durch einen europäischen Krieg möglich sei und stellte damit Bernhardis essentielle Aussagen in Frage. Plehn reflektierte die »Notwendigkeit« eines Präventivkriegs und deutscher Expansion, analysierte das Verhältnis zwischen Expansionspolitik und der bisherigen Außenpolitik; er untersuchte die Konstellation der Mächtegruppen und widmete sich abschließend den deutschen Interessen im Orient sowie in Zentralafrika. Besondere Aufmerksamkeit galt der Frage, ob der »Nahe Osten zwischen der bosnischen Grenze und dem Persischen Golf« ein günstiges Terrain für deutsche Expansion darstellte. Doch während sich deutsche Parteinahme auf dem Balkan für österreichische Interessen keineswegs rentierte, stellte sich das Projekt der Bagdadbahn in einem gänzlich

[14] Berlin 1913.

anderen Licht dar. »Es liegt auf der Hand«, so war in seiner Schrift zu lesen, »daß unsere Interessen eine Erhaltung oder vielmehr eine Konsolidierung des türkischen Reichs im höchsten Maße wünschenswert machen. Unsere Interessen«, so argumentierte Plehn, »liegen vor allem in dem wichtigen Unternehmen der Bagdadbahn, in die wir an die 600 Millionen Mark hineingesteckt haben, und in unserem Handel, der allerdings [...] eine sehr viel geringere Summe repräsentiert.«[15] Bilanzierend hieß es: »Die Türkei in Asien ist eine Macht, die im Falle des Zusammenbruchs außerordentlich schwer zu ersetzen wäre. In der europäischen Türkei waren die christlichen Rajahvölker in der Lage, geordnete politische Verhältnisse an die Stelle des türkischen Regimes zu setzen. Aber wenn die türkische Herrschaft auch in Asien zusammenbrechen sollte, so könnte man von den Arabern, Kurden und Armeniern keine ähnliche staatenbildende Kraft erwarten.« Für den Fall des Zusammenbruchs befürchtete Plehn eine Anarchie. Wovor er ausdrücklich warnte, war eine »Zersplitterung der Kräfte«[16]. Und das hieß konkret: entweder Vorderasien oder Zentralafrika. Präferenz gab er dem afrikanischen Kontinent. Da weltpolitische Interessen nach Plehns Überzeugung wirtschaftlicher Natur waren, legte er das Hauptaugenmerk auf belgisches und portugiesisches Territorium, das jedoch nicht gewaltsam enteignet werden sollte. Da weder Belgien noch Portugal über ausreichende Mittel der Erschließung verfügten, dachte Plehn an wirtschaftliche Hilfe, die dem Reich die Anwartschaft auf die Kolonien sichern sollte, sofern der Besitz einmal veräußert würde. Der Verfasser setzte damit Bernhardis Forderung nach einem Präventivkrieg konkrete Ziele der Expansion entgegen, die dem Drang nach Ausdehnung gerecht würden, ein Ventil für »überschüssige Volkskraft«[17] schafften sowie realistisch und gefahrlos seien. »Nicht der Krieg«, so hielt er dem Militär entgegen, »sondern die Diplomatie muß das Mittel sein, eine erfolgreiche und zugleich möglichst gefahrlose Expansionspolitik zu führen.« Und diese bot sich an in Form einer Juniorpartnerschaft mit England! Plehn und Kühlmann gaben also ein Votum ab für Bethmann Hollwegs Politik moderater Expansion. Die Frage nach Weltmacht oder Niedergang stellte sich ihnen in dieser Ausschließlichkeit nicht. Keine Spur von kämpferischem oder drohendem Vokabular!

Das allgemeine Krisenbewußtsein konzentrierte sich nicht allein

[15] Ebd., S. 68f.
[16] Ebd., S. 70.
[17] Ebd., S. 15.

auf das Reich, Kriegsbereitschaft[18] war auch in anderen Ländern zu beobachten, die Rolle des Soldaten wurde nirgendwo kleingeschrieben, weder in England noch in Frankreich. Für das Verhältnis zwischen Politikern und Militärs wurde entscheidend, daß Antworten auf Konflikte zunehmend von Militärs stammten und die Politiker sich in eine wachsende Abhängigkeit begaben, die angesichts der Zementierung der Bündnisse vor dem Ersten Weltkrieg den Handlungsspielraum weiter einschränkte. An dieser Entwicklung änderte auch die Tatsache nichts, daß an der Spitze ein Mann stand, der sich im Gegensatz zu seinem Vorgänger einer defensiven »Weltpolitik« verschrieben hatte und durchaus gewillt war, den Unwillen, ja den Haß der Alldeutschen auf sich zu nehmen. Sein außenpolitischer Grundakkord wollte den Briten die Überlegenheit zur See garantieren, an der durch den Bau der Dreadnoughts ohnehin wenig zu rütteln war. Doch seine Politik war mit der des Kaisers und des Staatssekretärs des Reichsmarineamts nicht in Einklang zu bringen, ebensowenig wie es Kurt Riezler, Privatsekretär des Kanzlers, in seiner Theorie der Großmachtpolitik gelang, den Verlauf der Weltmachtpolitik in Gesetzmäßigkeiten zu pressen. Riezler glaubte, daß die »Hemmschwelle für die Auslösung eines Krieges«[19] höher sei als je zuvor und erkannte darin die Chancen deutscher Außenpolitik. Wirtschaftliche Verflechtung und modernes Zerstörungspotential, so lautete seine Argumentation, verlangten den dauernden »Aufschub kriegerischer Auseinandersetzungen«. Und weiter: »Für alle europäischen Großmächte bedeutet ein verlorener Krieg gegen eine Großmacht, menschlicher Voraussicht nach, den politischen Ruin, wenn nicht besondere Nebenumstände eintreten und z. B. die Zuschauer den Sieger zu einer besonderen Schonung zwingen.« Die Schlußfolgerung: »In einer solchen Zeit gehört der Sieg der stetigen, zähen, langsamen Arbeit, die einen kleinen Erfolg nach dem anderen in Stille zu erringen weiß, den äußeren Erfolg nicht zu früh ernten will, ihre Bewegungen mit Kraft, aber ohne Heftigkeit ausführt.« Diese Mahnung des defensiven »Weltpolitikers« ließ sich mit dem Vokabular des aggressiven Nationalismus nicht in Einklang bringen. Und trotzdem gelang es Bethmann Hollweg, auf dem eingeschlagenen Weg Erfolge zu erringen, die freilich an der Gesamtentwicklung

[18] Vgl. Jost Dülffer, Dispositionen zum Krieg im wilhelminischen Deutschland. In: ders. und Karl Holl (Hrsg.), Bereit zum Krieg, S. 9–19.

[19] Hier und im folgenden zit. nach Michael Stürmer, Das ruhelose Reich. Deutschland 1866–1918. 3. Aufl. Berlin 1990, S. 353; zu Riezler und dem Quellenwert seiner Tagebücher vgl. Gregor Schöllgen, Das Thema im Spiegel der neueren deutschen Forschung. In: ders., Flucht in den Krieg? Die Außenpolitik des kaiserlichen Deutschland. Darmstadt 1991, S. 17f. (Anm. 3).

wenig änderten. Die Visionen des Alldeutschen Verbandes und anderer Organisationen mußten nach Überzeugung des Kanzlers in ihre Schranken verwiesen werden. Außenpolitisch strebte er eine Verbesserung des Verhältnisses zur Tripelentente an sowie eine Verständigung mit Großbritannien. Sein Plädoyer: »Wir müssen an allen Fronten ruhig und geduldig vorwärts schreiten, um jenes Vertrauen wiederzugewinnen, ohne das wir unsere politische und wirtschaftliche Stellung nicht festigen können.«[20]

[20] Zit. nach Konrad H. Jarausch, The Enigmatic Chancellor. Bethmann Hollweg and the Hubris of Imperial Germany. New Haven 1973, S. 110; vgl. allgemein Klaus Hildebrand, Bethmann Hollweg, der Kanzler ohne Eigenschaften? Urteile der Geschichtsschreibung. Eine kritische Bibliographie. Düsseldorf 1970.

Erzherzog Franz Ferdinand von Österreich, Neffe des Kaisers und Thronfolger, wurde am 28. Juli 1914 ermordet. Nach Militärmanövern in Bosnien hatte er an einem heißen Sommertag Sarajewo besucht, um Einheit und Selbstbewußtsein der Monarchie zu demonstrieren. Der Bevölkerung sollte sozusagen der Herr vor Augen geführt werden. An Serbien selbst lag ihm wenig. Franz Ferdinand hatte keineswegs den Ruf eines bedächtigen Mannes, im Gegenteil. Er galt als hochfahrend und stand vor allem der ungarischen Herrenklasse ablehnend gegenüber; Realitätsbewußtsein konnte man ihm allerdings nicht absprechen. Zu Konzessionen an die Slawen war er durchaus bereit, ihm schwebte die Vision von drei »Staatsnationen« vor; unklar allerdings war, wie sich diese Trias umsetzen ließ.

Als der Thronfolger im offenen Wagen durch die Stadt fuhr, wurde er ein leichtes Opfer der radikal-nationalistischen Geheimorganisation »Schwarze Hand«, die Österreichs Schwäche demonstrieren wollte. An der Spitze dieser Terrorgruppe stand General Dragutin Dimitrijevic, der zugleich Chef des serbischen Geheimdienstes war. Als die tödlichen Schüsse aus der Waffe des Bosniaken Princip fielen, stand die österreichische Regierung vor der Entscheidung, den Mord als Tat eines Einzelgängers herunterzuspielen oder als Angriff gegen ihre Großmachtstellung zu interpretieren. Seit Jahrzehnten war die Ermordung von Prominenten sozusagen an der Tagesordnung, um die Aufmerksamkeit auf vermeintliche nationale oder andere Ungerechtigkeiten zu lenken. Eine Strafaktion der österreichischen Regierung wurde daher allenthalben erwartet und auch als berechtigt angesehen. Dasselbe Verständnis wurde der Forderung entgegengebracht, die Hintergründe dieser terroristischen Aktion auszuleuchten sowie die jugoslawische Agitation fortan zu unterdrücken. Doch Serbien den Status eines Satellitenstaates zuzuweisen – wie Österreich es plante –, sprengte den Rahmen dessen, was im Europa des Jahres 1914 akzeptabel war.

In Wien freilich setzte man andere Akzente. Die serbischen Anstrengungen, das Nationalgefühl der Südslawen zu entflammen, wurden als vitale Bedrohung empfunden, und die Ermordung des Thronfolgers bot einen willkommenen Anlaß, auf diese Gefahr »angemessen« zu reagieren. Daß die Regierung am Ballhausplatz dies nicht schnell genug tat, war ein »Fehler« von ausschlaggebender Bedeutung. Denn in den europäischen Metropolen nahm das Verständnis ab, je länger sich die Aktion hinauszögerte. Und dies hatte mehrere Gründe. Zum einen war der ungarische Ministerpräsident Stefan Tisza nur bereit, einer militärischen Antwort zuzustimmen, wenn der deutsche Botschafter Berlins Rückendeckung für einen Präventivschlag zusicherte; zum zweiten wollte man auf die Ernte nicht verzichten und drittens das Ultimatum erst an Serbien richten, nachdem der Präsident der französischen Republik, Raymond Poincaré, St. Petersburg wieder verlassen hatte.

Unmittelbar nach den Begräbnisfeierlichkeiten waren der österreichische Außenminister Leopold Graf Berchtold und Generalstabschef Franz Graf Conrad von Hötzendorf übereingekommen, sich der Unterstützung Berlins zu versichern. Am 5./6. Juli 1914 erhielt Wien einen deutschen »Blankoscheck« ausgestellt. Bethmann Hollweg sah die Chance einer Stabilisierung des Balkans für gekommen, ohne vitale russische Interessen zu gefährden. Gefordert war allerdings ein rasches Vorgehen. Dabei war er sich der Gefahr bewußt, daß eine offensive Strafaktion zum Weltkrieg führen konnte! Am 19. Juli war das österreichische Konzept eines Ultimatums an Serbien abgeschlossen, vier Tage später wurde es der serbischen Regierung mit der Auflage übergeben, innerhalb von 48 Stunden zu antworten. Das Ultimatum war so hart formuliert, daß es kaum annehmbar schien. Und dann geschah das Unerwartete! Mit Ausnahme einer Bedingung war die serbische Regierung bereit, den österreichischen Forderungen zu entsprechen. Daß die am Attentat Beteiligten bestraft werden mußten, stand außer Frage. Nicht akzeptabel dagegen war die Forderung nach Beteiligung österreichischer Beamter an der Untersuchung in Serbien. Faktisch hätte das Land damit seine Unabhängigkeit aufgegeben. Die internationale Krise hatte sich in den ersten drei Wochen nach dem Attentat nur wenigen klar abgezeichnet. Wer es sich leisten konnte, trat wie gewohnt den Sommerurlaub an. Dieser wurde erst unterbrochen, als das österreichische Ultimatum veröffentlicht und die kurze Frist von 48 Stunden bekanntgegeben wurde.

Noch bevor sich die serbische Regierung hilfesuchend an St. Petersburg wandte, stand die Antwort der Schutzmacht fest. Die russische Machtelite sah sich unter Handlungszwang, eine Wiederholung der Demütigung des Jahres 1908 mit der österreichischen Annexion Bosniens war nicht hinnehmbar. Serbien in österreichischer Hand? Rußland schien vor der Alternative von Revolution und Panslawismus zu stehen, der Außenminister Sergej Dimitrijewitsch Samsonow war alles andere als optimistisch, gab es noch einen Mittelweg zwischen Krieg und Sturz des Zarentums?

Am 24. Juli schrillten in London die Alarmglocken. Graf Hensdorff, der österreichische Botschafter, hatte Grey über das Ausmaß der Forderungen nicht im unklaren gelassen. Dieser dachte sofort an die in der Vergangenheit erfolgreich praktizierte Konferenzlösung. Einladungen wurden an die »unbeteiligten« Mächte Italien, Frankreich und das Reich versandt. Am 25. Juli hatte Berlin noch einmal eine schnelle Reaktion in Wien angemahnt, von Conrad allerdings vernehmen müssen, daß vor dem 12. August an Mobilisierung nicht zu denken sei. Trotzdem erklärte Österreich am 28. Juli Serbien den Krieg, damit regierten die Soldaten!

Der französische Präsident Raymond Poincaré und der Ministerpräsident René Viviani kehrten erst am 29. Juli von ihrem Besuch in St. Petersburg nach Paris zurück. Bis zu diesem Zeitpunkt hatte man sich in Paris Zurückhaltung auferlegt und damit in Wien und Berlin den Eindruck erweckt, Rußlands Position nicht mit Nachdruck unterstützen zu wollen. Allerdings waren erste militärische Schutzmaßnahmen getroffen worden. Am 29. Juli mußte Paris zur Kenntnis nehmen, daß Belgrad nicht zuletzt auf Anraten Wilhelms II. von österreichischen Truppen beschossen wurde und die in Frankreich getroffenen militärischen Schutzmaßnahmen aus deutscher Sicht das Ausrufen des Kriegsgefahrzustandes rechtfertigten.

Am Abend des 29. Juli hatten die Militärs in Europa eine beträchtliche Eigendynamik entwickelt, Österreich-Ungarn und Serbien befanden sich im Kriegszustand, die französischen Generalstäbe glaubten sich dem Gegner gewachsen, die englische Flotte hatte mobil gemacht. Bereits am Montag, dem 27. Juli war in englischen Zeitungen zu lesen: »An die in Portland vereinigten Streitkräfte ist der Befehl ergangen, einstweilen keinen Manöverurlaub zu erteilen. Alle Schiffe der 2. Flotte bleiben in ihren Heimathäfen, bereit, ihre Ergänzungsmannschaften an Bord zu nehmen.«[1] Und was am gravierendsten war: Der Zar hatte zwei Dekrete unterzeichnet, das eine ordnete die Teil-, das andere schließlich die Generalmobilmachung an, die am 30. Juli auch verkündet wurde.

In London zögerte man, Truppen auf dem Kontinent zu landen, lange wurden die französischen Planer über die englische Haltung im unklaren gelassen; würde ein Krieg, so überlegte man an der Themse, das Empire nicht überfordern? Ernstgemeinte Vermittlungsvorschläge wurden ausgearbeitet, deren Realisierung die Entente aber entgegenstand. Die Lokalisierung des Konfliktes war nicht mehr möglich. In Berlin brachten Militärs ihre Überzeugung

[1] Zit. nach Hölzle (Hrsg.), Quellen zur Entstehung des Ersten Weltkrieges, S. 411.

zum Ausdruck, daß die russische Mobilmachung mit einer Kriegserklärung »identisch« sei und sofortige Gegenmaßnahmen erfordere, um die Erfolgsaussichten des Feldzugs nicht zu schmälern. Am 31. Juli wurde an St. Petersburg ein Ultimatum gerichtet mit dem Inhalt, sämtliche Kriegsmaßnahmen einzustellen. Am 1. August erfolgte die deutsche Kriegserklärung an Rußland, am 3. August wurde Frankreich der Krieg erklärt. Die Automatik des Kriegsplans erforderte die Eröffnung der Feindseligkeiten im Westen, und zwar unter Verletzung der belgischen Neutralität. Am 4. August trat Großbritannien in den Krieg ein, nachdem das Reich ein Ultimatum abgelehnt hatte, das die Achtung der belgischen Neutralität forderte.

Europa hatte die Nerven verloren, die seit Jahren bestehende Kriegsbereitschaft ein auslösendes Moment gefunden. Ihre Ursachen waren vielfältig. Ohne Zweifel zählte auf fast allen Seiten Prestigesucht dazu, aber eben auch eine grundsätzliche Konfliktbereitschaft, die seit den Tagen von Agadir beständig zugenommen hatte. Die Antagonismen zwischen den einzelnen Staaten hatten eine lange Geschichte und erzeugten eine Eigendynamik, die in dem permanenten Spannungszustand vor Kriegsausbruch erst recht zum Tragen kam. Hinzu gesellte sich die Tatsache, daß die europäischen Kabinette bereit waren, sich der Automatik militärischer Planungen hinzugeben und sich damit selbst der Handlungsfreiheit beraubten. All diese Faktoren trafen im Juli 1914 zusammen und bieten einen Erklärungsansatz für die Entwicklung, die Europa in eine Orgie der Gewalt stürzte.

Warum entschloß sich die Reichsleitung zu einer Unterstützung Österreich-Ungarns, die für die Offensive gegen Serbien unverzichtbar war? Konzept wie Strategie der Machtelite waren von der Analyse bestimmt, daß die Lage des Reichs alles andere als günstig war. Und dies nicht zuletzt aufgrund der Tatsache, daß Rußland nach der Niederlage gegen Japan und dem Rückzug vom asiatischen Kontinent – mit Ausnahme Sibiriens – sich wieder verstärkt der europäischen Machtpolitik zuwandte und sich von dem Aderlaß weitaus schneller erholte, als die mitleidlosen Beobachter wahrhaben wollten. Und daß es dem Russischen Reich nicht lediglich um ein Wiedererstarken, sondern um aktive Machtpolitik ging, zeigten die zahlreichen Balkankrisen, an denen St. Petersburg ebenso wie Wien gewichtigen Anteil hatte. Unverkennbar war auch eine wachsende Deutschfeindlichkeit, und die Aussicht auf einen Handelskrieg für die Jahre 1916/17 ließ nicht die Hoffnung aufkeimen, daß sich das Verhältnis bessern würde. Schließlich entging den argwöhnischen Blicken auch nicht, daß die russische Aufrüstung analog zu anderen Staaten sich intensivierte und ein forcierter Eisenbahnbau die militärische Schlagkraft erheblich vergrößerte. In Berlin ging man davon aus, daß in nur wenigen Jahren der östliche Nachbar eine kaum auszugleichende demographisch-militärische Überlegenheit gewonnen haben würde und sich dann die Frage von »Sein oder Nichtsein« stellte. Die Existenz der Tripelentente trug dazu bei, das Gefühl der Bedrohung zu erhöhen; daß die deutsche »Weltpolitik« ihren Teil zu dieser »Einkreisung« beigetragen hatte, stand bei der deutschen Analyse nicht an erster Stelle. In einem Konflikt würde Frankreich den russischen Bündnispartner stützen, unklar war lediglich, welche Rolle Großbritannien in einer internationalen Krise spielen würde. Immerhin hatte es im Mai 1914 zwischen St. Petersburg und London geheime Verhandlungen über eine Marine-Konvention gegeben, von denen Berlin erfuhr. War trotzdem davon auszugehen, daß die englische Metropole zügelnd auf den Bündnispartner einwirken würde, um eine Verschärfung der Krise zu verhindern? Die Illusion einer englischen Neutralität war in Berlin noch keineswegs ausgeräumt. Sie mochte bestärkt werden durch eine Reihe peripherer Abkommen, die in den Jahren vor Kriegsausbruch geschlossen worden waren. Auf jeden Fall – und das sollte sich in der Julikrise sehr rasch zeigen – waren diese in keiner Weise geeignet, auf das europäische Geschehen bremsend einzuwirken.

Im Leben der Balkanvölker hatte es unaufhörlich gegärt, der Mord in Sarajewo bot der Reichsleitung jetzt die Möglichkeit, dem russischen Nachbarn eine empfindliche diplomatische Niederlage zuzufügen[2]. An Krieg dachten Bethmann Hollweg und Staatssekretär Jagow zunächst nicht. An die Politik wurde primär die Hoffnung geknüpft, die »Einkreisung« aufzuheben und Rußland in Ansätzen zu isolieren. Das Ziel war, Bruchlinien des gegnerischen Bündnissystems zu orten und sie im Interesse der eigenen Stärkung zu funktionalisieren. Diese Strategie war eine Gratwanderung, die den Krieg nicht ausschloß. Darüber waren sich die Verantwortlichen im klaren. Daß sie dennoch entwickelt wurde, erklärt sich aus der Tatsache, daß die Zeitgenossen – geprägt durch einen virulenten Nationalismus – die Fatalität des Machtkampfs ohnehin seit Jahren vor Augen hatten. Wenn der militärische Konflikt unvermeidlich war, dann schien es besser zu sein, das »kalkulierte Risiko« zu einem Zeitpunkt einzugehen, der noch Aussichten auf Erfolg versprach. Nicht »Nibelungentreue« war das entscheidende Motiv für die Solidarität

[2] Vgl. dazu auch D. Löding, Deutschlands und Österreich-Ungarns Balkanpolitik von 1912–1914 unter besonderer Berücksichtigung ihrer Wirtschaftsinteressen. Hamburg 1969.

mit dem letzten fragilen Bündnispartner Österreich- Ungarn, sondern das machtpolitische Kalkül, die vermeintliche Chance zu nutzen, um dem eigenen und dem österreichischen Kräfteverfall Einhalt zu gebieten. Die eigene Politik wurde daher als Befreiungsschlag begriffen, ohne die Aneignung zusätzlicher Territorien ins Auge zu fassen.

Welche »Erfolgsaussichten« hatte diese Strategie des »kalkulierten Risikos«? Das Zünglein an der Waage stellte England dar. Der deutsche Kanzler hoffte, daß die russischen Entscheidungsträger durch die englischen Diplomaten zur Mäßigung angehalten würden. Und wenn dies nicht gelang? War dann davon auszugehen, daß der Frieden unter die Räder der Allianzen kam, die seit Jahren gepflegt und den Staatsmännern nun – in der Stunde der Krise – die Handlungsfreiheit nahmen? Bethmann Hollweg sprach von einem »Sprung ins Dunkle«, wohl wissend, daß ein Krieg die Folge der Entscheidungen in Berlin sein konnte. Welche Alternativen gab es, wenn es England nicht gelang, den Konflikt einzuhegen? War in dem bisherigen Handgemenge der beteiligten Staaten, in dem Dikkicht unterschiedlichster Interessen ein stiller Rückzug denkbar, ohne dem eigenen Ansehen nachhaltigen Schaden zuzufügen? Nationalistische Selbstgefälligkeit grassierte noch immer, und die ursprüngliche Zustimmung der deutschen Regierung zur »Weltpolitik« war schnell internalisiert worden. Die Kriegsbereitschaft ließ sich nicht in den wenigen Tagen im Keim ersticken, in denen der Öffentlichkeit die ganze Tragweite des Mordes in Sarajewo bewußt wurde. Seit langem schon mußte die Regierung mit dem Vorwurf leben, zu nachgiebig aufzutreten. Nach wie vor triumphierte aggressive Propaganda über moderate Überlegungen, der Kaiser vermied eindeutige Stellungnahmen; eindeutig allerdings war die Argumentation der Militärs: Sie wiesen auf Mobilmachungsfristen, die über »Sein und Nichtsein« entschieden. Berlins Strategie bestand zunächst in der Lokalisierung des Konfliktes, die am 28. Juli, dem Tag der österreichischen Kriegserklärung an Serbien, ihr Fiasko erlebte. Der Versuch der diplomatischen Eindämmung war gescheitert, die Demonstration der Stärke hatte ihr Ziel verfehlt, vermittelnde Konferenzen waren nicht zustandegekommen – und Moltke riet Conrad zur schnellen Mobilmachung. Der Krieg wurde immer wahrscheinlicher, und diese Aussicht warf die Frage auf, wer dafür verantwortlich zeichnen würde.

Nun kollidierte das »Bemühen um Friedenswahrung« mit deutschen Versuchen, a priori Rußland die Schuld für einen Kriegsausbruch zuzuweisen. In der Tat leitete Rußland am 28. Juli die Mobilmachung ein, wenn auch zunächst nur eine Teilmobilmachung. Am 30. Juli wurde die Generalmobilmachung für den 31. angeordnet. Für die deutschen Militärs gab es jetzt kein Zögern mehr, diplomatische Friedensbemühungen konnten aus ihrer Sicht nur noch zur Folge haben, daß die militärischen Erfolgsaussichten Rußlands von Stunde zu Stunde zunahmen. Proklamiert wurde der Zustand drohender Kriegsgefahr, am 1. August dann der Krieg. Der Risikofall der Krisenstrategie war zum Zuge gekommen. Überlegungen, den Krieg auf den Osten zu beschränken, konnten nicht mehr realisiert werden. Der deutsche Aufmarschplan ließ sich nicht in letzter Sekunde ändern, ohne das Chaos auszulösen.

Am Kriegsausbruch hatte die deutsche Regierungsleitung erheblichen Anteil. Die Zeichnung des »Blankoschecks« trug zu der Eskalation ebenso bei wie die Anordnung der russischen Mobilmachung. Der 1. August 1914 war keine Folge des nichtparlamentarischen deutschen Konstitutionalismus; Kriegsbereitschaft und Militarisierung im Entscheidungsprozeß waren in Europa allenthalben anzutreffen, ungeachtet der Regierungsform. Gemein war allen Staaten auch die Überzeugung, einen Verteidigungskrieg führen zu müssen, der nach genereller Einschätzung lediglich von kurzer Dauer sein würde. In dieser Annahme lag ein weiteres Charakteristikum der Zeit. Nur wenige schienen die »Urkatastrophe« Europas zu ahnen und damit die Folgen des übersteigerten Nationalismus, der imperialistischen Expansion, des Antagonismus im europäischen Mächtesystem sowie des festgefügten Dualismus zu erkennen. Die vitalen Interessen der einzelnen Mächte waren nach zeitgenössischem Verständnis untrennbar mit dem Schicksal der jeweiligen Bündnisse verknüpft, darin waren die verhängnisvollen Auswirkungen der Julikrise begründet.

Im sommerlichen Europa des Jahres 1914 regierten viele Willenszentren gegen- und nebeneinander. Die Volksmassen, die in den Metropolen im Juli und August auf die Straßen drängten, waren von der Überzeugung getragen, daß sie einen Verteidigungskrieg führen würden und die Nation einem Stahlbad unterzogen würde. Dies war der Glaube in England wie in Frankreich, im Deutschen Reich wie in Rußland. Die satte Selbstgenügsamkeit war endlich, so schien es, verdrängt, das Einerlei des Alltagslebens der ungeheuren Herausforderung gewichen, gegen eine »Welt von Feinden« aufzustehen und das Vaterland zu verteidigen[3]. Die innenpolitische Zerrissenheit der

[3] Für die Balkonreden Wilhelms II. am 31. Juli und 1. August vgl. Wolfdieter Bihl (Hrsg.), Deutsche Quellen zur Geschichte des Ersten Weltkrieges. (Freiherr vom Stein-Gedächtnisausgabe, Bd. XXIX), Darmstadt 1991, S. 45 u. 49.

Vorkriegszeit, nicht nur für das Deutsche Reich kennzeichnend, war für einen Augenblick vergessen, der Krieg wurde nicht als Anachronismus begriffen, Kriegsfreude war überall anzutreffen, zu lange hatten die verantwortlichen Politiker und Interessenverbände die Massen gegeneinander getrieben und Erwartungen geweckt, die sich nicht erfüllen ließen. Paradoxerweise waren die Regierungen in der Nähe der Katastrophe friedfertiger als die Volksmassen, die sich auf den Straßen wälzten; die Begeisterung machte auch vor der akademischen Elite nicht Halt. Noch war es unvorstellbar, daß Maschinengewehre die Angriffstruppen zerfetzen würden und bereits im November 1914 im Westen die Initiative verloren sein würde. Mit Blumen behängt wurden die Soldaten in den Tod geschickt. Im Juli 1914 schrieb ein ausländischer Student über seine Beobachtungen in Dresden: »Vergangene Nacht waren die Straßen gefüllt mit Menschenmassen, die bis um 2 Uhr morgens patriotische Lieder sangen und Österreich ›hochleben‹ ließen, das eben Krieg an Serbien erklärt hatte. Die Lage sieht sehr zweifelhaft aus, und ich fürchte, diese kriegerischen Deutschen könnten einen Konflikt beginnen, der zum furchtbarsten Krieg werden wird, den die Welt je sah [...]. Es wird den Staatsmännern [...] eine schöne Entschuldigung für ihren eigenen Wahnsinn geben, denn nun können sie sagen, der Enthusiasmus der Masse hätte sie hineingetrieben [...]. Das Uhrwerk Europas ist so vollständig zum Stehen gekommen, und diese Zivilisation, die ich so sehr bewunderte, reißt nun offensichtlich sich selber in Stücke, daß ich an Europa überhaupt nicht mehr denken mag [...].«[4]

[4] Zit. nach Golo Mann, Deutsche Geschichte des 19. und 20. Jahrhunderts. (1958), 12. Aufl. Reutlingen 1977, S. 596f. Zum Kriegsausbruch vgl. Gunther Mai, Das Ende des Kaiserreichs. Politik und Kriegführung im Ersten Weltkrieg. München 1987, S. 9–31.

1. »Rettung vor ›Versumpfung‹«: Der Publizist Wilhelm Hübbe-Schleiden verlangt eine Ausdehnung des deutschen Wirtschaftsgebietes (1879)

Zitiert nach: Wilhelm Hübbe-Schleiden, Ethiopien. Studien über West-Afrika. Hamburg 1879, S. 386–389.

Weiterführende Literatur: Horst Gründer, Geschichte der deutschen Kolonien, 2. Aufl. München 1991, S. 36ff.

Der Engländer sagt: *the road to the head lies through the heart.* – *Pocket you mean* erwidert ihm darauf *Sam Slick* [...] und dies Mal hat der Yankee Recht. Die Moral, also die geistige Kraft des Volkes, lebt nur und wächst mit der Hebung seines Wohlstandes, und mit der geistigen Kraft eines Volkes gewinnt auch seine Religion neues Leben.

Eine Ausdehnung unsres Wirthschaftsgebietes ist das Einzige, was unser Volk vor der *Versumpfung* retten kann. Welchem Umstande verdankt denn England seinen Sinn für Religion und für Recht und Ordnung des Staatslebens – eine Moralität, die dort das ganze Volk durchdringt, in Deutschland aber sich nur in wenige auserwählte Kreise unsres Volksleben gerettet hat! Welchem andern Umstande denn als dem, dass die Lebenssphäre Englands, das was der Engländer the standard of life nennt, eine unendlich viel höhere ist, als in Deutschland! – Um nur ein Beispiel anzuführen, das einem in England alle Tage begegnet: Das Publicum als solches nimmt in England stets Partei für Polizei und Staatsordnung, in Deutschland ausnahmslos für das sogenannte *Volk*, d. h. den *Pöbel*. In dem grössten Strassengewühle Londons kann ein Polizist Tausende von Menschen und Wagen durch sein einfaches Wort oder Handbewegung regieren; in Berlin ist man klug genug, so etwas allein garnicht zu versuchen. Selbst bei einem Auflaufe, einer Schlägerei sichert sich ein Polizist in London mehrere Menschen dadurch, daß er sie mit seinem kurzen Stabe als arretirt bezeichnet; er weiss, dass – wenn er nicht gerade in East-End ist – überall das Publicum ihm in seiner Pflichterfüllung Beistand leisten wird; das Publicum sieht in ihm seinen treuen Diener, nicht, wie in Berlin, seinen gnädigen Cerberus. Und selbst in den Verbrecher-Vierteln Londons wird ein englischer Polizist sich nach einem kurzen Entschlusse stets muthig jeder Lebensgefahr aussetzen, denn er weiss, dass, wenn er aus dem Verbrecher-Hause, das er betritt, nicht wieder lebend herauskommt, seine Frau und die Kinder, die er hinterlässt, nicht blos auf eine dürftige Pension des Staates angewiesen sind, die naturgemäss nicht wohl anders sein kann, als *zum Sterben zu viel, und zum Leben zu wenig*, sondern dass das englische Publicum für sie sorgen wird, und dass sie dann ohne ihn in grösserem Wohlstande leben werden, als wenn er in seinem Dienste weiter am Leben bliebe. – Ganz dasselbe Verhältniss zeigt sich in England auch auf dem Gebiete der Religion. Die Deutschen sind meist geneigt anzunehmen, dass in England soviel mehr kindliche Gläubigkeit herrsche, als bei uns. Ich habe das nicht gefunden, und glaube, dass es auch selbst in den protestantischen Theilen Deutschlands daran keineswegs fehlt. Gerade die Engländer aber sind gegenwärtig die Vorkämpfer der Wissenschaft; und die Freiheit der Forschung wird dort weniger bekrittelt und beschrieen als in Deutschland. Der gewaltige Unterschied aber liegt in dem verschiedenen Geiste, in welchem in den beiden Ländern gedacht, und der Ton, in welchem geredet wird. Ein Max Müller fand in England besseren Boden als in Deutschland. Im Allgemeinen wird – Ausnahmen selbstredend zugestanden – wissenschaftliche Wahrheit in England in reiferer, ruhigerer und geschmackvollerer Form vorgetragen als in Deutschland; man hat dort nicht nöthig, an die Leidenschaften des grossen Haufens, an das urtheilslose Volk zu appelliren. Der Charakter des englischen Volkes ist vorwiegend aristokratisch, der des deutschen Volkes ist gegenwärtig leider sehr plebejisch. Der Grund von dem allen aber ist eben der, dass in England eine Classe höheren Wohlstandes die herrschende ist, als in Deutschland. Was in England als das Minimum eines anständigen Jahreseinkommens gilt, also 20000 M für den einzelnen Mann und 200000 M für eine Familie, gilt in den meisten Städten Deutschlands als Capital schon für ein Vermögen. – Zu solchem *Standard of life* sich aufzuschwingen aber fehlt dem echten Deutschen durchaus nicht das Zeug. Gerade jener unzufriedene Sinn der Deutschen, den Fürst Bismarck (im Reichstage am 9. October 1878) halb tadelnd constatirte: dass *der Bäcker nicht nur Hausbesitzer und Rentier werden will, sondern dass sein Ideal ist nach Berlin zu ziehen und von da in die grosse Welt, und Bankier und Millionär werden* – das gerade ist des Deutschen, oder sagen wir besser gleich des Germanen, grosser Vorzug. Der Deutsche hat die Kraft und den Trieb, etwas Rechtes in der Welt zu werden. Das deutsche Volk ist noch jung; es muss ihm nur die erziehende Hand von competenten Männern geboten und seine Entwicklung nach aussen auch von oben her begünstigt werden; dann wird in rationeller Bethätigung dieser Kraft die Unzufriedenheit der Unterbeamten im Militär und in der Staats-Verwaltung so gut wie die der arbeitenden Classen daheim und draussen in das rechte Geleise gelenkt werden. Zufrieden wird der Deutsche hoffentlich nie werden, daß wäre nur der deutlichste Beweis von Altersschwäche; aber sobald er den Weg vor sich sieht, um seiner aufwärtsstrebenden, ich möchte sagen himmelstürmenden Unzufriedenheit freien Lauf zu lassen, so wird sich bald auch Wohlbehagen und Wohlleben mit diesem gesundheitsfrischen Gefühle der Unzufriedenheit paaren. Gerade diese jugendkräftige Unzufriedenheit ist auch unser bester Vorzug vor dem philiströsen französischen *Bourgeois*, – und wollte Gott, wir hätten keine solcher eleganten Philister in Deutschland! – Das Nachahmen des französischen Wesens war von jeher der Deutschen grösstes Leiden, und leider ist es auch heute noch der Stein, über den die Schwachsinnigen unter uns stolpern; namentlich florirt jetzt noch eine Classe von Literaten in Deutschland, deren Stolz es ist, die Welt in dem engen europäischen Gesichtskreise des französischen, resp. pariser Wesens zu betrachten. Wenn aber je die urwüchsige germanische Unzufriedenheit im deutschen Volke über diesen tändelnd-frivolen Geschmack Herr wird, dann wird es zeigen, dass es ein tüchtigeres Volk ist als das französische. Die deutsche Arbeitskraft kann colonisiren; die französische *Bourgeoisie* kann es nicht.

Erweitern muss sich der Horizont unsres Volkes; ausdehnen muss sich das Wirthschaftsgebiet unsres Reiches: Nur auf solcher Grundlage kann, richtig verstanden, unseres Kaisers Wunsch erfüllt werden, dass dem deutschen Volk *die Religion erhalten bleibe.*

2. »Export der sozialen Frage«: Der Publizist Ernst von Weber verlangt einen »Massenexport des revolutionären Zündstoffes« (1879)

Zitiert nach: Ernst von Weber, Die Erweiterung des deutschen Wirthschaftsgebiets und die Grundlegung zu überseeischen deutschen Staaten. Ein dringendes Gebot unserer wirthschaftlichen Nothlage. Leipzig 1879, S. 60f.

Weiterführende Literatur: Klaus J. Bade, Friedrich Fabri und der Imperialismus in der Bismarckzeit. Revolution – Depression – Expansion. Freiburg i. Br. 1975, S. 97ff.

Nur dadurch kann in der gefährlichen Gesammtstimmung unserer unteren Volksschichten eine durchgreifende Aenderung herbeigeführt werden, daß den von ihrer Handarbeit lebenden Klassen eine reelle und handgreifliche Aussicht geboten wird, um ihre wirthschaftliche Lage dauernd zu verbessern. Wer möchte so sanguinisch sein, allein von den neuen wirthschaftlichen Reformen und Schutzzöllen eine solche durchgreifende und dem Maßstabe der Wünsche der Betheiligten entsprechende Verbesserung der Lage unserer Proletariermassen zu erwarten? Dieselben mögen in engeren Kreisen erträglichere Verhältnisse schaffen – als Heilmittel für unseren Pauperismus im Großen und Ganzen können und werden sie nicht durchschlagen. Für die bedrängtesten unserer Proletarierschichten wäre aber eine rasche und durchgreifende Verbesserung ihrer Lage offenbar am leichtesten und sichersten durch ihre Uebersiedelung nach eigenen deutschen Ackerbaucolonien zu eröffnen. Gerade die unzufriedensten und gähnendsten Elemente unseres Proletariats, welche zumeist die denkenden Köpfe unter den Arbeitern und ihre Führer und Leiter umfassen, würden sich am meisten von der ihnen gebotenen Aufbesserung ihrer wirthschaftlichen Lage angezogen fühlen und sich gewiß sehr gern nach den Colonien einschiffen lassen.

Also schon negativ würde ein solcher Massenexport des revolutionären Zündstoffes sich für uns bezahlen, indem derselbe für unsern Nationalwohlstand unschädlich gemacht und in Gegenden abgelagert würde, wo er sich in fruchtbaren Humus verwandeln und in den, dem heimathlichen Elende entrissenen, Kindern unserer Proletarier glücklichere Generationen emporwachsen lassen wird. Der deutschen Arbeit aber werden solche deutsche Ackerbaucolonien einen, von Jahr zu Jahr in Ausdehnung und Kaufkraft wachsenden, neuen und festen Absatzmarkt eröffnen und außerdem wird, was mir als eine Hauptsache erscheint, dadurch der Grund zu nationalen Tochterstaaten jenseits der Meere gelegt.

3. »Unter dem Schutze des Reiches«: Die Geburtsstunde des deutschen Kolonialreichs (12. April 1884)

Zitiert nach: Das Staatsarchiv. Sammlung der officiellen Actenstücke zur Geschichte der Gegenwart 43 (1885), S. 290.

Weiterführende Literatur: Wolfgang J. Mommsen, Das Ringen um den nationalen Staat. Die Gründung und der innere Ausbau des Deutschen Reiches unter Otto von Bismarck 1850 bis 1890. Berlin 1993, S. 527.

Berlin, den 24. April 1884

Herrn Lippert, deutschem Konsul, Kapstadt.

Nach Mittheilungen des Herrn Lüderitz zweifeln die Kolonialbehörden, ob seine Erwerbungen nördlich vom Orange-Fluss auf deutschen Schutz Anspruch haben. Sie wollen amtlich erklären, dass er und seine Niederlassungen unter dem Schutze des Reiches stehen.

(gez.) von Bismarck

4. »[D]as Wesen aller Kolonialpolitik [ist] die Ausbeutung einer fremden Bevölkerung in der höchsten Potenz«: Der SPD-Abgeordnete August Bebel opponiert gegen koloniale Expansion (26. Januar 1889)

Zitiert nach: Sten. Ber. Bd. 105, S. 628 u. 630.

Weiterführende Literatur: Hans-Christoph Schröder, Sozialismus und Imperialismus. Die Auseinandersetzung der deutschen Sozialdemokratie mit dem Imperialismusproblem und der »Weltpolitik« vor 1914. Teil 1, 2. Aufl. Hannover 1975.

Im Grunde genommen ist das Wesen aller Kolonialpolitik die Ausbeutung einer fremden Bevölkerung in der höchsten Potenz. Wo immer wir die Geschichte der Kolonialpolitik in den letzten drei Jahrhunderten aufschlagen, überall begegnen wir Gewaltthätigkeiten und der Unterdrückung der betreffenden Völkerschaften, die nicht selten schließlich mit deren vollständiger Ausrottung endet. Und das treibende Motiv ist immer, Gold, Gold und wieder nur Gold zu erwerben. Und um die Ausbeutung der afrikanischen Bevölkerung im vollen Umfange und möglichst ungestört betreiben zu können, sollen aus den Taschen des Reichs, aus den Taschen der Steuerzahler Millionen verwendet werden, soll die Ostafrikanische Gesellschaft mit den Mitteln des Reichs unterstützt werden, damit ihr das Ausbeutegeschäft gesichert wird. Daß wir von unserem Standpunkt aus als Gegner jeder Unterdrückung nicht die Hand dazu bieten, werden Sie begreifen. [...] Sitzen wir aber erst einmal an den Fieberküsten Ostafrikas fest, dann werden auch noch ganz andere Forderungen an uns herantreten; dann wird es vor allen Dingen heißen: nachdem wir einmal so und so viel Gut und Blut für jene Lande geopfert und aufgewendet haben, ist es ein Gebot der nationalen Ehre, dieselben zu halten; was immer es kosten mag, wir müssen dafür eintreten. Dann wird in erster Linie nothwendig, eine bedeutende Verstärkung der Flotte vorzunehmen – Herr von Kardorff nickt mir bereits zustimmend zu –; es wird ferner nothwendig, eine bedeutende Anzahl von Kolonialtruppen aus deutschen Reichsmitteln zu unterhalten. Es wird dann heißen: wir müssen uns derartig in unserer Marine rüsten, daß wir im Falle einer europäischen Krisis nicht nur unsere heimatlichen Küsten, sondern auch unsere Kolonien in fremden Ländern ausreichend schützen und vertheidigen können.

So werden Sie mit Ihrer Kolonialpolitik Schritt für Schritt weiter getrieben, ohne daß Sie heute nur entfernt im Stande sind, zu wissen, welche Opfer Ihnen dadurch zugemuthet werden. Aber daß dies geschehen wird, kann nach meiner Ueberzeugung gar keinem Zweifel unterliegen für jeden, der irgendwie die Verhältnisse kennt und den Gang der Dinge beobachtet hat.

5. »Wir wünschen die nationale Richtung, die nationale Politik, die großartige Weltpolitik«: Der Freikonservative Wilhelm von Kardorff weist die Kritik des SPD-Abgeordneten August Bebel zurück (26. März 1889)

Zitiert nach: Sten. Ber., Bd. 105, S. 631.

Weiterführende Literatur: Peter Winzen, Bülows Weltmachtkonzept. Untersuchungen zur Frühphase seiner Außenpolitik 1897–1901. Boppard a. Rh., 1977, S. 69.

Meine Herren, ich finde eigentlich, es ist ein recht gutes Zeichen für unsere Kolonialpolitik, wenn der Herr Abgeordnete Bebel mit solcher Heftigkeit gegen dieselbe sich erklärt. Die Sozialdemokratie geht ja davon aus, daß unsere Zustände hier in Deutschland so verrottet, so schlecht sind, daß aus diesen Zuständen überhaupt nichts neues erbaut werden kann, sondern »diese Zustände müssen erst ganz zunichte gemacht werden, dann wollen wir säen und etwas neues schaffen«. Das ist doch die sozialdemokratische Doktrin, wie mir Herr Bebel zugeben wird. Wenn er nun diese Kolonialpolitik so heftig bekämpft, so läßt das den Rückschluß zu, daß er davon erwarte eine Stärkung des gegenwärtigen Systems in Deutschland, und diese Stärkung wünschen wir. Wir wünschen die nationale Richtung, die nationale Politik, die großartige Weltpolitik, die das deutsche Reich 1870 begonnen hat, die wünschen wir gestärkt und gekräftigt, und deshalb unterstützen wir diejenige Kolonialpolitik, die Herr Bebel wahrscheinlich aus denselben Gründen bekämpft.

6. Ein »organisatorisch klares und weitgestecktes Ziel«: Der Stabschef der Marine, Alfred Tirpitz, plädiert für den Ausbau der Flotte (3. Januar 1896)

Zitiert nach: Michael Behnen (Hrsg.), Quellen zur deutschen Außenpolitik im Zeitalter des Imperialismus 1890–1911. (Freiherr vom Stein-Gedächtnisausgabe, Bd. XXVI), Darmstadt 1977, S. 132–143.

Weiterführende Literatur: Volker R. Berghahn, Der Tirpitz-Plan. Genesis und Verfall einer innenpolitischen Krisenstrategie unter Wilhelm II. Düsseldorf 1971, S. 90ff.

Weihnachten 1895, abgesandt den 3. Januar 1896

I. Inwieweit entspricht der Umfang des vom Oberkommando aufgestellten Programms den Erfahrungen, welche ich gewonnen habe und welche Abänderungen erachte ich für notwendig?

Euerer Kaiserlichen und Königlichen Majestät berichte ich infolge des mir durch den Chef des Marinekabinetts unter dem 17. Dezember v. J. mitgeteilten Befehls Ew. Maj. alleruntertänigst wie folgt:

Das vom Oberkommando aufgestellte Programm für die Wiederherstellung unserer Flotte entspricht in seiner Gesamtheit so vollständig meinen persönlichen Erfahrungen und bildet so treffend den Auszug und die Folgerung aus unserer Admiralstabstätigkeit auf diesen Gebieten während der letzten Jahre, daß ich mich auf die Erläuterung weniger Punkte beschränken kann.

1. Wie Euere Majestät bereits in der Order vom 16. d. Mt.s an den Staatssekretär des R. M. A. Allerhöchst auszusprechen geruht haben, glaube auch ich, daß die Steigerung der eigentlichen Gefechtskraft unserer Flotte, wie sie durch die Schlachtschiffe bestimmt wird, bei dem Programm des Ob. Kdos. als niedrig bemessen anzusehen ist, da darin noch die Siegfried-Klasse in unsere Schlachtflotte inbegriffen wird. Immerhin werden 2 Geschwader, auf deren taktische Verwendung wir uns gut werden schulen können, wenn sie tatsächlich vorhanden und vereinigt sind, eine beachtenswerte Macht, sogar einer Flotte ersten Ranges gegenüber, darstellen. Auf einen Ausfall von Schiffen muß indessen erfahrungsgemäß bei der Mobilmachung gerechnet werden. Dieser Ausfall würde mit Rücksicht auf die geleistete Friedensarbeit und auf den starken Einfluß, den derselbe auf den Schlachtweg einer Flotte von zwei Geschwadern hat, besonders bedauerlich erscheinen. Ohne einen bestimmten Überschuß an Material werden aber auch im Frieden schon sehr unangenehme Störungen durch gelegentliche größere Reparaturen oder Umbauten in der Organisation unserer Flotte und in ihrer sachgemäßen Werftbehandlung verursacht. Ich halte daher für jedes Panzergeschwader mindestens ein Panzerschiff »Reservematerial« für erforderlich, um vom Jahre 1908 politisch und organisatorisch mit zwei vollen Geschwadern rechnen zu können. Bei dieser Begrenzung des Reservematerials setze ich die Innehaltung des Baues nahezu gleicher Typen voraus. Derartiges Reservematerial besteht zur Zeit mit großem Erfolge bei den Torpedobooten und ist, wenn auch aus etwas anderen Gründen, in dem Programm des Ob. Kdos. für die im Auslande befindlichen Schiffe vorgesehen.

2. Für die Kreuzerdivision sind in dem Programm des Ob. Kdos.

1 Panzerkreuzer und 3 Kreuzer 3. Kl. angenommen. Diese Stärke scheint mir für die voraussichtlichen politischen Bedürfnisse von 1908 und im Verhältnis zu der heimatlichen Flottenstärke etwas gering bemessen. Zu häufige den gesamten Flottenbetrieb störende Extra-Verstärkungen würden außerdem notwendig werden. Auch die Art der planmäßig in Aussicht genommenen Zusammensetzung dieser Division entspricht nicht ganz meinen persönlichen Erfahrungen und Überlegungen. Dieselbe gleicht einer Aufklärungsgruppe der für die Heimat bestimmten Streitkräfte, was ja manches Bestechende für sich hat. Ich glaube aber, daß die im Ausland befindliche Kreuzerdivision weniger einer solchen Gruppe als vielmehr einem fliegenden Geschwader entspricht, was dorthin gesandt wird, wo die deutschen Interessen sich augenblicklich summieren oder transatlantische Verwicklungen unmittelbar drohen. Diese Division, deren Namen nur traditionell Kreuzerdivision ist, soll also einen Druck ausüben oder direkt durch ihre taktische Gefechtsstärke entscheidend eingreifen. Um den augenblicklich nächstliegenden Fall herauszugreifen, so ist erwiesen, daß der ganze Krieg Japans gegen China, im besonderen die Überschiffung der Armee, nur unter der festen Überzeugung der Japaner unternommen werden konnte, daß die Chinesen in offener Seeschlacht geschlagen werden würden. Diese Voraussetzung ist nicht getäuscht worden, jedoch wurde erst nach geschlagener Seeschlacht das ganze Vorgehen der Japaner am Lande ein wirklich ungehemmtes. Der gesamte Siegeslauf der Japaner kam sofort zum Stehen, als sich eine vereinigte europäische Seemacht den Japanern entgegenstellte, welche von letzteren in der Schlacht nicht hätte geschlagen werden können. Wenn die Japaner auch künftig richtig handeln, so werden sie nicht früher zu irgendwelchen Feindseligkeiten übergehen, ehe sie nicht glauben, durch eigene Kraft oder mit Hilfe anderer es auf eine offene Seeschlacht ankommen lassen zu können. Hier liegt zweifellos die eigentliche Entscheidung. Das, was die europäischen Staaten an militärischer Kraft für diese Entscheidung in die Waagschale zu werfen imstande sind, wird ihre Wertschätzung an Ort und Stelle bestimmen.

Die transatlantische Kreuzerdivision wird daher hier wie überhaupt bei ihren wichtigen Aufgaben geschlossen auftreten, im Gegensatz zu der Aufklärungsgruppe, die auseinandergezogen wird. Eine andere Verwendungsart wird selbstredend auch und obendrein nicht selten vorkommen, die erstgenannte ist aber die für die Zusammensetzung besonders charakteristische. Betrachtet man die für das Ausland bestimmten Seestreitkräfte als Ganzes, so bilden die Schiffe auf den 6 Stationen die Beobachtungsposten, das fliegende Geschwader aber den Gefechtskern und den ersten Rückhalt. Programmäßig würde ich daher eine Zusammensetzung der Kreuzerdivision vorziehen, welche den Gefechtszweck stärker hervortreten läßt, also nach Möglichkeit gleichmäßige für Gefechtszwecke geeignete Schiffe mit einer nicht zu kleinen Gesamtbesatzung, um gegebenen Falles auch eine Landung ausführen zu können.

Da ich in jeder Beziehung den Standpunkt des Ob. Kdos. hinsichtlich der Typenfrage der Schiffe einnehme, so entsteht für mich die Überlegung, ob Panzerschiffe oder Panzerkreuzer am richtigsten den eigentlichen Bestandteil der Kreuzerdivision zu bilden haben. Diese Frage ist im Hinblick auf die voraussichtliche Entwicklung der transatlantischen Marinen nicht leicht zu beantworten. Indessen würde ich z. Z. mit Rücksicht auf die größere Exponiertheit unserer draußen befindlichen Division, ferner mit Rücksicht auf den Umstand, daß wir einen transatlantischen befestigten Stützpunkt noch nicht besitzen und ein etwas geringerer Tiefgang für Auslandsdocks und Suezkanalpassage Vorteile bietet sowie endlich in Erwägung der Verwendung dieser Division im Nordatlantik im Fall eines europäischen Krieges mein Votum zugunsten der Panzerkreuzer abgeben.

Das, was diese Division an Kleinen Kreuzern im Verhältnis ihrer eigenen Gefechtsstärke braucht, findet sie bereits auf den einzelnen Stationen vor, wo das Bedürfnis sie hinruft. Erforderlichenfalls wäre die besondere Zuteilung eines Kreuzers 3. Klasse in Erwägung zu nehmen.

Die nach Verlauf von 13 Jahren vorzusehende programmäßige Stärke unserer Kreuzerdivision würde meiner Auffassung nach aus 4 Panzerkreuzern und 1 Kreuzer 3. Klasse zu bestehen haben.

3. Im ganzen würde nach Vorstehendem die Zahl der neu zu erbauenden Linienschiffe sich somit von 12 auf 14, diejenige der Panzerkreuzer von 3 auf 6 erhöhen, diejenige der Kreuzer 2. Klasse aber von 12 auf 10 sich vermindern. Diese Abweichungen von dem Programm des Ob. Kdos., welches offenbar auf die allernotwendigsten Forderungen eingeschränkt worden ist, würden eine Vermehrung der Ausgaben um 64 Millionen Reichsmark bedeuten. Die vom Ob. Kdo. angesetzte Retablierungssumme unserer Flotte würde also von 420 Millionen auf 484 Millionen steigen. Die größere Sicherheit, welche für die Erfüllung der vom Ob. Kdo. präzisierten Aufgaben unserer Flotte und für die größere Klarheit unserer Flottenorganisation aber hierdurch erreicht wird, scheint mir eine solche Mehrausgabe pro Jahr der Retablierungszeit zu rechtfertigen. Auch ist zu

bedenken, daß wenn überhaupt einmal mit größeren Forderungen für die Flottenherstellung aufgetreten wird, es um eine nicht sehr bedeutende Mehrausgabe kaum ankommen würde, während ein späteres Hinausgehen über die einmal gestellte Forderung besser vermieden wird. Zu erwähnen wäre schließlich der durch die Erhöhung der Retablierungssumme entstehende, freilich mehr formelle Vorteil, daß die jährliche Ausgabe für die Erhaltung der Flotte nach erfolgter Retablierung in Höhe von 33,2 Millionen alsdann kleiner sein würde als die jährliche Ausgabe während der Retablierungszeit selbst, in Höhe von 36,3 Millionen. Nach dem Vorschlage des Ob. Kdos. würden die Kosten der eigentlichen Retablierung jährlich 32,3 Millionen betragen und diese Summe, wenn die Retablierung erreicht ist, sich für bloße Erhaltung auf 33,2 Millionen erhöhen, was mir nicht ganz zweckmäßig erscheint.

Sollte ich mich in der finanziellen Bedeutung, welche die Erhöhung der Retablierungssumme für die Durchbringung des Ganzen besitzt, irren und eine solche Erhöhung unmöglich erscheinen, so würde ich schlimmstenfalls sogar eine Reduzierung der für das heimische Kriegstheater vorgesehenen 6 Aufklärungsgruppen zugunsten meines Vorschlages vorziehen. Ich berücksichtige hierbei, daß ein für den Friedensauslandsdienst bestimmtes Reservematerial an Kreuzern in der Heimat vorgesehen ist, daß ein Teil unserer Kreuzer, im Laufe des Krieges wenigstens, zurückgezogen werden kann und daß endlich das Bedürfnis an Kreuzerkräften für den heimischen Krieg und der Wert der Kreuzerkräfte für die Entscheidung desselben noch nicht mit gleicher Sicherheit feststeht wie derjenige der Panzerschiffe.

Wenn ein Zweifel bei der Abgrenzung zwischen der eigentlichen Gefechtsstärke und den für die Verwendung derselben erforderlichen strategischen Hilfskräften entsteht, so würde ich für besser halten, lieber einen Fehler zugunsten der Gefechtsstärke zu machen als umgekehrt, die Kunst des Konstrukteurs und Friedenseindruck [sic] werden meist im entgegengesetzten Sinne wirken. Nicht unerwähnt möchte ich bei diesem Ausspruch lassen, daß mehr für Gefechtszwecke entwickelte Schiffe länger ihren Wert behalten, im ganzen also erheblich ökonomischer sind als solche mehr für strategische Zwecke konstruierten; denn auf diese wirken die Fortschritte der Technik und der Gebrauch stärker ein als auf die erstgenannten. Es genügt als Beispiel hierfür wohl auf die Bedeutung hinzuweisen, welche augenblicklich das 25 Jahre alte Panzerschiff »Kaiser« gegenüber den gleichaltrigen oder selbst gegenüber den um ca. 15 Jahre jüngeren Kreuzern unserer Marine besitzt.

4. Bezüglich des Personalbedarfs bin ich nicht imstande, ein zahlenmäßiges Urteil zu fällen, da mir die Möglichkeit der hierzu erforderlichen umständlichen Berechnung fehlt. Der z. Z. vorhandene Personalmangel ist jedoch nicht, wie es nach der Denkschrift des Ob. Kdos. scheinen könnte, durch die Formierung des Manöver-Geschwaders in seiner heutigen Form entstanden. Diese entspricht, was den Personalbedarf anbetrifft, im wesentlichen der Denkschrift des R. M. A. zum Etatsentwurf 1892/93.

Der heutige Personalmangel ist vielmehr in der Hauptsache entstanden durch Vermehrung der Schulschiffe um ein Kadetten-Schulschiff und die dauernde Indiensthaltung der Kadetten-Schulschiffe, durch Einstellung des »Friedrich Carl« als besonderes Torpedo-Versuchsschiff und durch die vermehrte Auslandsvertretung. Trotzdem würde einer zu fordernden Personalvermehrung die vom Ob. Kdo. gegebene Motivierung wenn notwendig teilweise zugrunde gelegt werden können.

II. Wie wird ein Programm für die Erweiterung der Marine anzufassen und auszuarbeiten sein, um eine Basis zu bilden für die Zukunft?

Die zweite von E. M. mir Allergnädigst gestellte Frage läßt sich am besten in 2 Teilen beantworten: »Wie ist die bis 1908 zu erreichende Retablierung unserer Flotte anzufassen?« und »Wie ist die weitere Basis für die Zukunft vorzubereiten?«

a) Wie ist die bis 1908 zu erreichende Retablierung unserer Flotte anzufassen?

1. Insoweit das Ob. Kdo. diesen Teil der Frage bereits behandelt, stehe ich durchaus auf dem Standpunkt desselben. Die Beteiligung der Staatsregierung zur Erreichung des Zieles haben E. M. bereits Allergnädigst in Aussicht genommen.

2. Es wird, soweit ich aus der Zeitungslektüre beurteilen kann, ein grundsätzlicher Bruch mit dem bisherigen Standpunkt des R. M. A. dem Reichstage gegenüber erforderlich werden und das eingehend begründete Gesamtbedürfnis rückhaltlos ausgesprochen werden müssen, wie das Ob. Kdo. schon sagt, selbst auf die Gefahr hin, daß die gestellten Forderungen jahrelang abgelehnt werden. Ich glaube, daß kleine Einzelforderungen und Bewilligungen im Reichstage die Chance der Durchsetzung des Gesamtbedürfnisses vermindern. Jetzt liegt außerdem die Sache so, daß, wenn bei ausbrechendem Krieg oder bei sonstigen Konflikten die Flotte die an sie gestellten Erwartungen nicht erfüllt, weniger dem Reichstage als der Marine die Schuld hieran beigemessen werden würde.

3. Als hauptsächlichste strategische Unterlage für die Durchbrin-

gung und namentlich für die scharfe Abgrenzung unserer zunächst erforderlichen Flottenstärke würde auch ich den Kriegsfall mit 2 Fronten für zweckmäßig halten. Zu erwägen wäre, ob man hierin weiterginge und den noch ungleich positiven Nutzen andeutet, den diese Flotte gelegentlich auch für die Erzwingung des Friedens, wenn das Machtverhältnis günstiger, und welche sie stets für die wirtschaftliche Erstarkung Deutschlands besitzt.

Dieser Ausspruch bedarf einer etwas weiteren Erläuterung. Die Gefahr liegt durch die Weltlage begründet vor, daß unser Reich im kommenden Jahrhundert von seiner Großmachtstellung herabsinkt, wenn nicht energisch ohne Zeitverlust und systematisch unsere gesamten Seeinteressen vorwärtsgetrieben werden. Hierdurch wird gleichzeitig das beste Mittel gegen gebildete und ungebildete Sozialdemokratie [sic] geschaffen, und der einzige überschüssige Reichtum, den Deutschland in seiner Menschenproduktion besitzt, kommt zur Ausnutzung, während er jetzt teils uns zu ersticken droht, teils durch Auswanderung entweder verlorengeht, oder unsere Konkurrenten stärkt. Die Erkenntnis der neuen besonderen nationalen Aufgabe, welche in der Entwicklung unserer Seeinteressen liegt, ist zwar in den letzten Jahren gewachsen. Immerhin bleibt aber der Ausspruch, wenn ich nicht irre, Sir Charles Dilkes im ganzen richtig: Deutschland hätte wohl Seeleute, wäre aber keine sea going nation.

Noch geringer ist das Verständnis, selbst in den gebildeten Kreisen unserer Nation, daß die Seeinteressen unseres Reiches in der Welt, wo die Dinge hart aufeinanderstoßen, nur durch Seekriegsmacht auf eine gesunde Grundlage gestellt werden können. Sonst fehlt die Courage, Schecks auf die Zukunft auszustellen, und das etwa Geschaffene fällt nach den ersten transatlantischen größeren Konflikten wieder zusammen.

Die asiatische Frage, die gelegentlichen Brüskierungen Amerikas, der sich langsam vorbereitende Zollverband des British Empire und das angestrebte englische Groß-Afrika scheinen gerade jetzt als eindrucksvolle Mahnrufe für uns.

Dem deutschen Binnenlande muß glaubhaft gemacht werden, daß die heutige Ausgabe für die Marine eine schlechte Geldanlage darstellt und erst bei gewisser Amelioration die eigentliche Rentierung der Flotte anfängt, gerade wie man einem starken Pferd genug Hafer geben muß, um es mit Vorteil verwerten zu können. Wir haben aber keinen Tag Zeit mit der Retablierung der Flotte zu warten »parceque dans la marine rien ne s'improvise«. Besonders scheint erforderlich, die Bedeutung, welche unsere heimischen Geschwader auch bei allen transatlantischen Interessenkonflikten besitzen, allgemeiner begreiflich zu machen, sowohl in Beziehung auf dortige Nationen als auf europäische Staaten. Selbst der größte Seestaat Europas würde entgegenkommender gegen uns sein, wenn wir 2–3 gute und hochgeschulte Geschwader in diejenige des Konflikts zu werfen imstande wären. Durch Auslandskreuzer würden wir das nie erreichen. So hat z. B. Frankreich die ungestörte Ausführung der Erwerbung eines großartigen Kolonialreiches in den letzten 10 Jahren seinen heimischen Geschwadern in erster Linie zu verdanken.

Ich möchte daher glauben, daß für die Motivierung der Entwicklung unserer heimischen Schlachtflotte und damit für die rationelle Erweiterung unserer Flotte überhaupt die bloße Ausführung des defensiven Falles auf die Dauer nicht ganz ausreichte, so angenehm dies nach außen hin auch sein möge. Denn mit dem mehr indirekten Nutzen in jenem schwersten Fall wird der viel positivere Nutzen für alle anderen in der Zukunft sich bildenden Fälle nicht ganz verständlich.

4. Wenn es auch schwer sein wird, die Mehrheit des jetzigen Reichstages zu überzeugen, daß die Verstärkung der Flotte besonders auch der wirtschaftlichen Erstarkung Deutschlands und seinen Wohlfahrtseinrichtungen im erweiterten Sinne dient, so würde ich doch glauben, daß es möglich ist, größere Kreise der Nation für dieses Vorgehen so zu erwärmen, daß von ihnen schließlich der erforderliche Druck für Reichstagsbewilligung ausgeht. Es würde Sache der Zentralbehörden sein, eine solche teilweise schon vorhandene Strömung gemäß dem vorstehend skizzierten Gedankengange umfassend und nachhaltig zu steigern. Hierzu würden gehören:

In erster Linie Zusammenarbeiten der obersten Zentralbehörden der Marine in der gleichen Richtung, Schulter an Schulter. Überzeugung und Befehl für das Offizierkorps, das Retablierungsprogramm der Flotte, sobald und insoweit es die Billigung Euer Majestät erhalten hat, als unerläßlich und als richtig, jedes andere aber als falsch anzusehen.

Vermehrte Belehrung des Seeoffizierkorps, daß außer den in erster Reihe stehenden militärischen Pflichten eine besondere Aufgabe für den Seeoffizier auch in der Förderung der allgemeinen Seeinteressen des Reiches liegt. Die Geschichte Englands zeigt, wieviel durch das englische Seeoffizierkorps, im besonderen durch die Admirale und Kommandanten, hierdurch im Frieden und im Kriege erreicht worden ist. Takt und gute Erziehung wird unsere Seeoffiziere mit wenigen Ausnahmen die erforderliche Grenze lassen.

Tunlichste Entwicklung und Begünstigung des Reserveoffizierkorps, Belehrung und Ausnutzung der Reserveoffiziere in diesem Sinne.

Stärkere Beteiligung der aktiven Offiziere und indirekt der Behörden an denjenigen bestehenden Vereinen, welche allgemeine Seeinteressen fördern.

Stärkere Berührung der Marine mit den bezüglichen Kreisen der Hansastädte. Früher hat ein Wachtschiff auf der Elbe im Winter nützlich in diesem Sinne wirken können. Ob die Seewarte hierin noch mehr leisten könnte als jetzt, kann ich nicht beurteilen.

Begünstigung populärer Vorträge im Inland durch Zugänglichmachung marineseitig vorbereiteten Materials hierfür an geeignete Persönlichkeiten.

Heranziehung der Bezirksämter auch für diese Zwecke. Pekuniäre Ermöglichung und Begünstigung solcher Übersetzungen aus der fremden, namentlich der englischen Literatur, welche die Seeinteressen betreffen und geeignet sind, das Verständnis hierfür in Deutschland zu erweitern.

Tunlichste Erzeugung deutscher Literatur in diesem Sinne, eingeschlossen solche novellistischer Art nach Cooper und Marryat. Weiterer Ausbau der Marine-Rundschau in ihren enger gezogenen Grenzen. Vermehrung der marineseitig geförderten Preßbewegung. Diese Aufgabe ist freilich delikater Natur und muß, um richtig zu wirken, auch den Gegenkrieg aufnehmen.

Stärkere Anteilnahme der direkt von der Flotte Nutzen ziehenden Privatindustrie zugunsten der Flotte.

5. Bei der zu machenden Etatsvorlage würde, rein sachlich betrachtet, richtig sein, Pauschalsummen für die Retablierung des Flottenmaterials zu fordern. Kein Seestaat der Welt, auch nicht solche mit ausgesprochen demokratischer Regierungsform, macht es anders. Wenn ein solches Pauschalverfahren aufgrund der Vorgänge bei uns zu erreichen jetzt nicht mehr möglich sein sollte, so würden die Forderungen doch wenigstens mit dem Vorbehalte gewisser nicht zu eng bemessener Verschiebungen innerhalb der Gesamtsumme zu machen sein.

Sosehr ich überzeugt bin, daß der jetzige Vorschlag des Ob. Kdos. auf einer Unterlage beruht, wie wir dieselbe der natürlichen Entwicklung unserer Marine gemäß bisher noch niemals in gleicher Solidität gehabt haben, und sosehr ich glaube, daß es für uns selbst zweckmäßig wäre, innerhalb der Retablierungsetappe nur unter ganz zwingenden Gründen von dem Plan abzuweichen, so halte ich doch eine vollständige Festnagelung betreffend die Wahl der Schiffstypen nicht für richtig. Insonderheit darf der Zukunft nach

Abschluß der Etappe im Jahre 1908 nicht mehr vorgegriffen werden, als für Erreichung des nächstliegenden Zwecks unerläßlich wird.

6. Für die technische Ausführung selbst des vom Ob. Kdo. vorgeschlagenen Bauprogramms halte ich unsere Privatindustrie im Verein mit unseren Kaiserlichen Werften für genügend stark, wenn die Sache richtig angefaßt wird. Jedoch glaube ich, auf diesen Punkt hier nicht näher eingehen zu sollen. Auch glaube ich, daß die Werftanlagen, abgesehen von Docks, in der Hauptsache für die Bedürfnisse der erweiterten Flotte genügen könnten, wenn von manchem Hergebrachten abgesehen wird. Auch Kasernenanlagen werden, nach Erfahrung der Personalvermehrung von 1892 um 4000 Mann, große Erweiterungen voraussichtlich nicht zu erfahren brauchen, nachdem unsere Flottenorganisation in höherem Maße wie früher auf das Wasser gelegt worden ist.

7. Da es für die Durchbringung der Erweiterung der Flotte mir besonders wichtig erscheint, daß ihre Grenzen scharf hervortreten, so würde es vielleicht zweckmäßig sein, den Personalbedarf noch mehr wie in der Denkschrift von 1892 geschehen, auf die organisatorische Kriegsflottenstärke und auf das außerhalb derselben zu legende Friedensbedürfnis für Spezialzwecke zu begründen. Dies würde sich wohl erreichen lassen, ohne einen zu starken Einblick in unsere Ordre de bataille zu gewähren.

Für das Reservematerial würde Friedenspersonalbedarf dementsprechend etatmäßig nicht vorzusehen sein. Sind bei der Etatberatung von 1892 marineseitig Erklärungen abgegeben worden, welche es so kurze Zeit darauf schwierig und ungünstig machen, den Personalbedarf auf eine andere Weise zu berechnen als damals geschehen, so würde ich durchaus für angängig halten, die Berechnungsweise, nach welcher für zwei Panzerschiffe eine volle Besatzung und ein Personalzuschlag gefordert wurde, bis 1908 fortbestehen zu lassen. Das Berechnungsverfahren des Personalbedarfs als solches hat selbstredend keinen Einfluß auf die von E. M. zu befehlende Flottenorganisation, welche vollständig außerhalb der Kompetenz des Reichstages liegt. Die vom Ob. Kdo. gewünschte Personalvermehrung würde sich überreichlich begründen lassen durch die Vermehrung der Zahl der Panzerschiffe von 14 auf 16, um zwei volle Geschwader formieren zu können. Durch das Hinzutreten eines 7. Panzerschiffes als Flottenflaggschiff durch die Umwandlung von 5 kleinen Panzerschiffen in solche moderner Konstruktion, durch den Personalbedarf für Kreuzer durch den vorher behandelten seit 1892 entstandenen Mehrbedarf für Friedensspezialzwecke. Für die eigentliche Vergrößerung unserer Schlachtflotte würden somit nur

3 Linienschiffe in Anrechnung zu kommen brauchen, die sich aus unserer geläuterten taktischen Erkenntnis ohne große Entfernung von den früheren Flottengründungsplänen erklären lassen. Neun von den übrigen geforderten Panzerschiffen würden sich auf diese Weise schärfer als Ersatzbau zur bloßen Erhaltung der Flottenstärke dienend hervorheben und zwei Panzerschiffe als für die Flottenorganisation erforderliche Postmarinedampfer dazutreten. Eine nicht offenliegende Stärke unserer Flotte würde in den aus der Liste der eigentlichen Schlachtschiffe gestrichenen, aber noch konservierten Schiffe, in den Augmentationsschiffen, in unserem Wehrsystem und teilweise in dem überschüssigen aktiven Personal für Beurlaubungen und in dem für Spezialfriedenszwecke liegen.

8. Das leitet über zu der Frage, ob man nicht zweckmäßig die gesamte Etatgruppierung und Bezeichnung so gestalten kann, daß die Ausgaben für die eigentlich schwimmenden Flottenkräfte, die Ausgaben für die lokale Küstenverteidigung und die Ausgaben für allgemeine Seeinteressen, deren einige schon z. Z. von der Marine getragen werden, schärfer als solche hervortreten. In diesem Sinne würden z. B. die Vermessungsfahrzeuge und das Fischereifahrzeug mit ihrem Ober- und Unterpersonal, vielleicht auch die Nautische Abteilung nebst Seewarte und Bezirksämtern zu den allgemeinen Seeinteressen gezählt werden können, die Matrosen-Artillerie mit ihrem Offizierkorps und ihrem ganzen Material zur reinen Küstenverteidigung. Hierdurch würde weniger wie jetzt die Gesamtausgabe für den Marine-Etat in den Augen der öffentlichen Meinung auf das Konto der Flotte geschrieben werden. Indessen würde erst eine genaue Durchkonstruierung des Etats in diesem Sinne und sorgsame sonstige Erwägung zeigen, inwieweit die Ausführung dieses Gedankens tatsächlich Nutzen verspricht.

b) Wie ist die weitere Basis für die Zukunft vorzubereiten?

Bei dieser Frage glaube ich von der äußeren Politik ganz absehen zu sollen, obwohl dieselbe hierbei in hohem Maße bestimmend mitwirkt. In Europa durch die eine natürliche Expansion Deutschlands über die Nordsee erschwerende Existenz Hollands in Verbindung mit unseren benachbarten großen Militärstaaten, jenseits Europas vornehmlich durch die Kolonienfrage und durch das uns transatlantisch überall widerstrebende Verhalten Englands.

Die marineseitig zu treffenden Maßnahmen, um eine weitere Basis für die Zukunft vorzubereiten, werden bei der Bedeutung und der Dringlichkeit der ersten Retablierung der Flotte m. E. zunächst untergeordnet werden müssen den Maßnahmen für die glückliche Ausführung der letzteren. Das, was nach der Etappe von 1908 noch weiter in Aussicht steht, wird zweckmäßig mit größter Vorsicht zu behandeln sein. Ich glaube, daß man sowohl dem Maß künftiger Bedürfnisse als auch der Bezeichnung derselben möglichst wenig vorgreifen darf. Dieselben werden, was das Maß anbetrifft, von der gesamten Entwicklung Deutschlands und besonders derjenigen seiner Seeinteressen abhängen, was die Art anbetrifft, durch technische und militärische Erfahrungen bestimmt werden. Immerhin werden eine Reihe der jetzt schon zu ergreifenden Maßnahmen auch der zukünftigen Entwicklung unserer Marine zugute kommen können, wenn dieselbe dabei gut im Auge behalten wird. Hierhin würde u. a. das Prinzip der Amortisierung des Materials gehören, ganz in derselben Weise, wie es Lloyd-Gesellschaften und alle Etablissements, welche mit großem technischen Material zu rechnen haben, stets tun.

Der für die Zukunft der Marine m. E. noch schwierigste Punkt scheint mir aber in der Organisation derjenigen Zentralbehörde zu liegen, welcher die parlamentarische Durchsetzung und die Beschaffung zukommt. Ich erlaube mir nicht über deren innere Organisation und ihre Dependenzen zu sprechen, jedoch glaube ich einen Gesichtspunkt der äußeren Organisation dieser Zentralbehörde anführen zu sollen, mit welchem meiner Ansicht nach ein Teil unserer jetzigen Schwierigkeiten zusammenhängt.

Es handelt sich in der Hauptsache um die Frage, ob ein größerer Zusammenschluß der Seeinteressen des Reichs als bisher anzustreben ist und ob als Kristallisationspunkt das Reichsmarineamt zu nehmen ist.

Historisch erläutert ist es der Standpunkt, den Colbert seinerzeit einnahm, als ihm darauf ankam, Frankreichs Macht und Wirtschaftssphäre rasch nach dieser Richtung zu erweitern. Wenn dies Verfahren volle Früchte nicht erzielt hat, so war die spätere Politik Ludwigs XIV. und eine Reihe anderer teils vermeidbarer, teils für uns nicht zutreffender Ursachen schuld daran. Im übrigen ist zu bemerken, daß, wenn die Teilinteressen groß geworden sind, der Zweck also erreicht ist, eine Lockerung derselben untereinander sich von selbst einstellt und alsdann auch angängig ist. General von Stosch hat den Gedanken der Konzentration der Seeinteressen von Beginn seiner Amtstätigkeit als Chef der Admiralität zu verwirklichen versucht. Er hat für seine Person hierin auch manches erreicht, so hat der Vertreter der Hansastädte in dieser Periode keine Eingabe an das Reichsamt des Innern gemacht, die nicht vorher mit dem Chef der Admiralität vereinbart worden war.

Die Übertragung dieses Einflusses auf die Organisation der

Behörde scheiterte aber bei den meisten Fragen an dem persönlichen Widerstand des Fürsten Bismarck in Verbindung mit dem Umstande, daß die Admiralität nur zur Hälfte dem Reichskanzler unterstellt war.

Man wird bei dieser Frage in Betracht ziehen müssen, daß noch bis 1866 unsere Seeinteressen völlig darniederlagen und, was hiervon vorhanden war, lediglich den Charakter der Parasitenexistenz hatte. Von diesem Ausgange ist auch heute noch vieles übriggeblieben. Den eigentlichen Status nascendi unserer Seeinteressen nach Gründung des Deutschen Reiches auf 50 bis 100 Jahre anzunehmen, ist wohl nicht zuviel gerechnet. Wäre die allgemeine Marinepolitik des Generals von Stosch weiter durchgeführt worden, so würde der Vorteil erwachsen sein, die Seeinteressen an eine Behörde angliedern zu können, welche gegenüber allen anderen Reichs- und Landesbehörden einen erheblich größeren Teil davon in sich vereinigt als jede dieser anderen, ja an eine Behörde, deren ganze Existenzberechtigung und Bedeutung von diesen Seeinteressen ausschließlich abhängt, da die Flotte, wenn ich einen mathematischen Ausdruck brauchen darf, nur eine »Funktion« derselben ist. Es läge somit, organisatorisch betrachtet, keine Gefahr vor, daß eine der Interessengruppen dabei zu kurz käme. Dagegen würde es leichter gewesen sein, den einzelnen Landesregierungen das, was ihnen in zersplittertem Zustande an allgemeinen Seeinteressen gehört, abzunehmen und auf das Reich zu übertragen. Kraft und große Schreibarbeit würde hierdurch erspart sein. Es würde dem Reichsmarineamt ein größerer Einfluß auf Kolonialwesen, Nordostseekanal, Lotsen-, Feuer-, Tonnenwesen, Schiffsvermessung, Dampfersubvention, seemännische Prüfungen, Seefischerei und die ganze Kauffahrteiflotte etc. gesichert sein. Ich glaube, daß durch einen solchen Zusammenschluß der aufeinander angewiesenen Seeinteressen ihre Entwicklungskraft im ganzen gehoben und ihr Fortschritt beschleunigt worden wäre. Nach der heutigen Weltlage spielt der Zeitgewinn hierbei aber eine besonders wichtige Rolle und würde dem do-ut-des-Prinzip gemäß ein größerer Interessen- und Einflußkreis auch für die starke Entwicklung der Kriegsflotte, die sich am schwersten allein helfen kann, gewonnen sein. Die Lage hat sich inzwischen erheblich geändert. Seit 1883 ist ein grundsätzlich entgegengesetzter Standpunkt in unserer Marinepolitik eingenommen worden, und auch später in besonders wichtiger Periode ist die Kraft des Reichsmarineamts nach anderer Richtung angelegt worden. Die einzelnen Interessengruppen sind inzwischen wesentlich gewachsen und haben anderen Behörden und in den einzelnen Landesregierungen sich je nachdem gut oder schlecht geholfen. Die Position des Reichsmarineamts als allgemein maritim-technische Autorität ist naturgemäß gesunken. Das Reichsamt des Innern hat sich durch Übernahme ehemaliger Marinekräfte unabhängig gemacht und drückt das R. M. A. in dieser Beziehung immer mehr zurück. Den genauen Stand dieser Dinge kenne ich aus persönlicher Geschäftserfahrung indessen nicht ausreichend genug, um übersehen zu können, ob es jetzt noch möglich und richtig ist, die im Jahre 1883 verlassene Richtung wiederaufzunehmen. Zweifellos wird dies jetzt sehr schwierig sein. Ich halte indessen eine eingehende vorurteilslose Erwägung dieser Frage an zuständiger Stelle noch für so wichtig, daß ich mich verpflichtet gesehen habe, diese grundsätzliche Verschiedenheit in der möglichen Entwicklungsrichtung der einen obersten Zentralbehörde von der in den letzten Jahren verfolgten hier hervorzuheben. Ein organisatorisch klares und weitgestecktes Ziel ist m. E. in jedem Fall für das R. M. A. unerläßlich, um Kraft und Leistung für eine erweiterte Basis der Marine entwickeln zu können [...].

7. »Aus dem Deutschen Reiche ist ein Weltreich geworden«: Kaiser Wilhelm II. bittet um Unterstützung (18. Januar 1896)

Zitiert nach: Michael Behnen (Hrsg.), Quellen zur deutschen Außenpolitik im Zeitalter des Imperialismus 1890–1911. Darmstadt 1977, S. 146.

Weiterführende Literatur: Peter Winzen, Bülows Weltmachtkonzept. Untersuchungen zur Frühphase seiner Außenpolitik 1897–1901. Boppard a. Rh. 1977, S. 69f.

Aus dem Deutschen Reiche ist ein Weltreich geworden. Überall in fernen Teilen der Erde wohnen Tausende unserer Landsleute. Deutsche Güter, deutsches Wissen, deutsche Betriebsamkeit gehen über den Ozean. Nach Tausenden von Millionen beziffern sich die Werte, die Deutschland auf der See fahren hat. An Sie, meine Herren, tritt die ernste Pflicht heran, Mir zu helfen, dieses größere Deutsche Reich auch fest an unser heimisches zu gliedern.

8. »[D]iese Politik des größeren Deutschland«: Der SPD-Abgeordnete Dr. Bruno Schoenlank sucht den Ursprung der »Weltpolitik« zu klären (6. Dezember 1897)

Zitiert nach: Sten. Ber., Bd. 159, S. 50f.

Weiterführende Literatur: Peter Winzen, Bülows Weltmachtkonzept. Untersuchungen zur Frühphase seiner Außenpolitik 1897–1901. Boppard a. Rh. 1977, S. 69f.

Meine Herren, aber diese Beweggründe reichen nicht aus, – man sagt, es sei ja nötig, auch die vielen Deutschen, die drüben wären über dem Meer, zu schützen, und die ganze Politik, die jetzt Mode ist, diese Weltpolitik – wenn man sie so nennen will – oder diese Politik des größeren Deutschland hat ja ihren historischen Ursprung in jener berühmten Tafelrede vom 18. Januar 1896 im Berliner Schloß. [...] An diese Tafelrede haben die Wasser- und Flottenpatrioten angeknüpft, sie haben sie in ihrem Sinne ausgelegt, um dieses größere Deutschland aus den Phantasien einer überstiegenen Weltpolitik in die *reale handgreifliche Praxis der Annexion* zu übersetzen.

Ja, meine Herren, was für ein Aufgebot von Kräften für die Marineagitation thätig gewesen ist, das brauche ich Ihnen, die Sie ja die Presse regelmäßig verfolgen und im öffentlichen Leben stehen, kaum zu sagen. Daß natürlich ein eigenes Preßbüreau für die Marine gegründet wurde, verstand sich von selbst. Daß der brave Pastor Hülle, der empfohlene Günstling des Reichsamts des Innern, gleichfalls für die Marine arbeitete, verstand sich von selbst; daß ein wimmelnder Schwarm von Agitatoren durch das Land zog, von Marinerednern, das ist auch bekannt. Und, meine Herren, was wird Herr von Stumm und alle die Leute, die so ärgerlich sind auf die *Universitätsprofessoren*, sagen? Es haben sich ja auch glücklich eine Reihe von Universitätsprofessoren gefunden, die mit großem Eifer das Tamtam für die Flotte schlagen bei den unmöglichsten Gelegenheiten, und sogar – das wird Herrn von Stumm interessieren – ein Schwager des Professors Schmoller, des bösen Kathedersozialisten, Herr Rathgen, schreibt einen Artikel in einer wissenschaftlichen Zeitschrift über unsere Handelsbeziehungen zu England und detonirt am Schlusse mit einem Hymnus auf eine größere Kriegsflotte. Selbstverständlich bleiben auch die »Historiker« nicht zurück – Herr Dietrich Schäfer in Heidelberg hat eine eigene Broschüre geschrieben, um uns die Nothwendigkeit zu beweisen, daß wir diese Flotte haben müssen – das versteht sich von deutschen Professoren ganz von selbst.

9. Ein »Platz an der Sonne«: Staatssekretär Bernhard von Bülow fordert die Berücksichtigung deutscher Interessen (6. Dezember 1897)

Zitiert nach: Hans Fenske (Hrsg.), Unter Wilhelm II. 1890–1918. (Freiherr vom Stein-Gedächtnisausgabe, Bd. VII), Darmstadt 1982, S. 131 ff.

Weiterführende Literatur: Peter Winzen, Bülows Weltmachtkonzept. Untersuchungen zur Frühphase seiner Außenpolitik 1897–1901. Boppard a. Rh. 1977, S. 130–139.

6. Dezember 1897

Meine Herren, im Laufe der heutigen Diskussion sind zwei Angelegenheiten meines Ressorts zur Sprache gebracht worden: die eine ist die Differenz, welche infolge der Verhaftung und Verurteilung des Deutschen Emil Lüders in Port-au-Prince zwischen dem Deutschen Reich und Haiti entstanden ist; die andere die Entsendung unserer Kreuzerflotte nach der Kiautschoubucht. Beide Angelegenheiten befinden sich noch in der Schwebe, und das legt mir für den Augenblick Zurückhaltung auf, so begreiflich ich auch an und für sich den Wunsch nach näherer Auskunft finde. Sobald der Zeitpunkt gekommen sein wird, werde ich gern bereit sein, diesem hohen Hause über das, was in beiden Fragen von unserer Seite geschehen ist, nähere Auskunft zu geben.

Für heute möchte ich über den Zwischenfall in Haiti nur Folgendes erklären. Wir haben uns nicht zufrieden gegeben mit der Freilassung des Lüders, vielmehr betrachten wir es als unser Recht und unsere Pflicht, als Äquivalent für die unbillige, der haitianischen Landesgesetzgebung, der Verfassung von Haiti und dem Völkerrechte gleichmäßig widersprechende Einkerkerung eines deutschen Staatsangehörigen angemessene Genugtuung und Entschädigung zu verlangen. *(Bravo!)* Ich gebe mich der Hoffnung hin, daß die haitianische Regierung nicht länger zögern wird, unseren Anforderungen Folge zu geben, die ebenso wohlberechtigt und wohlbegründet wie maßvoll sind. Ich gebe mich dieser Erwartung um so lieber und um so bestimmter hin, als wir nicht nur das gute Recht auf unserer Seite haben, sondern auch den Willen und die Macht, unserem Rechte Geltung zu verschaffen. *(Lebhaftes Bravo.)*

In Ostasien schien der Herr Abgeordnete Dr. Schoenlank zu fürchten, daß wir uns in Abenteuer stürzen wollen. Fürchten Sie gar nichts, meine Herren! Der Herr Reichskanzler ist nicht der Mann, und seine Mitarbeiter sind nicht die Leute, irgend unnütze Händel zu suchen. Wir empfinden auch durchaus nicht das Bedürfnis, unsere Finger in jeden Topf zu stecken. Aber allerdings sind wir der

Ansicht, daß es sich nicht empfiehlt, Deutschland in zukunftsreichen Ländern von vornherein auszuschließen vom Mitbewerb anderer Völker. *(Bravo!)* Die Zeiten, wo der Deutsche dem einen seiner Nachbarn die Erde überließ, dem anderen das Meer und sich selbst den Himmel reservierte, wo die reine Doktrin thront *(Heiterkeit – Bravo!)* – diese Zeiten sind vorüber. Wir betrachten es als eine unserer vornehmsten Aufgaben, gerade in Ostasien die Interessen unserer Schiffahrt, unseres Handels und unserer Industrie zu fördern und zu pflegen.

Die Entsendung unserer Kreuzerdivision nach der Kiautschoubucht und die Besetzung dieser Bucht ist erfolgt einerseits, um für die Ermordung deutscher und katholischer Missionare volle Sühne, andererseits für die Zukunft größere Sicherheit als bisher gegen die Wiederkehr solcher Vorkommnisse zu erlangen. In beiden Richtungen schweben Unterhandlungen, und bei der Natur diplomatischer Unterhandlungen und Geschäfte nötigt mich dies, meine Worte sehr sorgsam abzuwägen. Ich kann aber doch folgendes sagen: wir sind gegenüber China erfüllt von wohlwollenden und freundlichen Absichten *(Heiterkeit links!)*, wir wollen China weder brüskieren noch provozieren. Trotz der uns widerfahrenen schweren Unbill ist die Besetzung der Kiautschoubucht in schonender Weise ausgeführt worden. Wir wünschen die Fortdauer der Freundschaft, welche Deutschland seit langem mit China verbindet, und die bisher nie getrübt wurde. Aber die Voraussetzung für die Fortdauer dieser Freundschaft ist die gegenseitige Achtung der beiderseitigen Rechte. Die Niedermetzelung unserer Missionare war der nächstliegende und war ein zwingender Grund für unser Einschreiten; denn wir waren nicht der Ansicht, daß diese frommen Leute, welche friedlich ihrem heiligen Berufe nachgingen, als vogelfrei zu betrachten wären. *(Sehr gut!)* Aber auch abgesehen von diesem traurigen Vorfall hatten wir gegenüber China eine Reihe anderer Beschwerdepunkte. Wir hoffen, daß es gelingen wird, diese Beschwerden auf dem Wege loyaler Unterhandlung gütlich beizulegen. Wir konnten aber nicht zugeben, daß sich in China die Ansicht festsetze, uns gegenüber sei erlaubt, was man sich anderen gegenüber nicht herausnehmen würde. *(Sehr richtig! und Bravo!)* Wir müssen verlangen, daß der deutsche Missionar und der deutsche Unternehmer, die deutschen Waren, die deutsche Flagge und das deutsche Schiff in China geradeso geachtet werden, wie diejenigen anderer Mächte. *(Lebhaftes Bravo.)* Wir sind endlich gern bereit, in Ostasien den Interessen anderer Großmächte Rechnung zu tragen, in der sicheren Voraussicht, daß unsere eigenen Interessen gleichfalls die ihnen gebührende

Würdigung finden. *(Bravo!)* Mit einem Worte: wir wollen niemand in den Schatten stellen, aber wir verlangen auch unseren Platz an der Sonne. *(Bravo!)* In Ostasien wie in Westindien werden wir bestrebt sein, getreu den Überlieferungen der deutschen Politik, ohne unnötige Schärfe, aber auch ohne Schwäche unsere Rechte und unsere Interessen zu wahren. *(Lebhafter Beifall.)*

10. »Wirthschaftliche und politische Dinge« sind nicht zu trennen: Der deutsche Botschafter in Konstantinopel, Adolf Freiherr Marschall von Bieberstein, plädiert für die Fortsetzung der anatolischen Bahn bis Bagdad (3. Januar 1899)

Zitiert nach: Gregor Schöllgen, Imperialismus und Gleichgewicht. Deutschland, England und die orientalische Frage 1871–1914. (1982), München 1992, S. 444–452.

Weiterführende Literatur: Johann Manzenreiter, Die Bagdadbahn. Ein Beispiel für die Entstehung des Finanzimperialismus in Europa (1872–1903). Bochum 1982.

Pera, den 3. Januar 1899

Meine Auffassung über die geplante Verlängerung der Eisenbahn Angora-Bagdad beehre ich mich im Nachstehenden ergebenst darzulegen:

Vollkommenes Einverständnis wird wohl darüber bestehen, daß die vorliegende Frage in erster Weise eine wirthschaftliche ist. Ich wüßte in der That nicht, welche politischen Gründe ich für die Erbauung einer Bahnlinie im fremden Lande ins Feld führen sollte, wenn dieselbe vor einer Prüfung aus wirthschaftlichen Gesichtspunkten nicht bestehen könnte. Ist das Unternehmen wirthschaftlich gesund, trägt es nach menschlicher Berechnung die Garantien einer gedeihlichen Entwickelung in sich, so wird es auch politisch günstig wirken; fehlt jene Voraussetzung, so werden wir nicht nur unser Geld verlieren, sondern auch an unserem politischen Prestige Einbuße erleiden. Vestigia terrent. Nichts hat dem französischen Ansehen im Orient in dem Maaße Abbruch gethan, als die zahlreichen ungesunden Unternehmungen, welche, wie die Eisenbahnen in Syrien und Palästina, die hiesige Qual-Gesellschaft u. s. w., mit großem Aufwande von hochtönenden Phrasen ins Leben gerufen, nach kurzer Zeit nicht nur ganz oder halb verbracht sind, sondern auch weitere wirthschaftliche Kreise in Mitleidenschaft gezogen haben.

Auch der Satz wird keinen Widerspruch finden, daß die Beantwortung jener wirthschaftlichen Fragen von dem Ergebnisse der

Prüfung abhängt, ob das betreffende Unternehmen dem darin angelegten Kapitale »Rentabilität und Sicherheit« verspricht, oder nicht. Das ist zweifellos richtig, aber jene Begriffe sind so dehnbar, sie überlassen so vieles dem subjectiven Ermessen, daß mit der Aufstellung der Formel wenig gewonnen ist. Will man die Stellung der Regierung zu einem bestimmten Unternehmen festlegen, so wird man nur auf einem Umwege zu einem brauchbaren Resultate gelangen. Es ist unumgänglich, zunächst die gesammte Wirthschaftspolitik mit den großen, daraus folgenden Aufgaben ins Auge zu fassen, denn nur auf diesem Wege wird man für die Anwendung jener Formel die nöthigen festen Direktiven erhalten. Es giebt Nationen, für welche eine wirthschaftliche Ausstrahlung, oder um das moderne Wort zu brauchen, eine »Weltpolitik« Lebensbedingung ist, und andere, bei denen diese Voraussetzung fehlt. Für diese beiden Kategorien werden, wenn es sich um eine Kapitalanlage im fremden Lande handelt, die Worte »Sicherheit und Rentabilität« eine verschiedenartige Bedeutung haben. Und auch die weitere Frage, ob und wie weit die Regierung einen mittelbaren Einfluß auf die private Kapitalanlage ausüben soll, wird nur aus den individuellen wirthschaftspolitischen Bedürfnissen beantwortet werden können.

Bei der Fortsetzung der anatolischen Bahn bis Bagdad handelt es sich darum, das Innere Kleinasiens der Kultur zu erschließen und damit ein Werk zu vollenden, welches deutscher Unternehmungsgeist mit Erfolg begonnen; ich acceptiere diesen Satz und vermag darin weder einen unpraktischen Idealismus, noch ein Schlagwort zu finden. Vielmehr führt mich eine allgemeine Betrachtung zu dem entgegengesetzten Schlusse, daß die Eröffnung fremder Länder für Handel und Verkehr *zu den eminent praktischsten Aufgaben* der deutschen Wirthschaftspolitik gehört und von der Art, wie wir diese Aufgabe erfüllen, im letzten Ende die größte wirthschaftliche Frage abhängt: Fortschritt oder Rückgang? Ein Land, mit einem jährlichen Bevölkerungszuwachs von reichlich 600000 Seelen, bedarf der wirthschaftlichen Ausstrahlung, vor Allem einer starken Ausfuhr. Während Frankreich mit seiner stabilen, wenn nicht rückgängigen Bevölkerung, den Rückgang seiner Ausfuhr um jährlich 6–800 Millionen, die eine verkehrte Wirthschaftspolitik ihm auferlegt hat, ertragen konnte, würde eine gleiche Erscheinung bei uns zu wirthschaftlichen, wenn nicht socialpolitischen Krisen führen und mindestens auf die arbeitende Bevölkerung eine höchst ungünstige Rückwirkung haben. Wir haben unsere Ausfuhr in einem kritischen Augenblicke durch die Handelsverträge gegen die Gefahr der allgemeinen Abschließung geschützt, die in erster Weise das expansionsbedürftige Deutschland getroffen haben würde. Aber die Handelspolitik ist ohnmächtig gegen eine andere Gefahr, die allmählich herantritt und vielleicht von unseren Interessenten noch nicht genug gewürdigt wird: daß nämlich zahlreiche Länder, die bisher willig unsere Producte aufgenommen haben, die sie selbst nicht erzeugen konnten, entsprechend ihrer fortschreitenden Entwickelung das selbst hervorbringen, was sie bisher von uns bezogen. Gegen diese Gefahr besteht nur ein Mittel, nämlich, neue Absatzgebiete uns zu beschaffen. Diesem Zweck dienen unsere Kolonien; eine vorschauende Wirthschaftspolitik wird sich damit nicht begnügen, sondern sich auch solchen Ländern zuwenden, die in *fremdem* Besitze sind und noch der Erschließung harren. Und gerade in dieser Beziehung ist der Eisenbahnbau nicht nur das wirksamste, sondern auch das lukrativste Mittel, indem er der deutschen Arbeit neben der Lieferung der zum Bau nötigen Materialien, auch eine gewisse Priorität bezüglich der Verwerthung der unerschlossenen Absatzgebiete sichert. [...]

Wenn ich hiernach zu dem Schlusse gelange, daß die Fortsetzung der anatolischen Bahn bis Bagdad, und zwar als deutsches Unternehmen, sich durchaus in dem Rahmen der großen wirthschaftlichen Aufgaben halt, die der Nation gestellt sind, und daß das Unternehmen an sich ein gesundes ist, so kann doch darüber kein Zweifel bestehen, daß nach menschlicher Voraussicht die Früchte desselben nur allmählich heranreifen werden und eine Rentabilität des Unternehmens erst nach Umlauf von Jahren zu erwarten steht. Darum ist eine türkische Staatsgarantie durchaus unentbehrlich. Aus allgemein politischen Gründen und wegen unserer älteren türkischen Staatsgläubiger haben wir ein Interesse daran, diese Garantie so gut zu gestalten, daß sie ihren Zweck erfüllt, ohne den türkischen Staat allzusehr zu belasten. [...]

Die Lehre, daß wirthschaftliche und politische Dinge von einander zu trennen sind, hält vor der heutigen Entwickelung nicht mehr stand. Nationen, die wirthschaftlich voranschreiten, werden an politischem Einfluß steigen, umgekehrt wird dem wirthschaftlichen Niedergange auch der politische folgen. Wirthschaftliche Fragen, wie sie im Innern eines Landes die Geister scheiden, und die alten Parteigruppierungen zersprengen, bestimmen heute zum großen Theil die Beziehungen der Völker und ihre politischen Ziele. Das neue Jahrhundert wird diesen Prozeß voraussichtlich verschärfen. Wenn ich nun ein Zukunftsbild ausmale, wie die Dinge sich einst gestalten werden, wenn Deutschland fortfährt, sich im Oriente wirthschaftlich auszustrecken – der Hafen in Haidar-Pascha, dem zu erheblichem Theile auf deutschen Schiffen deutsche Waaren zugeführt werden, um ins Innere des Landes geführt zu werden, die Bahnlinie von dort bis Bagdad ein deutsches Unternehmen, das nur deutsches Material verwendet und zugleich für Güter und Personen die kürzeste Linie bildet aus dem Herzen Deutschlands nach seinen ostasiatischen Besitzungen –, so tritt dem vorausschauenden Blick der Moment entgegen, in dem der berühmte Ausspruch, »daß der ganze Orient nicht die Knochen eines pommerschen Grenadiers für uns werth sei«, eine interessante historische Reminiscenz, aber keine historische Wahrheit mehr bildet. Das kann uns nicht abhalten, auf dem Wege rüstig vorwärts zu gehen, den wir beschritten haben. Jene Formel wird als Warnung für fremde Staaten, die uns aus selbstsüchtigen Motiven im Orient engagiren wollen, noch lange nützlich sein und auch für *die* Ereignisse vorhalten, mit denen die politische Voraussicht heute zu rechnen hat. Darüber hinaus brauchen wir uns den Kopf nicht zu zerbrechen. Die fortschreitende Entwickelung der Dinge, die in ungeahnter Weise stets neue Aufgaben stellt, wird, wenn sie die alten Formeln zerbricht, für die Aufstellung der neuen der allein zuverlässige Lehrmeister sein.

Marschall

11. »Kommt Ihr vor den Feind, …«: die sogenannte Hunnenrede Kaiser Wilhelms II. (27. Juli 1900)

Zitiert nach: Bernd Sösemann, Die sog. Hunnenrede Wilhelms II. Textkritische und interpretatorische Bemerkungen zur Ansprache des Kaisers vom 27. Juli 1900 in Bremerhaven. In: HZ 222 (1976), S. 349f.

Weiterführende Literatur: John C. G. Röhl (unter Mitarbeit von Elisabeth Müller-Luckner), Der Ort Kaiser Wilhelms II. in der deutschen Geschichte. München 1991.

Zum ersten Mal, seit das deutsche Reich wieder erstanden ist, tritt an Sie eine große überseeische Aufgabe heran. Dieselben sind früher in größerer Ausdehnung an uns herangetreten, als die meisten Meiner Landsleute erwartet haben. Sie sind die Folgen davon, daß das deutsche Reich wieder erstanden ist und damit die Verpflichtung hat, für seine im Ausland lebenden Brüder einzustehen, im Momente der Gefahr. Mithin sind nur die alten Aufgaben, die das alte römische Reich nicht hat lösen können, von neuem hervorgetreten und das neue deutsche Reich ist in der Lage, sie zu lösen, weil es ein Gefüge bekommen hat, das ihm die Möglichkeit dazu giebt. Durch unser Heer, in 30jähriger angestrengter, harter Friedensarbeit, sind viele hunderttausende von Deutschen zum Kriegsdienst herangebildet worden. Ausgebildet nach den Grundsätzen Meines verewigten großen Großvaters, bewährt in drei ruhmvollen Kriegen, sollt ihr nunmehr auch in der Fremde drüben [Zeugniß] ablegen, ob die Richtung, in der wir uns in militärischer Beziehung bewegt haben, die rechte sei. Eure Kameraden von der Marine haben uns schon gezeigt, daß die Ausbildung und Grundsätze, nach denen wir unsere militärischen Streitkräfte ausgebildet haben, die richtigen sind und an Euch wird es sein, es ihnen gleich zu thun. Nicht zum geringsten erfüllt es uns alle mit Stolz, daß gerade aus dem Munde auswärtiger Führer das höchste Lob unsern Streitern zuerkannt wurde.

Die Aufgabe, zu der Ich Euch hinaussende, ist eine große. Ihr sollt schweres Unrecht sühnen. Ein Volk, das, wie die Chinesen, es wagt, tausendjährige alte Völkerrechte umzuwerfen und der Heiligkeit der Gesandten und der Heiligkeit des Gastrechts in abscheulicher Weise Hohn spricht, das ist ein Vorfall, wie er in der Weltgeschichte noch nicht vorgekommen ist und dazu von einem Volke, welches stolz ist auf eine vieltausendjährige Cultur. Aber Ihr könnt daraus ersehen, wohin eine Cultur kommt, die nicht auf dem Christenthum aufgebaut ist. Jede heidnische Cultur, mag sie noch so schön und gut sein, geht zu Grunde, wenn große Aufgaben an sie herantreten. So sende Ich Euch aus, daß Ihr bewähren sollt einmal Eure alte deutsche Tüchtigkeit, zum zweiten die Hingebung, die Tapferkeit und das freudige Ertragen jedweden Ungemachs und zum dritten Ehre und Ruhm unserer Waffen und Fahnen. Ihr sollt Beispiele abgeben von der Manneszucht und Disciplin, aber auch der Ueberwindung und Selbstbeherrschung. Ihr sollt fechten gegen eine gut bewaffnete Macht, aber Ihr sollt auch rächen, nicht nur den Tod des Gesandten, sondern auch vieler Deutscher und Europäer. Kommt Ihr vor den Feind, so wird er geschlagen, Pardon wird nicht gegeben; Gefangene nicht gemacht. Wer Euch in die Hände fällt, sei in Eurer Hand. Wie vor tausend Jahren die Hunnen unter ihrem König Etzel sich einen Namen gemacht, der sie noch jetzt in der Ueberlieferung gewaltig erscheinen läßt, so möge der Name Deutschland in China in einer solchen Weise bekannt werden, daß niemals wieder ein Chinese es wagt, etwa einen Deutschen auch nur scheel anzusehen. Ihr werdet mit Uebermacht zu kämpfen haben, das sind wir ja gewöhnt, unsere Kriegsgeschichte beweist es. Ihr habt es gelernt aus der Geschichte des Großen Kurfürsten und aus Eurer Regimentsgeschichte. Der Segen des Herrn sei mit Euch, die Gedanken eines ganzen Volkes begleiten Euch, geleiten Euch auf allen Euren Wegen. Meine besten Wünsche für Euch, für das Glück Eurer Waffen werden Euch folgen! Gebt, wo es auch sei, Beweise Eures Muthes, und der Segen Gottes wird sich an Eure Fahnen heften und es Euch geben, daß das Christenthum in jenem Lande seinen Eingang finde. Dafür steht Ihr Mir mit Eurem Fahneneid, und nun glückliche Reise. Adieu Kameraden.

12. »Alle mißtrauen dem Deutschen Kaiser«: Der Journalist Maximilian Harden fordert die Thronentsagung (1908)

Zitiert nach: Die Zukunft, 21. Oktober 1908, S. 207ff., 295, 303f.

Weiterführende Literatur: Thomas Nipperdey, Deutsche Geschichte 1866–1918. Bd. II: Machtstaat vor der Demokratie. München 1992, S. 735f.

Am achtundzwanzigsten Oktoberabend stand in der Londoner Zeitung The Daily Telegraph ein Artikel, der den Titel »The German Emperor and England« trug und als personal interview bezeichnet war. Der Verfasser ließ den Deutschen Kaiser in direkter Rede zu einem entamteten britischen Diplomaten sprechen. »Ihr Engländer seid völlig verrückt. Oft und laut habe ich Euch gesagt, daß einer der heißesten Wünsche meines Herzens der ist, mit England in bester Freundschaft zu leben. Falschheit und Arglist sind meinem Wesen fremd und mein Handeln beweist die Wahrhaftigkeit meiner Worte. Daß Ihr sie mißdeutet und mir nicht glaubt, empfinde ich als eine schwere persönliche Beleidigung. Ein großer Theil Eurer Presse warnt das Volk, die Hand, die ich Euch hinstrecke, zu fassen, und behauptet, meine andere Hand halte einen Britanien bedrohenden Dolch. Ich kann immer nur wiederholen, daß ich Englands Freund bin. Aber ich bin in meinem Land mit diesem Gefühl in der Minorität. In breiten Schichten Deutschlands, unten und im Mittelstand, ist die Stimmung Euch unfreundlich. Mit aller Kraft arbeite ich an der Besserung unserer Beziehungen: und Ihr seht in mir den Erzfeind. Während des südafrikanischen Krieges war Deutschland von bitterster Feindschaft gegen Euch erfüllt. Oeffentliche und private Meinung kehrte sich wider England. Was aber that ich? Wer hat denn der Rundreise der von den Buren Abgeordneten, die eine europäische Intervention gegen Euch erwirken sollten, ein Ende gemacht? Ich. Die Leute waren in Holland und Frankreich bejubelt worden und auch das deutsche Volk hätte ihnen gern Kränze gewunden. Ich aber weigerte mich, sie zu empfangen und sofort hörte die Agitation auf […].«

Als die[s] Interview (am neunundzwanzigsten Oktober) in Deutschland bekannt wurde, glaubten einfältige Gemüther, Meinung und Wort des Kaisers seien gefälscht, entstellt oder mindestens durch groben Vertrauensbruch ans Licht gebracht worden. Die Enttäuschung kam schnell. Wolffs Telegraphisches Bureau und die Norddeutsche Allgemeine Zeitung übernahmen den Artikel des Daily Telegraph. Damit war der Wortlaut beglaubigt; war auch erwiesen, daß der Kaiser die Verbreitung wünsche. Nun brach der Sturm los; drinnen und draußen. Wuth und Hohn, Geheul und Gelächter im Ausland; überall. (Nur ein paar britische Schlauköpfe, die unsere Machtquellen ganz verschüttet sehen möchten, lobten die friedliche Absicht Wilhelms, der eben doch Britenblut in den Adern habe.) In Deutschland eine leidenschaftliche Empörung, wie sie ein Halbjahrhundert lang nicht erlebt ward; in Nord und Süd; in allen Ständen; auch in der Armee. Niemals war über den Kaiser laut so geredet, nie noch so geschrieben worden. Daß der Reichskanzler von de[m] Interview und von dem Willen zur Veröffentlichung nichts gewußt habe, galt als gewiß. Persönliches Regiment, Absolutismus, impulsives Handeln, romantische Politik, Pflicht des verantwortlichen Berathers: all die alten Leitmotive hörten wir wieder; nur war das Orchester diesmal viel größer und spielte fortissimo. Was wird der Kanzler thun? Er muß gehen. Dem Kaiser sagen, daß solche Ueberrumpelungen den Erfolg des Reichsgeschäftes vereiteln und daß Gewissen und Selbstachtung ihm raschen Rücktritt befehlen. [...]

Gemeinsamer Widerwille ist stärker als die Sucht nach Augenblicksvortheil. Alle mißtrauen dem Deutschen Kaiser; aus allen Ecken züngelt der Hohn nach ihm: und wir haben keine Waffe, die ihn wirksam vertheidigen könnte. In den skandinavischen Ländern sogar ist offiziös erklärt worden, seit man Wilhelm so kenne, wie er sich in de[m] Interview selbst dargestellt habe, müsse man von ihm abrücken und in den Britenconcern eintreten. Und der Islam? Abd ul Hamid und Abd ul Aziz wissen, was berliner Rede werth ist. Muley Hasid ist noch nicht anerkannt; trotzdem wirs vor neun Wochen stürmisch forderten. Der englische Premierminister verspricht den Franzosen Hilfe für den Fall naher Färniß. Und Sir Ernest Cassel [...] besorgt in Paris das neue Türkenanleihegeschäft. Das eine Beispiel zeigt den sichtbaren Segen des persönlichen Regimentes. Jedes der zwanzig Unheilsjahre, die hinter uns liegen, hat ihn jedem wachen Auge gezeigt. Warum ist Deutschland, das trotz seiner Kraft, in dieser Zeit keinem auch nur das winzigste Stück genommen hat, vereinsamt und ringsum gehaßt? Weil es sich von dem unsteten Willen eines Kaisers leiten ließ, der keinen Blutstropfen eines Staatsmannes in sich hat. Neun Zehntel aller Schwierigkeiten, die das Reich hemmen, hat die persönliche Politik dieses Kaisers bewirkt. Sie zu enden, ehe von ihr, wie Bismarcks trüber Blick ahnte, das Reich zerstört ward, ist nationale Pflicht. [...]

Ein Deutscher Kaiser, der die Kriegsschiffe für Meer und Luft nicht schnell genug fertig haben kann, mag tausendmal betheuern, daß er nichts Arges gegen Britanien sinnt: kein Engländer wirds ihm glauben. Das Reichsgeschäft fordert ein politisches Temperament, nicht ein dramatisches. Der Kaiser langt nach der Augenblickswirkung und freut sich, als wäre die Welt eine Schaubühne, an Worteffekten, Gruppenbildern, Abgängen und Aktschlüssen. Wir freuen uns nicht daran; haben für solches Vergnügen höchstens von Acht bis Zehn abends Zeit. Wir wollen die Geschäftsleitung ungeschmälert von Politikern gesichert wissen, die über den Augenblick hinaus denken und jedes Thuns, jedes Unterlassens Folge bis ans Ende ermessen. Die sich nicht stets vor dem Photo- oder Kinematographen fühlen. Gründlich vorgebildet sind und alle Stunden des Tages (und, wirds nöthig, auch der Nacht) ihrer Arbeit hingeben. Denn ohne zu arbeiten, von früh bis spät, kann heute selbst ein Genie nicht regiren. Für einen Jupiter, der aus der Wolke hervorblitzt, danken wir. Wollen endlich in gleich starker Rüstung mit den Rivalen um das Lebensrecht kämpfen. Und Leuten, die an der Staatsspitze nicht taugen, nicht auf ewig unlöslich verbunden sein. Uns die Möglichkeit wahren, taktlose, ungeschickte oder kompromittirte Menschen wegzujagen. Solche Möglichkeit bleibt nur, wenn diese Menschen nicht im Purpur geboren sind.

Damaskus, Kiautschou, Tanger. Krüger, Stoeffel, Witte, Loubet, Soluchowski, Tweedmouth, Hill, Wortley, Hale. Wer zählt die Völker, nennt die Namen? Wir haben genug. Schon müssen Manuskripte, die Bekenntnisse des Kaisers enthalten, heimlich zurückgekauft werden (und in England liegt noch gefährlicher Sprengstoff in Fülle). Schon müssen wir knirschend hören, wie in Westminster der Premier und die ehrenwerthen Abgeordneten das Reichshaupt in offener Sitzung höhnen. Wir wollen nicht mehr. Wilhelm der Zweite hat bewiesen, daß er zur Erledigung politischer Geschäfte ganz und gar ungeeignet ist; hundertmal bewiesen, daß ihm selbst bei günstigster Marktkonjunktur kein Abschluß gelingt. Er mag viele Fähigkeiten haben; diese fehlt ihm völlig. Und hätte er den Keim in sich, so fände er, der Soldat und Seemann, Theologe und Historiker, Maler und Aesthetiker, Dichter und Komponist, Jäger und Yacht[s]man, Prediger, Maschinentechniker und Regisseurist, nicht die Muße, die innere Stille, ohne die nichts hienieden zu reifen vermag. [...]

Der Kaiser ist nicht Monarch. Das Reich ist souverain; nicht der

Kaiser. Der darf das Reich nicht ohne die Zustimmung Sachverständiger binden. Und diese Sachverständigen dürfen nicht gezwungen sein, drei Viertel ihrer Kraft immer erst an die Beantwortung der Frage zu verwenden, wie ihr vernünftiges Planen dem Kaiser plausibel zu machen ist. Wir wollen nicht Tag vor Tag in unserem Kulturgefühl gebildeter Europäer durch Rede und Schrift beleidigt sein. Wir wollen Staatsgeheimnisse wahren. Fremden weder schmeicheln noch drohen. Unwahrhaftigkeit, Gaukelspiel, Byzantinerprunk verachten. Wieder bündnisfähig werden. Uns vor Händeln hüten, unvermeidliche aber ohne feiges Zagen ausfechten. Uns nie ohne Deckung zu weit vorwagen; nie aber auch vor einer Gefahr oder einem Bluff zurückweichen. Dieser Wille schon zwingt die alte Reichskraft herbei. Und die alte Achtung kehrt wieder, seit bewiesen ist, daß der Deutsche auch gegen den Kaiser noch zu wollen wagt.

13. Die »erste und unbedingteste Forderung einer gesunden deutschen Politik«: General Friedrich von Bernhardi fordert Abrechnung mit Frankreich (1912)

Zitiert nach: Friedrich von Bernhardi, Deutschland und der nächste Krieg. Berlin 1912, S. 1, 112ff., 332f.

Weiterführende Literatur. Heinz Gollwitzer, Geschichte des weltpolitischen Denkens. Bd. II: Zeitalter des Imperialismus und der Weltkriege. Göttingen 1982, S. 25f., 234.

In weiten Kreisen der heutigen Kulturwelt hat der Krieg und sein Wert für die politische und sittliche Entwicklung der Menschheit eine Beurteilung gefunden, die geradezu eine Gefahr für die Wehrhaftigkeit der Staaten zu werden droht, indem sie den kriegerischen Sinn zu untergraben bemüht ist. Auch in Deutschland sind derartige Anschauungen weit verbreitet, und ganze Schichten unseres Volkes scheinen den idealen Schwung verloren zu haben, der die Größe seiner Geschichte ausmacht. Bei steigendem Reichtum leben sie dem Augenblick, vermögen den Genuß der Stunde nicht mehr wie ehedem im Dienste großer Ideen zu opfern und verschließen genügsam das Auge für die Aufgaben unserer Zukunft und für die großen Fragen des Völkerlebens, die heute zur Entscheidung stehen.

Daß es also auch für uns keinen Stillstand, kein Gesättigtsein geben kann, sondern nur ein Vorwärts oder ein Zurück, und daß es dem Zurück gleichkommt, wenn wir uns mit unserer augenblicklichen europäischen Machtstellung begnügen, während alle unsere

Mitbewerber mit rücksichtsloser Energie selbst auf Kosten unserer Rechte nach Machterweiterung streben, darüber müssen wir uns völlig klar sein. Der Prozeß unseres Niederganges würde allerdings nur allmählich einsetzen und sich nur langsam vollziehen, solange der Kampf gegen uns nur mit friedlichen Waffen geführt wird; das heute lebende Geschlecht würde sein friedliches Wohlleben vielleicht noch wahren können. Würde uns aber ein Krieg unter für uns ungünstigen Bedingungen von überlegenen Feinden aufgezwungen, dann könnte bei unglücklichem Verlauf unsere politische Niederlage sehr bald herbeigeführt werden, und wir würden einen raschen Sturz erleben. Dann wäre die Zukunft des Deutschtums preisgegeben, eine selbständige deutsche Kultur würde sich auf die Dauer nicht behaupten können, und für lange Zeiten würden die Güter, für die deutsches Blut in Strömen geflossen ist, der Menschheit verloren sein: geistige und sittliche Freiheit und der tiefe und hochfliegende Idealismus des deutschen Gedankens.

Wenn wir die Verantwortung für eine solche Entwicklung der Dinge, wie billig, nicht auf uns nehmen wollen, müssen wir den Mut haben, eine unseren Ansprüchen angemessene Machterweiterung mit allen Mitteln anzustreben, selbst auf die Gefahr hin eines Krieges gegen numerisch überlegene Gegner.

Eine solche Machterweiterung durch Gebietserwerbungen in Europa selbst zu suchen, dürfte unter den heutigen Verhältnissen so gut wie ausgeschlossen sein. Das im Osten an Rußland verlorene deutsche Kolonialland könnte nur infolge eines großen für uns siegreichen Krieges wiedergewonnen werden und würde dann wahrscheinlich einen fortwährenden Anlaß zu erneuten Kriegen geben. Auch das ehemalige Südpreußen, das bei der zweiten Teilung Polens mit Preußen vereinigt wurde, wieder zu erwerben, würde der polnischen Bevölkerung wegen seine schweren Bedenken haben.

Unter diesen Umständen müssen wir eine Stärkung unserer politischen Macht offenbar auf anderen Wegen versuchen.

Zunächst würde unsere politische Stellung schon dadurch sehr wesentlich befestigt werden, wenn wir die fortdauernd bestehende Gefahr, bei günstiger Gelegenheit von Frankreich angegriffen zu werden, sobald wir anderwärts in Verwicklungen geraten, endgültig beseitigen könnten. Auf die eine oder die andere Weise muß mit Frankreich abgerechnet werden, wenn wir Armfreiheit für unsere Weltpolitik gewinnen wollen. Das ist die erste und unbedingteste Forderung einer gesunden deutschen Politik, und da die französische Feindschaft auf friedlichem Wege ein für allemal nicht zu beseitigen ist, muß es eben durch Waffengewalt geschehen. Frankreich muß so völlig niedergeworfen werden, daß es uns nie wieder in den Weg treten kann.

Weiter müssen wir mit allen Mitteln darauf bedacht sein, die politische Macht unserer Verbündeten zu stärken. Österreich gegenüber haben wir eine solche Politik bereits befolgt, als wir uns bereit erklärten, die endgültige Erwerbung Bosniens und der Herzegowina durch die Donaumonarchie im Verein mit dieser nötigenfalls mit Waffengewalt zu schützen. Auch Italien gegenüber müssen wir in diesem Sinne handeln, besonders dann, wenn sich etwa bei einem deutsch-französischen Kriege die Gelegenheit ergäbe, ihm wirklich wertvolle Dienste zu leisten. Ebenso aber ist es auch politisch geboten, mit allen Mitteln die Türkei zu stützen, deren Bedeutung für Deutschland und den Dreibund bereits erörtert wurde.

Die Weltlage bietet Punkte genug, an denen wir den Hebel ansetzen können. Auch Englands Lage ist äußerst schwierig. Die Gegensätzlichkeit der englisch-russischen Interessen in Persien und in der neu angeregten Dardanellenfrage, sowie die Macht des Islam in den wichtigsten Teilen des englischen Kolonialreiches sind für Großbritannien der Gegenstand dauernder Besorgnis. Auf die Bedeutung und Schwierigkeit seiner Beziehungen zu Nordamerika wurde bereits hingewiesen. Auch Frankreich hat in seinem afrikanischen Reich zunächst noch bedeutende Widerstände zu überwinden, ehe es den vollen Nutzen aus ihm ziehen kann. Die ostasiatischen Wirren ferner werden voraussichtlich Rußlands Kräfte in hohem Maße fesseln und auch Englands Interessen in Mitleidenschaft ziehen. Das alles sind Verhältnisse, die sich eine tätige und weitsichtige deutsche Politik zunutze machen kann, um die Weltlage im Interesse unseres Vaterlandes zu beeinflussen.

Wenn Volk und Regierung fest zusammenstehen, entschlossen, die deutsche Ehre zu wahren und jedes nötige Geld- und Blutopfer zu bringen für die Sicherung unserer nationalen und staatlichen Zukunft, dann können wir mit Vertrauen den kommenden Ereignissen entgegensehen, mit Vertrauen auf unser Recht und auf unsere Kraft; dann brauchen wir auch den Kampf um unsere Weltstellung nicht zu fürchten, sondern dürfen mit Ernst Moritz Arndt die Hände zum Himmel erheben und zu Gott rufen:

»Laß hell die Waffen klirren
Von deiner Sternenburg;
Hau von den wüsten Wirren
Den ganzen Jammer durch!«

14. Ein »Mangel an exaktem Studium der auswärtigen Politik«: Der Journalist Hans Plehn antwortet General Friedrich von Bernhardi (1913)

Zitiert nach: Hans Plehn, Deutsche Weltpolitik und kein Krieg. Berlin 1913, S. 3, 14f., 52, 96f.

Weiterführende Literatur: Gregor Schöllgen, Richard von Kühlmann und das deutsch-englische Verhältnis 1912–1914. Zur Bedeutung der Peripherie in der europäischen Vorkriegspolitik. In: HZ 230 (1980), S. 293–337.

In dem Jahre nach der letzten Marokkokrisis ist die Stimmung nahezu Allgemeingut der deutschen Nation geworden, daß wir uns nur durch einen großen europäischen Krieg die Freiheit zu unsrer weltpolitischen Betätigung erkämpfen könnten. Namentlich hat das Buch des Generals Friedrich von Bernhardi: »Deutschland und der nächste Krieg« dieser Stimmung Ausdruck gegeben und sie zugleich gefördert. Sowohl die Stellung seines Verfassers als sein literarischer Wert haben dem Buch weit über die Grenzen Deutschlands eine große Beachtung verschafft. Beides darf aber nicht darüber täuschen, daß die politischen Thesen des Generals von einem Mangel an exaktem Studium der auswärtigen Politik und an politischem Augenmaß zeugen, was ihn zu irrigen Schlüssen führen mußte und geeignet ist, über die tatsächlichen Grundlagen und Ziele der deutschen Politik im Inlande das Urteil zu verwirren und im Auslande neue Mißverständnisse zu erwecken.

Geht man dem Gedankengang der Bernhardischen Ausführungen nach, so kommt man zu dem Schluß, daß er letzten Endes empfiehlt, den gordischen Knoten zu durchhauen, mit anderen Worten: den Krieg, wenn anders er unvermeidlich erschiene, als *Präventivkrieg* zu führen. [...]

Jede Expansionspolitik hängt von zwei Voraussetzungen ab. Erstens davon, ob der betreffende Staat in militärischer und maritimer Hinsicht das notwendige Maß nationaler Kraft besitzt, um ein solches Unternehmen durchführen zu können, ohne seine Stellung daheim zu gefährden; und zweitens davon, ob die internationale Lage sie ihm gestattet.

Die erste Frage wird sich besser beantworten lassen, wenn wir konkrete Fälle der deutschen Expansionspolitik behandeln. Denn was in dieser Hinsicht von Unternehmungen in einem Weltteil gelten mag, trifft nicht ohne weiteres für einen anderen Weltteil zu. Aber allgemein gesprochen, hat Deutschland keine Ursache, seiner Leistungsfähigkeit zu mißtrauen. Bismarck hat seine afrikanische Politik gemacht – und zwar gegen England gemacht, ohne sie mit einer Flottenrüstung unterstützen zu können, die gegen die englische ernstlich in Betracht gekommen wäre. Frankreich hat nur ein Jahrzehnt nach den schweren Niederlagen des deutschen Krieges eine umfassende Kolonial- und Weltpolitik eröffnet. Zunächst bemächtigte es sich Tunesiens; wenige Jahre später setzte es sich in Indo-China, in Madagaskar und im inneren Afrika fest; schließlich unternahm es sogar, im Gegensatz zu uns, den Siegern von 1870, Marokko zu erwerben. Angesichts dieser geschichtlichen Tatsachen können wir nicht glauben, daß wir, die am stärksten gerüstete Nation Europas, aus Zweifelsucht und Kleinmut darauf verzichten wollten, eine Expansionspolitik durchzuführen, von deren Notwendigkeit wir überzeugt sind, und die wir seit mehr als einem Jahrzehnt aller Welt verkündet haben.

Selbstverständlich bedürfen alle derartigen Unternehmungen der genauesten politischen Berechnung. Das Ziel einer weisen Expansionspolitik wird stets sein, gegen ein locus minoris resistentiae zu operieren. Wir müssen nicht nach Zielen streben wollen, deren Verfolgung uns eine Koalition der mächtigsten europäischen Staaten auf den Hals ziehen würde. Andrerseits wäre es eine falsche Analogie, an die Kolonialkriege des 17. und 18. Jahrhunderts zu denken und zu glauben, daß koloniale Besitzungen nur durch Kampf erworben werden könnten. Wir müssen unser Augenmerk vielmehr auf die Geschichte der kolonialen Erwerbungen der Neuzeit richten, von denen die meisten ohne einen europäischen Krieg, und von denen viele ohne ernsthafte europäische Krisen heimgebracht worden sind. *Nicht der Krieg, sondern die Diplomatie muß das Mittel sein, eine erfolgreiche und zugleich möglichst gefahrlose Expansionspolitik zu führen.* [...]

Wenn wir zurückblicken und uns fragen, wie [sic] wir in der Periode seit Bismarcks Entlassung bis zur letzten Marokkokrisis weltpolitisch erreicht haben, so sind im Grunde nur zwei Errungenschaften von Bedeutung zu nennen: der Ausbau der deutschen Flotte und die Bagdadbahn. In zweiter Linie – und nach einem beträchtlichen Abstande – kommen die Erwerbungen von Kiautschou, eines Teiles der Samoa-Inseln, und der Karolinen und Marianen in Betracht. Diese Liste unserer weltpolitischen Erfolge scheint nicht sonderlich lang, zumal wenn wir sie mit denen der übrigen Weltmächte vergleichen. Rußland hat in derselben Zeit, und trotz eines unglücklichen Krieges, eine quasi-militärische Okkupation der Nordmandschurei, eine Einflußsphäre in Nordpersien und dazu jüngst noch eine Einflußsphäre in der Mongolei erreicht. Japan gewann Korea, die Halbinsel Liaotung, halb Sachalin und eine quasi-militärische Okkupation der Südmandschurei. Die Vereinigten Staaten setzten sich in den Besitz der Hawai-Inseln, eines Teiles von Samoa, der Philippinen und Portoricos, und bauten den Panamakanal. England erhielt Wei-hai-wei und die Tonga-Inseln, den egyptischen Sudan und die beiden Burenrepubliken; es gewann freie Hand in Egypten von Seiten Frankreichs, und eine Einflußsphäre in Südostpersien. Frankreich endlich baute sein Kolonialreich in Indo-China und in Afrika aus. Erst der Ausgang der Marokkofrage gestaltete die Lage für uns günstiger, indem wir als Entgelt für unsere Zustimmung zu dem französischen Protektorat über Marokko unsere Besitzungen in Zentralafrika beträchtlich erweiterten, ohne dabei unsre wirtschaftlichen Interessen in dem Scherifenreiche preiszugeben. [...]

Aber wenn wir unsere weltpolitischen Errungenschaften vor 1911 betrachten, so war der Ausbau unserer Flotte, so hoch seine Bedeutung auch anzuschlagen ist, doch kein eigentlicher weltpolitischer Zweck, sondern, wie jede Rüstung es ist, nur Mittel zu einem Zweck. Andererseits war die Bagdadbahn ein typisches Beispiel eines weltwirtschaftlichen Unternehmens, dessen politische Bedeutung vielfach stark übertrieben wurde. Nur durch den starken Widerstand, der sich unerwartet gegen unseren Plan erhob, und dem wir begegnen mußten, wurde die Bagdadbahn-Frage in die Sphäre der hohen Politik gerückt; und eben der Kraftaufwand, den uns die Durchführung des Planes kostete, erweckte im Ausland die Vorstellung, als ob wir weittragende politische und kolonisatorische Ziele im Orient verfolgten. Tatsächlich war für uns der Hauptzweck, das große Werk deutschem Unternehmungsgeist und deutschem Kapital zu sichern. Es war der erste Fall, wo wir in unentwickelten Ländern einen Spielraum für organisatorische und kapitalistische Betätigung suchten, und wir haben allen Grund, damit zufrieden zu sein, daß wir diesen Platz an der Sonne gerade in einem Gebiete behauptet haben, das andere Nationen als ihre eigene Domäne zu betrachten pflegten. [...]

Worin sollte endlich die politische Schwächung bestehen, die wir von einem Engagement in Zentralafrika zu befürchten hätten? Der Gedanke an ein Engagement politischer Natur muß uns auf absehbare Zeit fernliegen. Wenn es später dahin käme, daß unsere wirtschaftliche Stellung in Zentralafrika so weit entwickelt wäre, daß wir eventuell an ihre militärische Verteidigung zu denken hätten, so wird uns ein Blick auf Frankreich überzeugen, daß wir auch dazu imstande sein werden. Frankreich hat eine spezifische Kolonialarmee geschaffen, und bei seiner stationären Bevölkerung bedeutet die

Abwesenheit von 100000 Mann in Nordafrika (10000 Mann in Tunis, 50000 Mann in Algier und 40000 Mann in Marokko) tatsächlich eine Schwächung seiner Stellung in Europa. In unserem Fall würde dagegen Zentralafrika, wenn es hoch käme, eine Kolonialarmee von 30000 Mann erfordern. Das würde wohl das äußerste sein, was erforderlich wäre, und das ist eine Ziffer, die uns weder finanziell, noch militärisch in bedenklicher Weise belasten würde. Wir haben in der Tat weder in politischer noch finanzieller Hinsicht an unserer Leistungsfähigkeit zu zweifeln. Im Gegenteil, die nationalen Kräfte für eine kolonialpolitische Expansion sind reichlich vorhanden. Uns tut ein Ventil not, um unsere überschüssige Volkskraft freizulassen, und unser nationales Interesse erheischt es, daß sie in Kanäle gelenkt wird, wo sie fortfährt, für die Nation zu arbeiten.

Die deutsche Kolonial- und »Weltpolitik« ist im Sinne einer »Globalisierung deutscher Außenpolitik«[1] ungeachtet neuer Quellenfunde und Fragestellungen in Einzelaspekten gründlich erforscht[2]. Sie erschließt sich aus einer Vielzahl an Quellen und einer entsprechenden Flut an Literatur, die seit dem Ausbruch des Ersten Weltkriegs, der Urkatastrophe Europas[3], beständig zugenommen hat und die von einer regen Editionstätigkeit begleitet worden ist; das Studium der »Weltpolitik« ist naturgemäß eingebettet in die Forschungen zum europäischen Imperialismus[4] bzw. zur internationalen Politik. Diese komparativen Analysen haben es zum einen ermöglicht, die Spezifika der Kolonial- und »Weltpolitik« deutlicher herauszuarbeiten, zum anderen haben sie dazu geführt, die eurozentrische Perspektive hinter sich zu lassen und beispielsweise den Kolonialismus aus der Optik der indigenen Gesellschaften bzw. der Sicht der Betroffenen vor Ort zu beleuchten. Die Zeit vor 1914 ist nicht zuletzt deshalb so intensiv untersucht worden, weil die Fragen nach den Verantwortlichen für den Ersten Weltkrieg, nach dem Zusammenhang zwischen Parlamentarisierung und Außenpolitik, nach dem Primat der äußeren oder inneren Politik und nach der Kontinuität beziehungsweise Diskontinuität deutscher Außenpoli-

[1] René Girault, Diplomatie européenne et impérialismes. Histoire des relations internationales contemporaines. I: 1871–1914, Paris 1979, S. 171: vgl. ferner Gustav Schmidt, Der europäische Imperialismus. München 1985, S. 67; Heinz Gollwitzer, Geschichte des weltpolitischen Denkens. Bd. 1: Vom Zeitalter der Entdeckungen bis zum Beginn des Imperialismus. Göttingen 1972, S. 11–43; ders., Geschichte des weltpolitischen Denkens. Bd. 2: Zeitalter des Imperialismus und der Weltkriege. Göttingen 1982, S.23–83.

[2] Vgl. Heinz Gollwitzer, »Für welchen Weltgedanken kämpfen wir?« Bemerkungen zur Dialektik zwischen Identitäts- und Expansionsideologien in der deutschen Geschichte. In: Klaus Hildebrand und Reiner Pommerin (Hrsg.), Deutsche Frage und europäisches Gleichgewicht. Festschrift für Andreas Hillgruber zum 60. Geburtstag, Köln, Wien 1985, S. 83–109. Eine Gesamtdarstellung, die weltpolitisches Denken und »Weltpolitik« in einer Synopse vereint, ist nach wie vor ein Desiderat.

[3] George F. Kennan, Bismarcks europäisches System in der Auflösung: Die französisch-russische Annäherung 1875 bis 1890. Frankfurt a. M. 1981, S. 12.

[4] Vgl. George N. Sanderson, The European Partition of Africa. Coincidence or Conjuncture? In: JICH 3 (1974/75), S. 1–54; Wolfgang J. Mommsen, Triebkräfte und Zielsetzungen des deutschen Imperialismus vor 1914. In: Klaus Bohnen, Sven-Aage Jørgensen und Friedrich Schmöe (Hrsg.), Kultur und Gesellschaft in Deutschland von der Reformation bis zur Gegenwart. Kopenhagen, München 1981, S. 98–129; ders., Der europäische Imperialismus. Aufsätze und Abhandlungen. Göttingen 1979.

tik[5] die historische Debatte mit unterschiedlichsten Denkansätzen und zum Teil erbitterten Kontroversen beherrscht hat[6]. Als problematisch hat sich darüber hinaus immer wieder der Versuch erwiesen, das Phänomen Imperialismus begrifflich zu bestimmen und die spezifischen Eigenarten zu benennen, die die Epoche von anderen unterscheidet. Hinzu kommt die Notwendigkeit, zwischen nationalen Imperialismen zu differenzieren. Die in diesen Punkten zum Teil auseinanderdriftenden Forschungsrichtungen umfassen eine Spannweite, die über die Rekonstruktion des Geschehens hinaus zu leidenschaftlichen Diskussionen Anlaß gegeben hat.

Zur ersten Orientierung empfehlen sich Forschungsberichte, Aufsatzsammlungen sowie Überblicksdarstellungen und Handbücher, deren Lektüre den historisch Interessierten mit dem Geschehen, den Grundproblemen der Forschung sowie den neuesten Tendenzen vertraut machen. Darüber hinaus eröffnen sie die Möglichkeit, über den Weg der Bibliographie die Literatur des Interessenschwerpunktes schnell zu erschließen. Eine aktuelle Synopse unterschiedlicher Interpretationsmodelle stammt aus der Feder des englischen Historikers Niall Fergusson[7], der Neuerscheinungen zu Deutschlands Rolle beim Ausbruch des Ersten Weltkriegs diskutiert. Thematisiert werden die Finanz- und Heeresrüstungspolitik[8],

[5] Vgl. Andreas Hillgruber, Kontinuität und Diskontinuität in der deutschen Außenpolitik von Bismarck bis Hitler. Düsseldorf 1969; Thomas Nipperdey, 1933 und die Kontinuität der deutschen Geschichte. In: HZ 227 (1978), S. 86–111; Bernd-Jürgen Wendt, Großdeutschland. Außenpolitik und Kriegsvorbereitung des Hitler-Regimes. München 1987, S. 230ff.; Michael Stürmer, Deutschlands Rolle in Europa. Zu klein als Hegemon, zu groß für das Gleichgewicht. In: FAZ vom 14. November 1991.

[6] Vgl. E. Schraepler, Die Forschung über den Ausbruch des Ersten Weltkrieges im Wandel des Geschichtsbildes 1919–1969. In: GWU 23 (1972), S. 321–338; Ulrich Heinemann, Die verdrängte Niederlage. Politische Öffentlichkeit und Kriegsschuldfrage in der Weimarer Republik. Göttingen 1983; Wolfgang Jäger, Historische Forschung und politische Kultur in Deutschland. Die Debatte 1914–1980 über den Ausbruch des Ersten Weltkrieges. Göttingen 1984; John W. Langdon, July 1914. In: The Long Debate, 1918–1990. New York, Oxford 1991.

[7] Germany and the Origins of the First World War. New Perspectives. In: HJ 35 (1992), S. 725–752.

[8] Vgl. dazu auch Wilhelm Deist, Die Armee in Staat und Gesellschaft 1890–1914. In: Michael Stürmer (Hrsg.), Das kaiserliche Deutschland. Politik und Gesellschaft 1870–1918. (1970), Kronberg 1977, S. 312–339; Stig Förster, Der doppelte Militarismus. Die deutsche Heeresrüstungspolitik zwischen Status-quo-Sicherung und Aggression 1890–1913. Stuttgart 1985; ders., Alter und neuer Militarismus im Kaiserreich. Heeresrüstungspolitik und Dispositionen zum Kriege zwischen Status-quo-Sicherung und imperialistischer Expansion 1890–1913. In: Jost Dülffer und Karl Holl (Hrsg.), Bereit zum Krieg. Kriegsmentalität im wilhelminischen Deutschland 1890–1914. Göttingen 1986, S. 122–145; Wilhelm Deist, Militär, Staat und Gesellschaft. Studien zur preußisch-deutschen Militärgeschichte. München 1991; ders., Kaiser Wilhelm II. als Oberster

Nationalismus und Kriegsmentalität[9] sowie die lange Vorgeschichte und Ursachen des Ersten Weltkriegs, wie sie sich in einer Vielzahl an Studien präsentieren[10]. Beachtung verdient vor allem die 1990 zuerst in englischer, ein Jahr später in deutscher Sprache herausgegebene Studie von Gregor Schöllgen[11], dessen Sammelband – Ergebnis eines Kolloquiums deutscher Historiker an der Universität Oxford – die Beiträge der renommiertesten Forscher der Bundesrepublik[12] und auch der früheren DDR[13] zu dem klassischen Thema der Geschichtswissenschaft, der Urkatastrophe des zwanzigsten Jahrhunderts, vereint. Dem Überblick über die neuere Forschung schließt sich die Interpretation der Außenpolitik des Forschers[14] an, der in den sechziger Jahren mit dem Opus ›Griff nach der Weltmacht‹ eine heftige Dis-

Kriegsherr. In: John C. G. Röhl (Hrsg.), Der Ort Kaiser Wilhelms II. in der deutschen Geschichte. München 1991, S. 25–42.

[9] Vgl. Jost Dülffer und Karl Holl (Hrsg.), Bereit zum Krieg. Kriegsmentalität im wilhelminischen Deutschland 1890–1914. Göttingen 1986; Wolfgang J. Mommsen, Der Topos vom unvermeidlichen Krieg. Außenpolitik und öffentliche Meinung im Deutschen Reich im letzten Jahrzehnt vor 1914. A.a.O., S. 194–224.

[10] Vgl. u. a. P. Pastor und W. R. Williamson (Hrsg.), Essays on World War One. New York 1983; D. E. Kaiser, Germany and the Origins of the First World War. In: JMH 55 (1983), S. 444ff.; Zarah Steiner, Foreign Office Views. Germany and the Great War. In: R. J. Bullen u. a. (Hrsg.), Ideas into Politics. London, Sydney 1984; James Joll, The Origins of the First World War. London, New York 1984 (dt. Übersetzung 1988); Raymond Poidevin, Die unruhige Großmacht. Deutschland und die Welt im 20. Jahrhundert. Würzburg 1985; Gordon Martel, The Origins of the First World War. London 1987; Jack R. Dukes und Joachim Remak, Another Germany. A Reconsideration of the Imperial Era. Boulder und London 1988; Richard J. W. Evans und Hartmut Pogge von Strandmann (Hrsg.), The Coming of the First World War. Oxford 1988; Ruth Henig, The Origins of the First World War. London 1989; Modris Eksteins, Tanz über den Gräben. Die Geburt der Moderne und der Erste Weltkrieg. (1989), Reinbek 1990; Imanuel Geiss, Der lange Weg in die Katastrophe. Die Vorgeschichte des Ersten Weltkriegs 1815–1914. München 1990.

[11] Flucht in den Krieg? Die Außenpolitik des kaiserlichen Deutschland. Darmstadt 1991.

[12] Michael Stürmer, Ein Nationalstaat gegen Geschichte und Geographie. Das deutsche Dilemma. In: a.a.O., S. 95–107; Klaus Hildebrand, »System der Aushilfen?« Chancen und Grenzen deutscher Außenpolitik im Zeitalter Bismarcks. In: a.a.O., S. 108–131; Reiner Pommerin, Deutschlands Reaktion auf die Globalisierung der internationalen Beziehungen. Ein anderer Kurs? In: a.a.O., S. 132–147.; Imanuel Geiss, »Weltpolitik«. Die deutsche Version des Imperialismus. In: a.a.O., S. 148–169; Gregor Schöllgen, Deutsche Außenpolitik im Zeitalter des Imperialismus: Ein Teufelskreis? a.a.O., S. 170–186; Gustav Schmidt, Die Julikrise. Unvereinbare Ausgangslagen und innerstaatliche Zielkonflikte. In: a.a.O., S. 187–229; Andreas Hillgruber, Der historische Ort des Ersten Weltkriegs. Eine Urkatastrophe. In: a.a.O., S. 230–250.

[13] Willibald Gutsche, Die Außenpolitik des Kaiserreichs und der Kriegsausbruch in der Geschichtsschreibung der DDR. In: Schöllgen, Flucht in den Krieg? S. 68–94.

[14] Fritz Fischer, Die Außenpolitik des kaiserlichen Deutschland und der Ausbruch des Ersten Weltkriegs. In: a.a.O., S. 25–67.

kussion entfachte: Fritz Fischer behauptete, daß das Deutsche Reich die maßgebliche Verantwortung dafür zu tragen habe, daß sich die Julikrise des Jahres 1914 zu einem allgemeinen europäischen Krieg entwickelte[15]. Diese Sicht blieb nicht unwidersprochen. Eine Gegenposition bezogen vor allem Gerhard Ritter[16], Karl Dietrich Erdmann[17], Egmont Zechlin[18] sowie Andreas Hillgruber[19]. Zustimmung für seine Interpretation fand der Hamburger Historiker vor allem im Ausland[20]. In den letzten dreißig Jahren wurde die sogenannte Fischer-Kontroverse selbst Gegenstand der Historiographie[21]. Ihre Details sowie die Ergebnisse der (internationalen) Forschung werden in den hervorragenden, die gesamte Außenpolitik des Kaiserreichs in den Blick nehmenden Handbüchern und Studien von Klaus Hildebrand[22], Wolfgang J. Mommsen[23], Thomas Nipperdey[24], Gustav Schmidt[25], Gregor Schöllgen[26] sowie Michael Stürmer[27] dargelegt, die gleichsam zur Pflichtlektüre für das Studium des Imperialismus bzw. der Außenpolitik des Kaiserreichs gehören. Standardwerk zur Ge-

[15] Vgl. im einzelnen Fritz Fischer, Deutsche Kriegsziele. Revolutionierung und Separatfrieden im Osten. In: HZ 188 (1959), S. 249ff.; ders., Griff nach der Weltmacht. Die Kriegszielpolitik des kaiserlichen Deutschland 1914/18. Düsseldorf 1961 (Sonderausgaben 1967 und 1977); ders., Krieg der Illusionen. Die deutsche Politik von 1911 bis 1914. Düsseldorf 1969 (Kronberg/Ts. 1978); ders., Hitler war kein Betriebsunfall. Aufsätze. 2. Aufl. München 1992.

[16] Vgl. Staatskunst und Kriegshandwerk. Bd. III: Die Tragödie der Staatskunst. Bethmann Hollweg als Kriegskanzler (1914–1917). München 1964.

[17] Vgl. Zur Beurteilung Bethmann Hollwegs. In: GWU 15 (1964), S. 525–540; Kurt Riezler, Tagebücher, Aufsätze, Dokumente. Hrsg. v. Karl Dietrich Erdmann. Göttingen 1972; ders., Die Zeit der Weltkriege. 9. Aufl. Stuttgart 1973.

[18] Vgl. Krieg und Kriegsrisiko. Zur deutschen Politik im Ersten Weltkrieg. Düsseldorf 1979; ders., Julikrise und Kriegsausbruch 1914. In: Europa 1914 – Krieg oder Frieden. Kiel 1985, S. 51–96.

[19] Riezlers Theorie des kalkulierten Risikos und Bethmann Hollwegs politische Konzeption in der Julikrise 1914. In: HZ 202 (1966), S. 333–351.

[20] Vgl. John A. Moses, The Politics of Illusion. The Fischer Controversy in German Historiography. (1975), London 1985.

[21] Vgl. Bernd-Jürgen Wendt, Zum Stand der »Fischer-Kontroverse« um den Ausbruch des Ersten Weltkrieges. In: Annales Universitatis Scientiarum Budapestinensis 24 (1985), S. 99–132; Gregor Schöllgen, Griff nach der Weltmacht? 25 Jahre Fischer-Kontroverse. In: Hist. J. 106 (1986), S. 386–406.

[22] Deutsche Außenpolitik 1871–1918. München 1989.

[23] Das Ringen um den nationalen Staat. Die Gründung und der innere Ausbau des Deutschen Reiches unter Otto von Bismarck 1850 bis 1890. Berlin 1993. Vgl. auch Anselm Doering-Manteuffel, Die Deutsche Frage und das Europäische Staatensystem 1815–1871. München 1993.

[24] Deutsche Geschichte 1866–1918. Bd. II: Machtstaat vor der Demokratie. München 1992.

[25] Der europäische Imperialismus. München 1985.

[26] Das Zeitalter des Imperialismus. 2. Aufl. München 1991.

[27] Das ruhelose Reich. Deutschland 1866–1918. 3. Aufl. Berlin 1990.

schichte der deutschen Kolonien ist nach wie vor die Studie von Horst Gründer[28].

Die Forschung ist nicht zuletzt durch den Umstand begünstigt worden, daß die amtlichen Akten[29] und ihre Auswertung keiner Zugangsbeschränkung mehr unterliegen und auch die Archive der Kontrahenten aus der Zeit vor 1914 die Pforten geöffnet haben. Die Archivalien zum Studium der allgemeinen deutschen Außenpolitik für den Zeitraum von 1871 bis 1918 erschließen sich neben einschlägigen Findbüchern aus dem ›Catalogue of Files and Microfilms of the German Foreign Ministry Archives 1867–1920‹ (Oxford 1959). An diesem Katalog führt kein Weg vorbei, wenn es darum geht, die Originale bereits publizierter Akten zu überprüfen oder sich auf die Suche nach bisher unbekannten Dokumenten zu begeben.

Einen guten Zugang zum Studium der deutschen Kolonien bietet nach wie vor der von Walther Hubatsch herausgegebene ›Grundriß zur deutschen Verwaltungsgeschichte‹[30]. Vorgestellt werden die Kolonialabteilung, das Reichskolonialamt sowie die Geographie, Geschichte, Statistik und Verwaltungseinteilung der ehemaligen Schutzgebiete. Unter dem Stichwort Materialien finden sich nicht nur Literaturangaben, sondern auch Informationen über die entsprechende archivalische Überlieferung und ihre Geschichte. Hubatsch hat sich bei der Erstellung des Handbuches auf die Mitwirkung des Auswärtigen Amtes stützen und dadurch viele Einzelheiten über den Verbleib von Akten zusammentragen können.

Das offizielle Organ über die deutschen Kolonien war ›Das deutsche Kolonialblatt‹, das zum erstenmal sechs Jahre nach dem Erwerb Deutsch-Südwestafrikas erschien und zunächst von der Kolonialab-

[28] Geschichte der deutschen Kolonien. 2. Aufl. München 1991.

[29] Vgl. W. Rohr, Schicksal und Verbleib des Schriftgutes der obersten Reichsbehörden. In: Der Archivar 8 (1955), Sp. 161–174; G. Schmid, Die Verluste in den Beständen des ehemaligen Reichsarchivs im Zweiten Weltkrieg. In: Festschrift für Heinrich Otto Meisner. Berlin 1956, S. 176–207; Übersicht über die Bestände des Deutschen Zentralarchivs Potsdam (Red.: H. Lötzke u. H.-St. Brather), Berlin 1957; Hans Philippi, Das Politische Archiv des Auswärtigen Amtes. Rückführung und Übersicht über die Bestände. In: Der Archivar 13 (1960), Sp. 199–218; Irmtraud Schmid, Der Bestand des Auswärtigen Amtes im Deutschen Zentralarchiv Potsdam. In: Archivmitteilungen 12 (1962), S. 71 ff., S. 123 ff.; Das Bundesarchiv und seine Bestände. Begründet von Friedrich Facius, Hans Booms und Heinz Boberach, 3. ergänzte und neu bearbeitete Auflage von Gerhard Granier, Josef Henke und Klaus Oldenhage, Boppard a. Rh. 1977; Wolfgang J. Mommsen (Bearb.), Die Nachlässe in den deutschen Archiven (mit Ergänzungen aus anderen Beständen). Zwei Teile 1971 und 1983; ergänzend Ludwig Denecke und Tilo Brandis, Die Nachlässe in den Bibliotheken der Bundesrepublik Deutschland. Boppard a. Rh. 1981.

[30] Grundriß zur deutschen Verwaltungsgeschichte 1815–1945. Bd. 22: Bundes- und Reichsbehörden. (Unter Mitarbeit von Iselin Gundermann, Stefan Hartmann, Ute Hagen und Helge bei der Wieden), Marburg 1983.

teilung, später vom Reichskolonialamt herausgegeben wurde. Etwas rühriger war die Deutsche Kolonialgesellschaft, die bereits 1884 die ›Deutsche Kolonialzeitung‹ ins Leben gerufen hatte und von 1889 bis 1899 ein ›Koloniales Jahrbuch‹ publizierte. Diesem folgten ›Beiträge zur Kolonialpolitik und Kolonialwirtschaft‹, die 1904 in ›Zeitschrift für Kolonialpolitik, Kolonialrecht und Kolonialwirtschaft‹ umbenannt wurden. Ab 1913 trug sie den Titel ›Koloniale Monatsblätter‹. Der Kolonialismusforscher kann darüber hinaus eine Vielzahl bibliographischer Hilfsmittel[31] auswerten, deren parallele Nutzung nur wenige Wünsche offenläßt.

Von hochrangiger Bedeutung sind nach wie vor die amtlichen Aktenpublikationen[32], unverzichtbar für das Verständnis der Epo-

[31] Vgl. Jon Bridgman und David E. Clarke, German Africa. A Select Annotated Bibliography. Hoover Institution Bibliographical Series, Stanford 1965; Hartmut Pogge von Strandmann und Alison Smith, The German Empire in Africa and British Perspectives. A Historiographical Essay. In: Prosser Gifford, William Roger Louis und Alison Smith (Hrsg.), Britain and Germany in Africa. Imperial Rivalry and Colonial Rule. London 1967, S. 709–774; Andrew R. Carlson, German Foreign Policy, 1890–1914, and Colonial Policy to 1914. A Handbook and Annotated Bibliography. Metuchen, N. Y. 1970; John Halstead und Serafino Porcari, Modern European Imperialism. A Bibliography of Books and Articles 1815–1972. 2 Bde, Boston, Mass., 1974; D[avid] L. Easterbrook, African Book Reviews 1885–1945. Boston, Mass. 1979; für eine ausführliche Übersicht bibliographischer Hilfsmittel vgl. auch Horst Gründer, Geschichte der deutschen Kolonien. 2. Aufl. Paderborn 1991, S. 257ff.

[32] Unverzichtbares Hilfsmittel: Das Zeitalter des Imperialismus und des Ersten Weltkrieges (1871–1918). Erster Teil. Akten und Urkunden. Bearbeitet von Winfried Baumgart. 2. Aufl. Darmstadt 1991. Vgl. im einzelnen folgende Akteneditionen zur Außenpolitik der europäischen Staaten: Amtliche Aktenstücke zur Geschichte der europäischen Politik, 1885–1914; Die belgischen Dokumente zur Vorgeschichte des Weltkriegs. Hrsg. von Bernhard Schwertfeger. 9 Bde, Berlin 1925; Bayerische Dokumente zum Kriegsausbruch und zum Versailler Schuldspruch. Hrsg. von Pius Dirr. München 1928; Österreich-Ungarns Außenpolitik von der Bosnischen Krise 1908 bis zum Kriegsausbruch 1914. Hrsg. von Ludwig Bittner u. a. 8 Bde, Wien 1930f.; Kenneth Bourne, The Foreign Policy of Victorian England 1830–1902. Part II: Selected Documents. Oxford 1970; British Documents on the Origins of the War, 1898–1914. Hrsg. von George Peabody Gooch und Harold Temperley. 11 Bde, London 1926–32 (Die Britischen Amtlichen Dokumente über den Ursprung des Weltkrieges 1898–1914. Im Auftrage des Britischen Auswärtigen Amtes in 11 Bänden hrsg. von George Peabody Gooch und Harold Temperley. Vom Britischen Auswärtigen Amt autorisierte einzige deutsche Ausgabe hrsg. von Hermann Lutz, 11 Bde in 24, Berlin 1926–38); Documents Diplomatiques Français (1871–1914). 2e Série. Hrsg. vom Ministère des Affaires Etrangères. 9 Bde, Paris 1930–1946; Imanuel Geiss (Hrsg.), Julikrise und Kriegsausbruch 1914. 2 Bde, Hannover 1963/64; M. Hurst (Hrsg.), Key Treaties for the Great Powers 1814–1914. 2 Bde, 1974; Michail Nikolaevic Pokrowski (Hrsg.), Die Internationalen Beziehungen im Zeitalter des Imperialismus. Dokumente aus den Archiven der Zaristischen und der Provisorischen Regierung. (Deutsche Ausgabe hrsg. von Otto Hoetzsch, Berlin 1931–34); Joel H. Wiener (Hrsg.), Great Britain. Foreign Policy and the Span of Empire 1689–1971. A Documentary History. 4 Bde, 1972; Die auswärtige Politik Serbiens 1903–1914. Hrsg. von Milos Boghitschewitsch. 3 Bde, Berlin 1928–1931; Der

che ist die ›Große Politik der Europäischen Kabinette 1871–1914. Sammlung der Diplomatischen Akten des Auswärtigen Amtes‹[33]. Der erste Band wurde 1922 publiziert, größte Eile schien nach Beendigung des Krieges geboten, um den Vorwurf der Alleinschuld Deutschlands zu entkräften. Die Edition wurde allerdings keineswegs einhellig als grandiose Leistung gewürdigt, wie A(lan) J(ohn) P(ercival) Taylor es noch 1967[34] tat. Schon bald nach ihrem Erscheinen sah sich die Dokumentensammlung der Kritik ausgesetzt, die Realität zu verzerren und Deutschlands Rolle beschönigend zu präsentieren. Unbestritten ist, daß das Aktenwerk allenfalls eine Auswahl präsentiert und diese zum Teil Kürzungen unterworfen ist. Erschwerend kommt hinzu, daß die thematische Anordnung der Dokumente unter Mißachtung des chronologischen Gesichtspunktes Lektüre und Verständnis der Zusammenhänge nicht erleichtert. Sogar der Vorwurf der Verfälschung wurde laut und vor allem mit der Tatsache begründet, daß Randbemerkungen Wilhelms II. partiell unberücksichtigt blieben. Und problematisch erschien von Anbeginn die Tatsache, daß das Aktenwerk zunächst aus politischen Gründen ins Leben gerufen wurde, nämlich um dem Artikel 231[35] des Versailler Vertrags zu widersprechen. Trotzdem konstatierten ausländische Forscher, daß die Edition eine der wichtigsten Quellensammlungen[36] sei, die ihrerseits den Anstoß dazu gab, daß auch die Archive der Siegermächte geöffnet wurden.

Heute steht der Historiker nicht zuletzt deshalb auf gesicherterem Boden, weil die ohnehin breite Quellenbasis durch Memoiren, Tagebücher und andere Editionen beträchtlich erweitert und durch die internationale Forschung der letzten siebzig Jahre sozusagen ständig einer Prüfung unterzogen worden ist. Regelrechte Fundgru-

Beginn des Krieges 1914. Tagesaufzeichnungen des ehemaligen Russischen Außenministeriums. Vollständige Übersetzung der Veröffentlichungen aus dem Archiv der Sowjetregierung (Krasny-Archiv, Heft IV, Moskau 1924). Mit einem Vorwort von A. v. Wegerer. Berlin 1924; Deutsche Gesandtschaftsberichte zum Kriegsausbruch 1914. Berichte und Telegramme der badischen, sächsischen und württembergischen Gesandtschaften in Berlin aus dem Juli und August 1914. Im Auftrage des Auswärtigen Amtes hrsg. von A. Bach. Berlin 1937; Die Deutschen Dokumente zum Kriegsausbruch 1914. Hrsg. im Auftrage des Auswärtigen Amtes von Graf Max Montgelas und Walter Schücking. 4 Bde, Berlin 1921.

[33] Im Auftrag des Auswärtigen Amtes hrsg. von Johannes Lepsius, Albrecht Mendelssohn-Bartholdy und Friedrich Thimme. 40 Bde, Berlin 1922–1927.

[34] Europe, Grandeur and Decline. 1967, S. 169.

[35] Für den Wortlaut vgl. Horst Möller, Weimar. Die unvollendete Demokratie. 3. Aufl. München 1990, S. 227.

[36] James Joll in: TLS vom 25. September 1953.

ben sind die Editionen von Hans Fenske, der sowohl die Innen-[37] wie die Außenpolitik[38] des Wilhelminischen Deutschland in mustergültigen Bänden schlaglichtartig beleuchtet. Das Ziel kann dabei nur sein, repräsentative Zeugnisse für die Themen der Zeit zusammenzustellen, und dies ist für das Wilhelminische Deutschland ungleich problematischer als für die Bismarckzeit. Denn Wilhelm II. war zu keinem Zeitpunkt der Motor des politischen Lebens, auch wenn er der Epoche seinen Namen gab[39]. Er repräsentierte und verkörperte lediglich den Zeitgeist und den Optimismus derjenigen, die Zeuge des wirtschaftlichen Wachstums[40] und der Entwicklung zum Industriestaat wurden und die »Weltpolitik« auf ihre Fahnen schrieben.

Das Fiasko der mittlerweile minutiös erforschten Flotten-[41] und

[37] Vgl. Im Bismarckschen Reich 1871–1890. (Freiherr vom Stein-Gedächtnisausgabe, Bd. VI), Darmstadt 1978; ders. (Hrsg.), Quellen zur Deutschen Innenpolitik 1890–1914. (Freiherr vom Stein-Gedächtnisausgabe, Bd. XXV), Darmstadt 1991.

[38] Hans Fenske (Hrsg.), Unter Wilhelm II. 1890–1918. (Freiherr vom Stein-Gedächtnisausgabe, Bd. VII), Darmstadt 1982.

[39] Vgl. Reiner Pommerin, Der Kaiser und Amerika. Die USA in der Politik der Reichsleitung 1890–1917. Köln 1986; John C. G. Röhl, Wilhelm II. Deutscher Kaiser (1888–1918). In: Anton Schindling und Walter Ziegler (Hrsg.), Die Kaiser der Neuzeit 1519–1918. Heiliges Römisches Reich. Österreich. Deutschland. München 1990, S. 419–442; ders. (Hrsg.), Der Ort Kaiser Wilhelms II. in der deutschen Geschichte. München 1991; David Cannadine, Willy, Bertie and Vicky. Dynastische Beziehungen in Europa am Vorabend des Ersten Weltkriegs. In: Der letzte Kaiser. Wilhelm II. im Exil. Hrsg. im Auftrag des Deutschen Historischen Museums von Hans Wilderotter und Hans-D. Pohl. Gütersloh 1991, S. 43–54; Willibald Gutsche, Wilhelm II. – Der letzte Kaiser des Deutschen Reiches. Eine Biographie. Berlin 1991; Fritz Fischer, Kaiser Wilhelm II. und die Gestaltung der deutschen Politik vor 1914. In: John C. G. Röhl (Hrsg.), Der Ort Kaiser Wilhelms II. in der deutschen Geschichte, S. 259–284; Frank-Lothar Kroll, Zur Beurteilung Wilhelms II. In: HPB 40 (1992), S. 355–358.

[40] Vgl. dazu allgemein Walter Gustav Hoffmann (Unter Mitarbeit von Franz Grumbach u. Helmut Hesse), Das Wachstum der deutschen Wirtschaft seit der Mitte des 19. Jahrhunderts. Berlin 1965; Volker Hentschel, Wirtschaft und Wirtschaftspolitik im wilhelminischen Deutschland. Organisierter Kapitalismus und Interventionsstaat? Stuttgart 1978; Hans-Peter Ullmann, Staatliche Exportförderung und private Exportinitiative. Probleme des Staatsinterventionismus im Deutschen Kaiserreich am Beispiel der staatlichen Außenhandelsförderung (1880–1919). In: VSWG 65 (1978), S. 157–216; Wilfried Feldenkirchen, Die Eisen- und Stahlindustrie des Ruhrgebiets 1879–1914. Wachstum, Finanzierung und Struktur ihrer Großunternehmen. Wiesbaden 1982; Wolfram Fischer, Germany in the World Economy during the Nineteenth Century. London 1984; Karl E. Born, Wirtschafts- und Sozialgeschichte des Deutschen Kaiserreichs (1867/71–1914). Stuttgart 1985; Michael Epkenhans, Die wilhelminische Flottenrüstung 1908–1914. Weltmachtstreben, industrieller Fortschritt, soziale Integration. München 1991.

[41] Vgl. dazu im einzelnen Siegfried Thalheimer, Das deutsche Flottengesetz von 1898. Phil. Diss. Bonn 1926; Eckart Kehr, Schlachtflottenbau und Parteipolitik 1894–1901. Versuch eines Querschnitts durch die innenpolitischen, sozialen und ideologischen Voraussetzungen des deutschen Imperialismus. Berlin 1930; Walther Hubatsch, Die Ära Tirpitz. Studien zur deutschen Marinepolitik 1890 bis 1918. Göttin-

der definitorisch noch immer problematischen »Weltpolitik«[42] hatte allerdings nicht zur Folge, daß die deutsche Außenpolitik einen grundsätzlich »Neuen Kurs« einschlug, auch wenn Bethmann Hollweg[43] jetzt mehr auf Ausgleich setzte, ohne den Hypotheken der Vergangenheit entfliehen zu können. Fenske läßt konservative wie katholische, gemäßigt-liberale wie linksliberale, sozialdemokratische Stimmen wie Meinungen nationaler Minderheiten zu Wort

gen 1955; Jonathan Steinberg, Yesterday's Deterrent. Tirpitz and the Birth of the German Battle Fleet. London 1965; Volker R. Berghahn, Der Tirpitz-Plan. Genesis und Verfall einer innenpolitischen Krisenstrategie unter Wilhelm II. Düsseldorf 1971; Herbert Schottelius und Wilhelm Deist (Hrsg.), Marine und Marinepolitik im kaiserlichen Deutschland 1871–1914. Düsseldorf 1972; Wilhelm Deist, Flottenpolitik und Flottenpropaganda. Das Nachrichtenbureau des Reichsmarineamtes 1897–1914. Stuttgart 1976; Baldur Kaulisch, Alfred von Tirpitz und die imperialistische deutsche Flottenrüstung. Berlin (O) 1988; Ivo-Nikolai Lambi, The Navy and the German Power Politics 1862–1914. Boston 1984; Volker R. Berghahn und Wolfgang Deist (Hrsg.), Rüstung im Zeichen der Wilhelminischen Weltpolitik. Grundlegende Dokumente 1890–1914. Düsseldorf 1988; Volker Berghahn, Des Kaisers Flotte und die Revolutionierung des Mächtesystems vor 1914. In: John C. G. Röhl (Hrsg.), Der Ort Kaiser Wilhelms II. in der deutschen Geschichte, S. 173–188.

42 Vgl. u. a. Robert Crozier Long, The End of Weltpolitik. A Letter from Berlin. In: FR 95 (1914), S. 983–998; Ludwig Dehio, Deutschland und die Weltpolitik im 20. Jahrhundert. München 1955; Werner Frauendienst, Deutsche Weltpolitik. Zur Problematik des Wilhelminischen Reichs. In: Die Welt als Geschichte. Eine Zeitschrift für Universalgeschichte 19 (1959), S. 1–39; Klaus Wernecke, Der Wille zur Weltgeltung. Außenpolitik und Öffentlichkeit im Kaiserreich am Vorabend des Ersten Weltkrieges. 2. Aufl. Düsseldorf 1970; Klaus Hildebrand, Staatskunst oder Systemzwang? Die »Deutsche Frage« als Problem der Weltpolitik. In: HZ 228 (1979), S. 624–644; Rüdiger vom Bruch, Weltpolitik als Kulturmission. Auswärtige Kulturpolitik und Bildungsbürgertum in Deutschland am Vorabend des Ersten Weltkriegs. Paderborn 1982; Gregor Schöllgen, Die Großmacht als Weltmacht. Idee, Wirklichkeit und Perzeption deutscher »Weltpolitik« im Zeitalter des Imperialismus. In: HZ 248 (1989), S. 79–100; Imanuel Geiss, »Weltpolitik«. Die deutsche Version des Imperialismus. In: Gregor Schöllgen (Hrsg.), Flucht in den Krieg? Die Außenpolitik des kaiserlichen Deutschland. Darmstadt 1991, S. 148–169; Peter Winzen, Zur Genesis von Weltmachtkonzept und Weltpolitik. In: John C.G. Röhl (Hrsg.), Der Ort Kaiser Wilhelms II. in der deutschen Geschichte, S. 189–222; Gregor Schöllgen, Der Wille zur Weltmacht. Die deutsche »Weltpolitik« und der Ausbruch des Ersten Weltkrieges. In: ders., Die Macht in der Mitte Europas. Stationen deutscher Außenpolitik von Friedrich dem Großen bis zur Gegenwart. München 1992, S. 51–66.

43 Vgl. Hans-Günter Zmarzlik, Bethmann Hollweg als Reichskanzler 1909 bis 1914. Düsseldorf 1957; Eberhard von Vietsch, Bethmann Hollweg. Staatsmann zwischen Macht und Ethos. Boppard a. Rh. 1969; Willibald Gutsche, Aufstieg und Fall eines kaiserlichen Reichskanzlers. Theobald von Bethmann Hollweg 1856–1921. Berlin (O) 1972; Konrad H. Jarausch, The Enigmatic Chancellor. Bethmann Hollweg and the Hubris of Imperial Germany. New Haven 1973; Fritz Stern, Bethmann Hollweg and the War. The Bounds of Responsibility. In: ders., The Failure of Illiberalism. Essays on the Political Culture of Modern Germany. Chicago, London 1975, S. 77–118; Fritz Fischer, Theobald von Bethmann. In: ders., Hitler war kein Betriebsunfall. Aufsätze. 2. Aufl. München 1992, S. 136–173.

kommen und wird damit dem Anspruch gerecht, eine repräsentative Auswahl vorzulegen. Ergänzend sollte der Leser die Edition von Michael Behnen[44] zur Hand nehmen, die die Etappen der kolonial-, handels- und sicherheitspolitischen Neuorientierung von 1890 bis 1897 dokumentiert, Quellen zur deutschen »Weltpolitik« vorlegt und schließlich auch die »Auskreisung« berücksichtigt, leider jedoch mit dem Jahr 1911 endet. Für eine Synopse des internationalen Geschehens nach wie vor hilfreich ist die von Erwin Hölzle[45] herausgegebene Sammlung von ›Quellen zur Entstehung des Ersten Weltkriegs‹, die den Zeitraum von 1901 bis 1914 ins Visier nimmt.

In diesem Kontext nicht einmal annähernd vorzustellen ist die Flut der persönlichen Quellen, die aus dem Zeitalter des Imperialismus vorliegen[46]. Zeugnisse präsentierten der Kaiser[47] und die Hofgesellschaft[48], die Reichskanzler[49] und ihre Mitarbeiter[50]; Staatsse-

[44] Quellen zur Deutschen Außenpolitik im Zeitalter des Imperialismus 1890–1911. (Freiherr vom Stein-Gedächtnisausgabe, Bd. XXVI), Darmstadt 1977. Vgl. ergänzend ders., Rüstung – Bündnis – Sicherheit. Dreibund und informeller Imperialismus 1900–1908. Tübingen 1985.

[45] Quellen zur Entstehung des Ersten Weltkrieges. Internationale Dokumente 1901–1914. (Freiherr vom Stein-Gedächtnisausgabe, Bd. XXVII), Darmstadt 1978.

[46] Unverzichtbares Hilfsmittel: Das Zeitalter des Imperialismus und des Ersten Weltkrieges (1871–1918). Zweiter Teil: Persönliche Quellen. Bearbeitet von Winfried Baumgart. 2. Aufl. Darmstadt 1991.

[47] Ereignisse und Gestalten aus den Jahren 1878–1918. Leipzig 1922; Briefe Wilhelms II. an den Zaren 1894–1914. Hrsg. u. eingeleitet von Walter Goetz. Berlin [1920]; Reden des Kaisers. Ansprachen, Predigten und Trinksprüche. Hrsg. von Ernst Johann. München 1966.

[48] Vgl. Das Tagebuch der Baronin Spitzemberg geb. Freiin v. Varnbüler. Aufzeichnungen aus der Hofgesellschaft des Hohenzollernreiches (1859–1914). Ausgew. u. hrsg. von Rudolf Vierhaus. 4. Aufl. Göttingen 1976; Rudolf von Valentini, Kaiser und Kabinettschef. Nach eigenen Aufzeichnungen und dem Briefwechsel… dargestellt v. Bernhard Schwertfeger (1855–1918). Oldenburg 1931; Friedrich von Berg als Chef des Geheimen Zivilkabinetts 1918. Erinnerungen aus seinem Nachlaß. Bearb. von Heinrich Potthoff. Düsseldorf 1971; Der Kaiser… Aufzeichnungen des Chefs des Marinekabinetts Admiral Georg Alexander v. Müller über die Ära Wilhelm II. (1871–1914). Hrsg. v. Walter Goetz. Göttingen 1965.

[49] Vgl. Otto Fürst von Bismarck, Die gesammelten Werke. Bd. 1–15, Berlin 1924–1935 (= Friedrichsruher Ausg.; Ndr. Nendeln/Liecht. 1972); Die Reden des Grafen von Caprivi im Deutschen Reichstage, Preußischen Landtage und bei besonderen Anlässen 1883–1893. Hrsg. v. Rudolf Arndt. Berlin 1894; Denkwürdigkeiten des Fürsten Chlodwig zu Hohenlohe-Schillingsfürst. Im Auftrage des Prinzen Alexander zu Hohenlohe-Schillingsfürst hrsg. v. Friedrich Curtius. Bd. 1–2, Stuttgart, Leipzig 1906/07; Fürst Chlodwig zu Hohenlohe-Schillingsfürst, Denkwürdigkeiten der Reichskanzlerzeit (1894–1900). Hrsg. von Karl A. von Müller. Stuttgart 1931; Bernhard Fürst von Bülow, Denkwürdigkeiten. Hrsg. v. Franz X. von Stockhammern. Bd. 1–4, Berlin 1930/31; Jost Dülffer (Hrsg.), Theobald von Bethmann Hollweg. Betrachtungen zum Weltkriege. Essen 1989.

[50] Vgl. Staatssekretär Graf Herbert von Bismarck. Aus seiner politischen Privatkor-

kretäre[51], Militärs[52] und Diplomaten[53] haben Erinnerungen vorgelegt und – wie Bülow – zum Teil viele Seiten beschrieben, ohne die substantiellen Defizite verdecken zu können. Der problematische Charakter dieser Quellengattung ist jedem Proseminaristen bekannt, sie stellt gelegentlich aber dennoch eine wichtige Ergänzung dar. Dieser Befund gilt auch für Nachlässe wie Briefwechsel. Die ›Geheimen Papiere‹ Friedrich von Holsteins[54] sind in der For-

respondenz (1872–1901). Hrsg. u. eingel. v. Walter Bußmann unter Mitwirkung v. Klaus-Peter Hoepke. Göttingen 1964; Moritz Busch. Tagebuchblätter. Bd. 1–3, Leipzig 1899; Bismarck-Erinnerungen des Staatsministers Freiherrn Lucius von Ballhausen. Stuttgart, Berlin 1920, 4.–6. Aufl. 1921; Christoph von Tiedemann, Sechs Jahre Chef der Reichskanzlei unter dem Fürsten Bismarck. Erinnerungen (1875–1881). Leipzig 1909, 2. Aufl. 1910; Hermann Hofmann, Fürst Bismarck 1890–1898. Nach persönlichen Mitteilungen des Fürsten und eigenen Aufzeichnungen des Verfassers, nebst einer authentischen Ausgabe aller vom Fürsten Bismarck herrührenden Artikel in den ›Hamburger Nachrichten‹. Bd. 1–3 (in 2 Bdn), Stuttgart 1913, 9.–11. Aufl. 1922; Friedrich von Holstein, Lebensbekenntnis in Briefen an eine Frau (1837–1909). Eingel. u. hrsg. v. Helmuth Rogger. Berlin (1932); Kurt Riezler, Tagebücher, Aufsätze, Dokumente (1914–1918). Eingel. u. hrsg. v. Karl D. Erdmann. Göttingen 1972; Agnes Blänsdorf, Der Weg der Riezler-Tagebücher. Zur Kontroverse über die Echtheit der Tagebücher Kurt Riezlers. In: GWU 35 (1984), S. 651 ff.

[51] Vgl. Wilhelm E. Freiherr von Schoen, Erlebtes. Beiträge zur politischen Geschichte der neuesten Zeit (1900–1914). Stuttgart, Berlin 1921; Kiderlen-Wächter, der Staatsmann und Mensch. Briefwechsel und Nachlaß. Hrsg. v. Ernst Jäckh. Bd. 1: 1852–1908. Bd. 2: 1908–1912. Stuttgart 1924; Gottlieb von Jagow, Ursachen und Ausbruch des Weltkrieges. Berlin 1919; Clemens von Delbrück, Die wirtschaftliche Mobilmachung in Deutschland. Aus dem Nachlaß hrsg., eingel. u. ergänzt v. Joachim von Delbrück. München 1924; Richard von Kühlmann, Erinnerungen (1873–1918). Heidelberg 1948; Karl Helfferich, Der Weltkrieg. Bd. 1–3, Berlin (1919).

[52] Vgl. Alfred von Tirpitz, Erinnerungen (1864–1918). Leipzig 1919, 2. Aufl. 1920; ders., Politische Dokumente. 2 Bde, Berlin 1924–1926; Wilhelm Widenmann, Marine-Attaché an der kaiserlich-deutschen Botschaft in London 1907–1912. Mit einer Einleitung v. Walther Hubatsch. Göttingen 1952.

[53] Vgl. beispielsweise die Denkwürdigkeiten des Botschafters General v. Schweinitz. Hrsg. v. Wilhelm von Schweinitz. Bd. 1: 1822–1877, Bd. 2: 1878–92. Berlin 1927; Aufzeichnungen und Erinnerungen aus dem Leben des Botschafters Joseph Maria von Radowitz. Hrsg. v. Hajo Holborn. Bd. 1: 1839–1877, Bd. 2: 1878–1890. Stuttgart 1925 (Ndr. Osnabrück 1967); Kurd von Schlözer, Letzte römische Briefe 1882–1894. Hrsg. v. Leopold von Schlözer. Stuttgart 1924; Ludwig Raschdau, Ein sinkendes Reich. Erlebnisse eines deutschen Diplomaten im Orient 1877–1879. Berlin 1934; ders., Unter Bismarck und Caprivi. Erinnerungen eines deutschen Diplomaten aus den Jahren 1885–1894. Berlin 1939; Hermann Freiherr von Eckardstein, Lebenserinnerungen und Politische Denkwürdigkeiten (1864–1914). Bd. 1–3, Leipzig 1919–1921, 2. Aufl. 1920–21; Friedrich Rosen, Aus einem diplomatischen Wanderleben. Bd. 1–4, Berlin 1931/32 u. Wiesbaden 1959; Fürst Karl M. Lichnowsky, Auf dem Wege zum Abgrund. Londoner Berichte, Erinnerungen und sonstige Schriften. Bd. 1–2, Dresden 1927; Johann H. Graf von Bernstorff, Erinnerungen und Briefe (1862 bis 1930). Zürich 1936.

[54] Die Geheimen Papiere Friedrich von Holsteins. Hrsg. v. Normann Rich u. M.H. Fisher. Dt. Ausg. v. Werner Frauendienst. Bd. 1–4, Göttingen 1956/63.

schung selbstverständlich ebensowenig übergangen worden wie die ›Nachgelassenen Papiere‹ des Botschafters Paul Graf von Hatzfeldt[55] oder die ›Politische Korrespondenz‹ Philipp Eulenburgs[56], die wohl die ergiebigste Quelle über Kaiser Wilhelm II. und das »persönliche Regiment«[57] darstellt. Allerdings sollte die Bedeutung dieser Berater, die selbst über kein geschlossenes politisches Konzept verfügten, nicht überschätzt werden. Ein Manko dieser Theorie besteht darin, daß sie den Reichstag, seine durchaus existierenden Einflußmöglichkeiten sowie die hohe Integrationskraft des Kaiserreichs ignoriert. Die Überzeugung von der Existenz eines »persönlichen Regiments«[58] wird im Grunde dadurch ad adsurdum geführt, daß Kaiser, Entscheidungsträger und die Mehrheit des Parlaments in der Flotten- und »Weltpolitik« mehr oder weniger an einem Strang zogen[59].

Von erheblicher Relevanz sind die Quellenzeugnisse der Militärs, die das sogenannte Immediatrecht genossen. In diesen Genuß kamen grundsätzlich die militärischen Berater des Kaisers, der Chef des Militärkabinetts und des Marinekabinetts. Hinzu kamen die Chefs des Generalstabs und des Admiralstabs, die Kommandierenden Generale der Armeekorps sowie natürlich der preußische Kriegsminister[60]. Nicht weniger wichtig sind die Zeugnisse der Par-

[55] Nachgelassene Papiere. Teil 1–2. Hrsg. u. eingel. v. Gerhard Ebel in Verbindung mit Michael Behnen, Boppard a. Rh. 1976.

[56] Politische Korrespondenz. Hrsg. v. John C.G. Röhl. 3 Bde, Boppard a. Rh. 1976–83. Vgl. ferner Hans Wilhelm Burmeister, Prince Philipp Eulenburg-Hertefeld (1847–1921). His Influence on Kaiser Wilhelm II. and his Role in the German Government, 1888–1902. Phil. Diss. Oregon 1972.

[57] Vgl. John C. G. Röhl, Deutschland ohne Bismarck. Die Regierungskrise im zweiten Kaiserreich 1890–1900. Tübingen 1969.

[58] Vgl. Erich Eyck, Das persönliche Regiment Wilhelms II. Politische Geschichte des deutschen Kaiserreichs von 1890–1914. Erlenbach, Zürich 1948.

[59] Vgl. E.R. Huber. In: Ernst-Wolfgang Böckenförde unter Mitarbeit v. R. Wahl (Hrsg.), Moderne deutsche Verfassungsgeschichte. 1815–1918. Köln 1972, S. 303.

[60] Vgl. beispielsweise die Denkwürdigkeiten des General-Feldmarschalls Alfred Grafen von Waldersee. Auf Veranlassung des Generalleutnants Georg Grafen von Waldersee bearb. u. hrsg. v. Heinrich Otto Meisner. Bd. 1–3, Stuttgart, Berlin 1922/23 (Ndr. Osnabrück 1967); Aus dem Briefwechsel des Generalfeldmarschalls Alfred Grafen von Waldersee. Hrsg. v. Heinrich O. Meisner. Bd 1: Die Berliner Jahre 1886–1891. Stuttgart 1928; Graf Alfred Schlieffen, Briefe (1833–1913). Hrsg. u. eingel. v. Eberhard Kessel. Göttingen 1958; Gerhard Ritter, Der Schlieffenplan. Kritik eines Mythos. Mit erstmaliger Veröffentlichung der Texte und 6 Kartenskizzen. München 1956; Arden Buchholz, Moltke, Schlieffen and Prussian War Planning. New York, Oxford 1991; Helmuth von Moltke, Erinnerungen, Briefe, Dokumente 1877–1916. Ein Bild vom Kriegsausbruch, erster Kriegsführung und Persönlichkeit des ersten militärischen Führers des Krieges. Hrsg. v. Elisa von Moltke. Stuttgart 1922.

tei- und Wirtschaftsführer[61], aber auch die der wirtschaftlichen und politischen Interessenverbände[62].

Die Forderung nach Kolonien wurde keineswegs zum ersten Mal nach 1871 erhoben[63]. Zwar zählten die Deutschen in der Reihe der imperialistischen Mächte zu den Nachzüglern und verloren nie das Image des »newcomers«, auch nicht, als die koloniale Herrschaft in Übersee als gefestigt gelten konnte. Doch ist bereits in den Jahren zwischen dem Wiener Kongreß und der Reichsgründung eine weitere Kreise ziehende, öffentliche Diskussion zu registrieren, die die vermeintliche Notwendigkeit weltpolitischer Betätigung sowie den Nutzen überseeischer Kolonien thematisierte. Ihren vorläufigen Höhepunkt erreichte diese Debatte in den Jahren zwischen 1840 und 1849, um in der dann folgenden Reaktionszeit erst einmal wieder ein Schattendasein zu führen. Beherrschend blieb die Deutschlandpolitik, der Weg zur Einheit.

Nach der Reichsgründung gelang es den Kolonialpropagandisten dann, ihr Anliegen wirkungsvoll in die Öffentlichkeit zu tragen. Ihre Argumente unterschieden sich aber nur wenig von den Forderungen und Begründungen, die ihre Vorgänger in der ersten Hälfte des 19. Jahrhunderts in die Diskussion einbrachten. Doch während die Zeit

[61] Vgl. dazu im einzelnen Baumgart, Das Zeitalter des Imperialismus und des Ersten Weltkrieges. 1871–1918. Zweiter Teil, S. 58–70.

[62] Vgl. Hans-Jürgen Puhle, Agrarische Interessenpolitik und preußischer Konservatismus im wilhelminischen Reich. 1893–1914. Ein Beitrag zur Analyse des Nationalismus in Deutschland am Beispiel des Bundes der Landwirte und der Deutsch-Konservativen Partei. 2. Aufl. Bonn-Bad Godesberg 1975; Hartmut Kaelble, Industrielle Interessenpolitik in der Wilhelminischen Gesellschaft. Centralverband Deutscher Industrieller 1895–1914. Berlin 1967; Hans-Peter Ullmann, Der Bund der Industriellen. Organisation, Einfluß und Politik klein- und mittelbetrieblicher Industrieller im Deutschen Kaiserreich 1895–1914. Göttingen 1976; Siegfried Mielke, Der Hansa-Bund für Gewerbe, Handel und Industrie 1909–1914. Der gescheiterte Versuch einer antifeudalen Sammlungspolitik. Göttingen 1976; Fritz Blaich, Staat und Verbände in Deutschland zwischen 1871 und 1945. Wiesbaden 1979; Hans-Peter Ullmann, Zur Rolle industrieller Interessenorganisationen in Preußen und Deutschland bis zum Ersten Weltkrieg. In: Hans-Jürgen Puhle und Hans-Ulrich Wehler (Hrsg.), Preußen im Rückblick. Göttingen 1980, S. 300–323; Alfred Kruck, Die Geschichte des Alldeutschen Verbandes 1890–1939. Wiesbaden 1954; Roger Chickering, Patriotische Vereine im europäischen Vergleich. In: Fritz Klein und Karl Otmar von Aretin (Hrsg.), Europa um 1900. Texte eines Kolloquiums. Berlin 1989, S. 151–162; Michael Peters, Der Alldeutsche Verband am Vorabend des Ersten Weltkrieges, 1908–1914. Ein Beitrag zur Geschichte des völkischen Nationalismus im spätwilhelminischen Deutschland. Frankfurt a. M. 1992.

[63] Grundlegend für die Zeit vor 1871 sind die Arbeiten von Hans Fenske. Vgl. Imperialistische Tendenzen in Deutschland vor 1866. Auswanderung, überseeische Bestrebungen, Weltmachtträume. In: Hist.J. 97/98 (1978), S. 336–383; ders., Ungeduldige Zuschauer. Die Deutschen und die europäische Expansion 1815–1880. In: Wolfgang Reinhard (Hrsg.), Imperialistische Kontinuität und nationale Ungeduld im 19. Jahrhundert. Frankfurt a. M. 1991, S. 87–123.

vor der Lüderitzschen Landung in Südwestafrika eher durch eine »Kontinuität der Wünsche und des Wollens«[64], durch den breiten Graben zwischen Wunschvorstellung und Wirklichkeit gekennzeichnet war, so führten die achtziger Jahre zum Erwerb überseeischer Territorien, paradoxerweise unter einem Kanzler, der Kolonialpolitik ohne Überzeugung betrieb. Die Gründe für die Forderung nach Kolonien entsprangen dem Studium der Vergangenheit sowie dem nationalen Bewußtsein, sie waren fester Bestandteil machtpolitischer Reflexionen und hatten ihre Ursachen last but not least in wirtschaftlichen Erwägungen. Die Zukunft sollte allerdings zeigen, daß die wirtschaftliche Bilanz der deutschen Kolonialzeit von 1884 bis 1914 negativ und eher eine »Privatisierung der Gewinne« bei einer »Sozialisierung der Verluste«[65] zu beobachten war. Letztlich aber, und dies ist und bleibt entscheidend, bestimmte die Perzeption der Realität und nicht die Wirklichkeit selbst das Denken und Handeln der Zeitgenossen. Und diese waren in ihren Vorstellungen von der Aussicht auf wirtschaftlichen Profit geprägt. Zu dem Selbstverständnis der Zeit gehörte die Überzeugung, daß Kolonien den machtpolitischen Status erhöhten; daß Deutschland einen Anspruch auf überseeischen Besitz, ja sogar von den neunziger Jahren an ein Anrecht auf Weltmachtstellung besaß, schienen die Statistiken der Zeit zu beweisen; Bevölkerungszahl, Außenhandelsvolumen, Staatseinnahmen, Handelsflotte und Militärmacht präsentierten im Vergleich mit anderen europäischen Staaten »unabweisbare« Belege. Imperialistische Expansion wurde vielfach als Naturgesetz erachtet.

Wege, Methoden und Ziele deutscher Kolonialpolitik sind seit den sechziger Jahren mit substantiellen Beiträgen aus anglo-amerikanischer Feder, der DDR-Forschung[66] und von Historikern der alten Bundesländer minutiös analysiert worden. Den neuesten Kenntnisstand legt Horst Gründer mit seiner ›Geschichte der deutschen Kolonien‹[67] vor, die sich detailliert auch Bismarcks überseei-

[64] Fenske, Ungeduldige Zuschauer, S. 87.

[65] Bade, Die deutsche Kolonialexpansion in Afrika, S. 38.

[66] Vgl. im einzelnen die Angaben bei Gutsche, Die Außenpolitik des Kaiserreichs, S. 87–94; Kurt Büttner und Heinrich Loth (Hrsg.), Philosophie der Eroberer und koloniale Wirklichkeit. Berlin (O) 1981; Helmuth Stoecker (Hrsg.), Drang nach Afrika. Die koloniale Expansionspolitik und Herrschaft des deutschen Imperialismus in Afrika von den Anfängen bis zum Ende des zweiten Weltkriegs. Berlin (O) 1977.

[67] Horst Gründer, Geschichte der deutschen Kolonien. 2. Aufl. Paderborn 1991; Klaus J. Bade, Imperialismusforschung und Kolonialhistorie. In: GG 9 (1983), S. 138–150; Winfried Baumgart, Die deutsche Kolonialherrschaft in Afrika. Neue Wege der Forschung. In: VSWG 58 (1971), S. 468–481; Woodruff D. Smith, The Ideology of

scher Politik widmet; die Untersuchung der deutschen Kolonialgeschichte hat lange Zeit ein Schattendasein geführt, das sich unter anderem aus dem kurzen Bestand der überseeischen Territorien erklärt sowie aus ihrer »Bedeutungslosigkeit« für das Geschehen in der Phase der Dekolonisation. Natürlich kollidierte auch der deutsche Imperialismus bzw. Kolonialismus mit der kulturhistorischen Identität der indigenen Gesellschaften, und seit den siebziger Jahren konzentrierte sich die Forschung zunehmend auf die »Sicht der Betroffenen«, »die koloniale Situation«[68] sowie den »Modernisierungsprozeß«, der ungeachtet seiner Definition und Wertung mit dem Kolonialismus Hand in Hand ging.

Zu den deutschen Kolonien sind eine Reihe vorzüglicher Studien publiziert worden, die einen raschen Überblick sowie die Erschließung von Literatur zu Spezialgebieten ermöglichen. Stellvertretend genannt werden die Arbeiten von Helmut Bley zu Deutsch-Südwestafrika[69], Rainer Tetzlaff und Detlef Bald zu Deutsch-Ostafrika[70] sowie von Ralph Erbar zu Togo[71]. Karin Hausen und Albert Wirz legten entsprechende Untersuchungen zu Kamerun[72] vor. Aus

German Colonialism. 1840–1914. In: JMH 46 (1974), S. 641–662; Jost Dülffer, Deutsche Kolonialherrschaft in Afrika. In: NPL 26 (1981), S. 458–473; Woodruff D. Smith, The German Colonial Empire. Chapel Hill 1978; Arthur J. Knoll und Lewis H. Gann (Hrsg.), Germans in the Tropics. Essays in German Colonial History. New York, London 1987; Helmut Christmann (Hrsg.), Kolonisation und Dekolonisation. Referate des Internationalen Kolonialgeschichtlichen Symposiums 1989 an der Pädagogischen Hochschule Schwäbisch Gmünd. Schwäbisch Gmünd 1989; Klaus J. Bade (Hrsg.), Imperialismus und Kolonialismus – Kaiserliches Deutschland und koloniales Imperium. Wiesbaden 1982; Djomo Esaie, »Des Deutschen Feld, es ist die Welt!«: Pangermanismus in der Literatur des Kaiserreichs, dargestellt am Beispiel der deutschen Koloniallyrik. Ein Beitrag zur Literatur im historischen Kontext. St. Ingbert 1992. – Für einen aktuellen Überblick vgl. Peter Grupp, Aspekte europäischer Expansion. In: NPL 37 (1992), S. 7–33.

[68] Georges Balandier, Die koloniale Situation. Ein theoretischer Ansatz. (1952). In: Rudolf von Albertini (Hrsg.), Moderne Kolonialgeschichte. Köln 1970, S. 105–124.

[69] Kolonialherrschaft und Sozialstruktur in Deutsch-Südwestafrika 1894–1914. Hamburg 1968.

[70] Rainer Tetzlaff, Koloniale Entwicklung und Ausbeutung. Wirtschafts- und Sozialgeschichte Deutsch-Ostafrikas 1885–1914. Berlin 1970; Detlef Bald, Deutsch-Ostafrika 1900–1914. Eine Studie über Verwaltung, Interessengruppen und wirtschaftliche Erschließung. München 1970.

[71] Ein »Platz an der Sonne«? Die Verwaltungs- und Wirtschaftsgeschichte der deutschen Kolonie Togo 1884–1914. Wiesbaden 1991. Vgl. ferner Beatrix Wedi-Pascha, Die deutsche Mittelafrika-Politik 1871–1914. Pfaffenweiler 1992; Michael Fröhlich, Von Konfrontation zur Koexistenz. Die deutsch-englischen Kolonialbeziehungen in Afrika zwischen 1884 und 1914. Bochum 1990.

[72] Karin Hausen, Deutsche Kolonialherrschaft in Afrika. Wirtschaftsinteressen und Kolonialverwaltung in Kamerun vor 1914. Freiburg i.Br. 1970; Albert Wirz, Vom Skla-

anglo-amerikanischer Feder stammen grundlegende Studien zu den deutschen Südseebesitzungen[73] und China[74]. Für die koloniale Frage nach 1918 sind die Werke von Klaus Hildebrand[75] sowie Andrew Crozier[76] zu nennen. Das Verhältnis von Mission und Kolonialismus hat Horst Gründer[77] richtungsweisend untersucht, zuletzt in einem Handbuch über ›Welteroberung und Christentum‹[78].

Im Gegensatz zu den achtziger Jahren hat die Phase deutscher »Weltpolitik« ab 1897 mit ihren ruinösen Folgen für das Ansehen und die Stellung des Reichs nicht mehr zu einem nennenswerten territorialen Gewinn geführt. Ein Musterbeispiel für den weiterhin praktizierten informellen Imperialismus bietet dagegen in dieser Zeit der Bau der Bagdadbahn, dessen nationale und internationale Dimension von Gregor Schöllgen[79] umfassend analysiert worden ist. Mit diesem bedeutendsten Objekt deutscher »Weltpolitik« ist engstens die kontrovers diskutierte Frage nach der Wirtschaft als Motor des deutschen Imperialismus verknüpft. In diesem Zusammenhang stellt sich auch die Frage, welche Relevanz der Betrachter beispielsweise der von Hans-Ulrich Wehler entwickelten Theorie des Sozialimperialismus[80] beimißt. Nicht weniger umstritten ist, ob

venhandel zum kolonialen Handel. Wirtschaftsräume und Wirtschaftsformen in Kamerun vor 1914. Freiburg i.Br. 1972.

[73] Peter J. Hempenstall, Pacific Islanders under German Rule. A Study of the Meaning of Colonial Resistance. Canberra 1978; Stewart Firth, New Guinea under the Germans. Melbourne 1982; John A. Moses und Paul M. Kennedy (Hrsg.), Germany in the Pacific and Far East, 1870–1914. St. Lucia, Queensland, 1977; Gerd Hardach, König Kopra. Die Marianen unter deutscher Herrschaft 1899–1914. Stuttgart 1990. Als Habilitationsschrift – und hoffentlich bald gedruckt – liegt eine detaillierte Studie von Hermann Hiery über die Präsenz des Deutschen Reiches in der Südsee vor: Das Deutsche Reich in der Südsee 1900–1921. Eine Annäherung an die Erfahrungen verschiedener Kulturen.

[74] John E. Schrecker, Imperialism and Chinese Nationalism. Germany in Shantung. Cambridge, Mass., 1971.

[75] Vom Reich zum Weltreich. Hitler, NSDAP und koloniale Frage 1919–1945. München 1969.

[76] Appeasement and Germany's Last Bid for Colonies. London 1988.

[77] Christliche Mission und deutscher Imperialismus. Eine politische Geschichte ihrer Beziehungen während der deutschen Kolonialzeit (1884–1914) unter besonderer Berücksichtigung Afrikas und Chinas. Paderborn 1982.

[78] Welteroberung und Christentum. Ein Handbuch zur Geschichte der Neuzeit. Gütersloh 1992.

[79] Imperialismus und Gleichgewicht. Deutschland, England und die orientalische Frage 1871–1914. (1982) München 1992; vgl. auch Jürgen Lodemann und Manfred Pohl, Die Bagdadbahn. Geschichte und Gegenwart einer berühmten Eisenbahnlinie. Mainz 1988.

[80] Sozialimperialismus. In: Hans-Ulrich Wehler (Hrsg.), Imperialismus. 3. Aufl. Köln 1976, S. 83ff.

Bülow tatsächlich ein stringentes »Weltmachtkonzept« verfolgt hat[81] oder ob die Repräsentanten des Kaiserreichs – Wilhelm II., Holstein, Tirpitz – sich nicht in dem Bekenntnis zur »Weltpolitik« erschöpft haben[82]. Ein Schlüsseldokument vermochte bisher keiner der wissenschaftlichen Kontrahenten vorzulegen. Allerdings liegt der Eindruck nahe, daß die Außenpolitik des Kaiserreichs zwischen zwei Extremen hin- und herpendelte, nämlich zwischen »Angst« und »Anmaßung«[83].

Die Kollision von Welt- und Sicherungspolitik der Kontinentalmacht wurde von den politischen Akteuren nicht rechtzeitig erkannt, die sich nach anfänglichem Zögern und dem Spiel »der freien Hand« in einem inflexiblen Bündnissystem verfingen, den Bündnispartner nicht zur Zurückhaltung zwingen wollten – oder konnten – und durch eine letztlich sinnlose Flottenrüstung das Verhältnis mit der englischen Weltmacht grundlegend zerrütteten[84]. Die mangelnde Beweglichkeit der Bündnisse, die Konferenz von Algeciras, die Rückwendung der Großmächte von Übersee nach Europa – Folge des Krieges zwischen Japan und Rußland –, die französisch-russische Allianz sowie die militärische Planung und Aufrüstung sind in der Forschung gründlich untersucht worden und spiegeln sich in einer Vielzahl an Studien.

Die internationale Geschichtswissenschaft in Ost und West hat sich eingehend mit der Julikrise 1914[85] und ihrer Vorgeschichte aus-

[81] Vgl. Peter Winzen, Bülows Weltmachtkonzept. Untersuchungen zur Frühphase seiner Außenpolitik 1897–1901. Boppard a.Rh. 1977; Katherine Anne Lerman, The Chancellor as Courtier. Bernhard von Bülow and the Governance of Germany 1900 bis 1909. Cambridge, New York 1990; Gerd Fesser, Reichskanzler Bernhard Fürst von Bülow. Eine Biographie. Berlin 1991; vgl. Winzen, Zur Genesis von Weltmachtkonzept und Weltpolitik, S. 189: »Fast ein Jahrzehnt lang, vom Herbst 1897 bis zum Frühjahr 1906, stand die deutsche Reichspolitik im Zeichen des von Bernhard von Bülow mit bemerkenswerter Konsequenz verfolgten Weltmachtkonzepts, dessen Ziel die Etablierung Deutschlands als europäische und überseeische Hegemonialmacht sein sollte. [...] Angesichts der damaligen Machtverhältnisse zielte Bülows Weltmachtpolitik letztlich auf die Beseitigung der englischen Seeherrschaft [...].« Peter Winzen (Hrsg.), Bernhard Fürst von Bülow. Bonn 1992.

[82] Vgl. Andreas Hillgruber, Deutschlands Rolle in der Vorgeschichte der beiden Weltkriege. 2. Aufl. Göttingen 1979, S. 20f.

[83] Vgl. Lancelot Farrar, Jr., Arrogance and Anxiety. The Ambivalence of German Power, 1848–1914. Iowa City 1981.

[84] Vgl. Paul M. Kennedy, The Rise of the Anglo-German Antagonism 1860–1914. London 1980; Gustav Schmidt, Der deutsch-englische Gegensatz im Zeitalter des Imperialismus. In: Henning Köhler (Hrsg.), Deutschland und der Westen. Vorträge und Diskussionsbeiträge zu Ehren von Gordon A. Craig. Berlin 1984, S. 59ff.

[85] Vgl. neben den bereits genannten Arbeiten W. Laqueur und G.L. Mosse (Hrsg.), Kriegsausbruch 1914. 2. Aufl. München 1970; Andreas Hillgruber, Riezlers Theorie des

einandergesetzt, sie spricht in diesem Punkte allerdings – wie im einzelnen dargelegt worden ist – noch immer nicht mit einer Stimme. Daß in Europa aber eine allgemeine Bereitschaft zum Kriege existierte und dieser in Unkenntnis seiner verheerenden Folgen nach wie vor als vertretbare Kategorie der Politik empfunden wurde, sich also keine Partei dem Frieden vorbehaltlos verpflichtet fühlte, dies gehört heute zum Gemeingut der Wissenschaft – so schwer es dem rückschauenden und vermeintlich klügeren Betrachter auch fallen mag, sich diese »zeitgenössische Normalität« der Jahre vor 1914 vorzustellen.

kalkulierten Risikos und Bethmann Hollwegs politische Konzeption in der Julikrise 1914. In: HZ 202 (1966), S. 333–351; Wolfgang J. Mommsen, Die latente Krise des Wilhelminischen Reiches. Staat und Gesellschaft in Deutschland 1890–1914. In: MM 15 (1974), S. 7–28; Klaus Hildebrand, Imperialismus, Wettrüsten und Kriegsausbruch 1914. I: Zum Problem von Legitimität und Revolution im internationalen System. In: NPL 20 (1975), S. 160–194; ders., Imperialismus, Wettrüsten und Kriegsausbruch 1914. II: Kriegsausbruch 1914. Zum gegenwärtigen Stand der Forschung. In: NPL 20 (1975), S. 339–364; M. Eckstein und Z. Steiner, The Sarajevo Crisis. In: Francis H. Hinsley (Hrsg.), British Foreign Policy under Sir Edward Grey. Cambridge 1977; James Joll, Politicians and the Freedom to Choose. The Case of July 1914. In: A. Ryan (Hrsg.), The Idea of Freedom. Essays in Honor of I. Berlin. Oxford 1979, S. 99–114; John F.V. Keiger, France and the Origins of the First World War. London 1983; D.C.B. Lieven, Russia and the Origins of the First World War. London 1983; Volker Ullrich, Das deutsche Kalkül in der Julikrise und die Frage der englischen Neutralität. In: GWU 34 (1983), S. 79–97; ders., Der Sprung ins Dunkle. Die Julikrise 1914 und ihre aktuellen Lehren. In: Geschichtsdidaktik 9 (1984), S. 97–106; Klaus Hildebrand, Julikrise 1914. Das europäische Sicherheitsdilemma. Betrachtungen über den Ausbruch des Ersten Weltkriegs. In: GWU 7 (1985), S. 469–502; Willibald Gutsche, Außenpolitische Ziele, Rüstungspolitik und Kriegsdisposition der deutschen Reichsleitung vor 1914. In: ZfG 36 (1988), S. 963–977.

1. 1. 1683	Gründung von »Groß-Friedrichsburg« an der westafrikanischen Küste.
1809	Der Historiker Arnold Hermann Ludwig Heeren veröffentlicht das ›Handbuch der Geschichte des europäischen Staatensystems‹, in dem eine intensive Auseinandersetzung mit der Überseegeschichte erfolgt.
1842	Gründung des Vereins deutscher Fürsten, Grafen und Herren zum Schutze deutscher Auswanderer in Texas.
1847	H. v. d. Oelsnitz legt dem ersten Vereinigten Landtag eine ›Denkschrift über die Erhebung Preußens zu einer See-, Kolonial- und Weltmacht ersten Ranges‹ vor.
14. 6. 1848	Richard Wagner fordert: *»Nun wollen wir in Schiffen über das Meer fahren, da und dort ein junges Deutschland gründen. [...] Wir wollen es deutsch und herrlich machen.«*
1848	W. Roscher und R. Jannasch veröffentlichen ›Kolonien, Kolonialpolitik und Auswanderung‹.
1857	Friedrich Fabri, der spätere »Vater der deutschen Kolonialbewegung« wird leitender Inspektor der Rheinischen Mission in Barmen.
15. 6. 1877	Diktat des Reichskanzlers Otto von Bismarck, Kissingen: *»Wenn ich arbeitsfähig wäre, könnte ich das Bild vervollständigen und feiner ausarbeiten, welches mir vorschwebt: nicht das irgend eines Ländererwerbes, sondern das einer politischen Gesamtsituation, in welcher alle Mächte außer Frankreich unser bedürfen, und von Koalitionen gegen uns durch ihre Beziehungen zueinander nach Möglichkeit abgehalten werden.«*
1878	Gründung der Afrikanischen Gesellschaft in Deutschland. Der Publizist Ernst von Weber veröffentlicht ›Vier Jahre in Afrika‹.
1879	Friedrich Fabri veröffentlicht ›Bedarf Deutschland der Colonien?‹ Ernst von Weber veröffentlicht ›Die Erweiterung des deutschen Wirtschaftsgebietes und die Grundlegung zu überseeischen deutschen Staaten‹. Der Publizist Wilhelm Hübbe-Schleiden veröffentlicht ›Ethiopien. Studien über Westafrika‹. Gründung des Westdeutschen Vereins für Kolonisation und Export.
18. 6. 1881	Dreikaiserabkommen zwischen dem Deutschen Reich, Rußland und Österreich-Ungarn.
4. 8. 1881	Wilhelm Hübbe-Schleiden veröffentlicht in der ›Kölni-

	schen Zeitung‹ den Artikel ›Motive zu einer überseeischen Politik Deutschlands‹.
20. 5. 1882	Dreibundvertrag zwischen dem Deutschen Reich, Österreich-Ungarn und Italien.
11. 7. 1882	Beschießung der Forts von Alexandrien durch englische Truppen.
17. 11. 1882	In der ›Allgemeinen Zeitung‹ wird die »Kultivation Neuguineas« als »Pflicht der deutschen Nation« bezeichnet.
1882	Gründung des Deutschen Kolonialvereins. Der Publizist Constantin Frantz veröffentlicht ›Die Weltpolitik unter besonderer Bezugnahme auf Deutschland‹: *»Lehrt das Christentum die Einheit des ganzen Menschengeschlechts, und macht es zugleich den ausdrücklichen Anspruch, die für die ganze Welt bestimmte Religion zu sein, so ist damit auch für alle sich zum Christentum bekennenden Nationen, und zumal für deren Gewalthaber die Forderung gegeben: ihren Blick, über die Nationalinteressen oder Staatsinteressen hinaus, auf die großen Anliegen der Menschheit zu richten. Entweder also müßte die Politik rundweg vom Christentum abstrahieren, oder will sie das nicht, sondern will sie vielmehr selbst eine christliche Politik heißen, so muß sie auch zur Weltpolitik werden.«*
1883	Der Ethnologe Adolf Bastian veröffentlicht ›Zwei Worte über Kolonial-Weisheit von jemandem, dem dieselbe versagt ist‹.
5. 1. 1884	Erste Generalversammlung des deutschen Kolonialvereins.
28. 3. 1884	Gründung der Gesellschaft für deutsche Kolonisation.
24. 4. 1884	Geburtsstunde des deutschen Kolonialreichs: Südwestafrika wird zum ersten deutschen Schutzgebiet.
14. 7. 1884	Der Generalkonsul Gustav Nachtigal erklärt die Schutzherrschaft über das Gebiet am Kamerun.
15. 11. 1884	Eröffnung der Afrika-Konferenz in Berlin.
26. 1. 1885	Fall Khartums: England verliert den Sudan.
26. 2. 1885	Beendigung der Afrika-Konferenz in Berlin.
29. 4./7. 5. 1885	Abkommen zwischen dem Deutschen Reich und England über die Abgrenzung von Interessensphären am Golf von Guinea (Kamerun).
17. 5. 1885	Wilhelm I. stellt Gebiete der Neu Guinea Compagnie unter den Schutz des Deutschen Reiches.
20. 6. 1885	Übereinkommen zwischen dem Deutschen Reich und England zwecks Abgrenzung der westafrikanischen Schutzgebiete am Golf von Guinea.
1. 8. 1885	Neutralitätserklärung des Kongostaates.
25. 8. 1885	Eine erste Festlegung der Grenze zwischen dem Kongostaat und Deutsch-Ostafrika erfolgt.

6. 4. 1886	Das Deutsche Reich und England grenzen ihre Verwaltungen im westlichen Stillen Ozean ab.
Juli 1886	Erste Vermarkung der deutsch-englischen Grenze westlich von Lomé.
27. 7./2. 8. 1886	Abkommen zwischen dem Deutschen Reich und England über die Ausdehnung der Nordwestgrenze von Kamerun bis zum Benue.
29. 10. 1886	In einem Notenwechsel zwischen dem Deutschen Reich und England erfolgt eine erste Abgrenzung der Interessensphären in Ostafrika.
30. 12. 1886	Der Rowuma wird in Ostafrika zur Grenze der Interessensphären zwischen Deutschland und Portugal erklärt.
	Vertrag über die Grenzregulierung zwischen den Interessensphären des Deutschen Reichs und Portugals am Kunefluß (Südwestafrika).
18. 6. 1887	Abschluß des Rückversicherungsvertrags zwischen Deutschland und Rußland.
6. 2. 1888	In einer Reichstagsrede erteilt Bismarck jeglichem »Periklitieren« in der »Weltpolitik« eine entschiedene Absage: *»Jede Großmacht, die außerhalb ihrer Interessensphäre auf die Politik der anderen Länder zu drücken und einzuwirken sucht und die Dinge zu leiten sucht, die periklitirt außerhalb des Gebietes, welches Gott ihr angewiesen hat, die treibt Machtpolitik und nicht Interessenpolitik, die wirthschaftet auf Prestige hin. Wir werden das nicht thun; wir werden, wenn orientalische Krisen eintreten, bevor wir Stellung dazu nehmen, die Stellung abwarten, welche die mehr interessirten Mächte dazu nehmen.«*
1888	Dreikaiserjahr: Wilhelm I. stirbt, Friedrich III. amtiert nur 99 Tage, Nachfolger wird Wilhelm II. (15. Juni 1888).
	Gründung der Deutschen Kolonialgesellschaft.
4. 10. 1888	Ein deutsches Konsortium erwirbt die Konzession zum Bau der Anatolischen Eisenbahn.
1888/89	Ostafrikanischer Aufstand.
1. 11. 1889	Das Deutsche Reich übernimmt die Verwaltung Neuguineas.
18. 3. 1890	Otto von Bismarck tritt zurück.
1. 4. 1890	Einrichtung einer unmittelbar dem Reichskanzler unterstellten Kolonial-Abteilung.
18. 6. 1890	Der Rückversicherungsvertrag erlischt.
1. 7. 1890	Helgoland-Sansibar-Vertrag zwischen dem Deutschen Reich und England.
	Festlegung des Caprivizipfels sowie der südlichen und östlichen Grenze Deutsch-Südwestafrikas.
10. 10. 1890	Einsetzung eines Kolonialrats, der sich aus Delegierten der

	Kolonialgesellschaften und anderen Sachverständigen konstituiert.
22.3.1891	Bildung einer kaiserlichen Schutztruppe, die zunächst vom Reichsmarineamt betreut wird.
6.5.1891	Verlängerung des Dreibundvertrags zwischen Italien, Österreich-Ungarn und dem Deutschen Reich.
18.12.1891	Der Deutsche Reichstag stimmt den Handelsverträgen mit Österreich-Ungarn, Belgien, Italien und der Schweiz zu.
23.3.1892	Caprivi tritt als Präsident des Preußischen Staatsministeriums zurück.
17.8.1892	Französisch-russische Militärkonvention.
18.2.1893	Gründungsversammlung des Bundes der Landwirte.
14.4.1893	Abkommen zwischen dem Deutschen Reich und England über die Grenze zwischen Kamerun und dem Ölflußgebiet.
25.7.1893	Vertrag zwischen dem Deutschen Reich und England über den Grenzverlauf zwischen dem Kilimandscharo und dem Indischen Ozean.
15.11.1893	Abkommen zwischen dem Deutschen Reich und England über die Abgrenzung der beiderseitigen Interessensphären in den vom Golf von Guinea nach dem Inneren sich erstreckenden Gebieten.
4.1.1894	Ein Verteidigungsbündnis zwischen Frankreich und Rußland ist vereinbart.
10.2.1894	Ein deutsch-russischer Handelsvertrag wird unterzeichnet.
15.3.1894	Abkommen zwischen dem Deutschen Reich und Frankreich über die Abgrenzung des Schutzgebiets von Kamerun und der Kolonie des französischen Kongo sowie über die Interessensphären im Gebiet des Tschadsees.
12.5.1894	Abkommen zwischen dem Unabhängigen Kongostaat und Großbritannien über die Verpachtung eines Landstrichs in Ostafrika.
10.6.1894	Chinesische Truppen marschieren in Korea ein.
1.7.1894	Gründung des Alldeutschen Verbandes, der aus dem Allgemeinen Deutschen Verband (1891) hervorgeht.
1.8.1894	Der japanisch-chinesische Krieg bricht aus.
30.8.1894	Das Kiongadreieck wird in einem Vertrag zwischen dem Deutschen Reich und Portugal Deutsch-Ostafrika zugeschlagen.
16.9.1894	Erster Alldeutscher Verbandstag.
23.10.1894	Caprivi tritt zurück.
26.10.1894	Fürst Chlodwig zu Hohenlohe-Schillingsfürst wird zum Reichskanzler ernannt.
18.6.1895	Der Nord-Ostsee-Kanal wird eröffnet.
29.12.1895	Jameson Raid.

3. 1. 1896	Wilhelm II. sendet ein Glückwunsch-Telegramm an Präsident Krüger.
15. 1. 1896	Siam-Abkommen zwischen Großbritannien und Frankreich.
18. 1. 1896	Im Rahmen einer Reichsgründungsfeier verkündet Wilhelm II., daß aus dem Deutschen Reich ein »Weltreich« geworden sei.
15. 6. 1897	Alfred von Tirpitz wird Staatssekretär im Reichsmarineamt.
20. 10. 1897	Bernhard von Bülow wird Staatssekretär im Auswärtigen Amt.
1. 11. 1897	Zwei katholische Missionare werden in China ermordet.
14. 11. 1897	Deutsche Besetzung Kiautschous.
6. 12. 1897	Staatssekretär Bülow verlangt einen »Platz an der Sonne«. Das erste Tirpitzsche Flottengesetz wird im Reichstag eingebracht.
6. 3. 1898	Deutsch-chinesischer Pachtvertrag über Kiautschou.
28. 3. 1898	Der Deutsche Reichstag stimmt dem ersten Flottengesetz zu.
29. 3. 1898	Beginn der deutsch-englischen Bündnisverhandlungen.
11. 5. 1898	Ende der deutsch-englischen Bündnisverhandlungen.
30. 8. 1898	Deutsch-englischer Vertrag über eine mögliche Aufteilung der portugiesischen Kolonien in Afrika.
18. 9. 1898	Beginn der Faschoda-Krise zwischen England und Frankreich.
12. 10. 1898	Wilhelm II. tritt die Reise ins Heilige Land an, die bis zum 26. November dauert.
8. 11. 1898	Wilhelm II. erklärt sich in Damaskus zum Schutzherrn über 300 Millionen Mohammedaner.
12. 2. 1899	Vertrag des Deutschen Reiches mit Spanien über den Ankauf der Karolinen-, Marianen- und Palau-Inseln.
21. 3. 1899	Ende der Faschoda-Krise.
12. 10. 1899	Ausbruch des Burenkrieges.
14. 10. 1899	Sog. Windsor-Vertrag zwischen Großbritannien und Portugal.
14. 11. 1899	Deutsch-englisches Samoa-Abkommen.
20. 11. 1899	Wilhelm II. und Bülow besuchen bis zum 28. November England.
11. 12. 1899	Bülow hält die berühmte »Hammer-oder-Amboß«-Rede.
17. 2. 1900	Wilhelm II. nimmt die Samoa-Inseln westlich des 171°W unter seinen Schutz.
1900	Boxer-Aufstand in China von Mai bis August.
12. 6. 1900	Der Deutsche Reichstag verabschiedet das zweite Flottengesetz.
19. 7. 1900	Notenwechsel zwischen dem Deutschen Reich und England über den Grenzverlauf im Umbabogen (Ostafrika).

16. 10. 1900	Jangtse-Abkommen zwischen dem Deutschen Reich und Großbritannien.
17. 10. 1900	Bernhard von Bülow wird Reichskanzler.
23. 2. 1901	In einem Abkommen zwischen dem Deutschen Reich und England wird die Grenze zwischen dem Njassa- und Tanganyikasee festgelegt.
18. 3. 1901	Wiederaufnahme der deutsch-englischen Bündnisverhandlungen.
7. 11. 1901	Der Friede von Peking beendet den Boxer-Aufstand.
30. 1. 1902	Englisch-japanischer Bündnisvertrag.
31. 5. 1902	Beendigung des Burenkrieges.
13. 4. 1903	Gründung der unter deutscher Kontrolle stehenden Bagdadeisenbahngesellschaft.
23. 4. 1903	Die britische Regierung distanziert sich vom Bau der Bagdadbahn.
8. 2. 1904	Die Japaner greifen Port Arthur an.
8. 4. 1904	Abschluß der »Entente cordiale« zwischen England und Frankreich.
28. 7. 1904	Unterzeichnung des deutsch-russischen Handelsvertrags.
3. 10. 1904	Ausbruch der Herero- und Hottentotten-Aufstände in Deutsch-Südwestafrika.
31. 3. 1905	Beginn der ersten Marokko-Krise: Wilhelm II. landet in Tanger.
6. 6. 1905	Der französische Außenminister Théophile Delcassé tritt in Folge der Marokko-Krise zurück.
24. 7. 1905	Wilhelm II. trifft sich mit Nikolaus II. bei Björkö.
5. 9. 1905	Der russisch-japanische Krieg wird durch den Frieden von Portsmouth beendet.
1. 1. 1906	Moltke wird Schlieffens Nachfolger als Generalstabschef des deutschen Heeres.
16. 1. 1906	Beginn der Konferenz von Algeciras.
10. 2. 1906	Die ›Dreadnought‹ (Fürchte-Nichts) läuft vom Stapel.
7. 4. 1906	Ende der Konferenz von Algeciras.
19. 5. 1906	Die erste Novelle zum Flottengesetz wird vom Deutschen Reichstag angenommen.
13. 12. 1906	Reichstagsauflösung und Neuwahlen (»Hottentotten-Wahlen«).
1907	Im Februar Bildung des Bülow-Blocks.
1. 1. 1907	Memorandum Sir Eyre Crowes über den Stand der Beziehungen zu Frankreich und dem Deutschen Reich.
21. 2. 1907	»Bemerkungen« von Sir Thomas Sanderson über das Memorandum Sir Eyre Crowes über den Stand der Beziehungen zu Frankreich und dem Deutschen Reich.
17. 5. 1907	Bildung eines Reichs-Kolonialamts, das von einem Staatssekretär geleitet wird.
10. 6. 1907	Französisch-japanische Entente.

17.2.1908	Auflösung des Kolonialrats.
27.3.1908	Die zweite Novelle zum Flottengesetz wird vom Deutschen Reichstag angenommen.
18.4.1908	Deutsch-französisches Abkommen über die Abgrenzung zwischen Kamerun und dem französischen Kongo.
6.10.1908	Österreich-Ungarn annektiert Bosnien und die Herzegowina.
8.10.1908	Wilhelm II. versichert Österreich-Ungarn der »unerschütterliche[n] Bündnistreue«.
28.10.1908	Die Daily Telegraph-Affäre nimmt ihren Lauf.
1.1.1909	Bis zum März Briefwechsel zwischen Generalstabschef Helmuth von Moltke und dem österreichisch-ungarischen Generalstabschef Franz Freiherr Conrad von Hötzendorf.
12.3.1909	Bis zum 29. März einigt sich das englische Parlament auf eine Erhöhung des Marine-Etats.
23.3.1909	Rußland erkennt die österreichisch-ungarische Annexion Bosniens und der Herzegowina an.
24.6.1909	Bülow reicht sein Rücktrittsgesuch ein.
14.7.1909	Theobald von Bethmann Hollweg wird Reichskanzler.
24.11.1909	Ein Notenaustausch zwischen dem Deutschen Reich und Portugal regelt den definitiven Grenzverlauf zwischen Kap Delgado und dem Njassasee.
14.5.1910	Vertrag zwischen dem Deutschen Reich und England über eine gemeinsame Grenzziehung westlich des Viktoria-Sees.
11.8.1910	Vertrag zwischen dem Deutschen Reich und Belgien über eine gemeinsame Grenzziehung an der Westgrenze Deutsch-Ostafrikas.
21.5.1911	Französische Truppen besetzen Fez.
1.7.1911	Zweite Marokko-Krise beginnt: Die ›Panther‹ wird nach Agadir entsandt.
19.8.1911	Sog. Potsdamer Abkommen zwischen dem Deutschen Reich und Rußland über Persien und die Bagdadbahn.
4.11.1911	Durch ein Abkommen über Marokko und den Kongo wird die zweite Marokko-Krise zwischen Frankreich und dem Deutschen Reich beendet.
29.11.1911	Italien erklärt der Türkei den Krieg.
8.2.1912	Der englische Kriegsminister Richard B. Haldane hält sich bis zum 11. Februar zu Gesprächen in Berlin auf.
21.5.1912	Die dritte Novelle zum Flottengesetz wird vom Deutschen Reichstag angenommen.
17.10.1912	Ausbruch des ersten Balkankrieges zwischen dem »Balkanbund« und der Türkei.
18.10.1912	Der italienisch-türkische Krieg wird durch den Frieden von Lausanne beendet.

22./23. 11. 1912	Briefwechsel zwischen dem englischen Außenminister Grey und dem französischen Botschafter in London, Paul Cambon.
8. 12. 1912	Sog. Kriegsrat: Wilhelm II. trifft sich ohne Reichskanzler mit Moltke, Tirpitz und anderen Militärs.
17. 12. 1912	Die Londoner Botschafterkonferenz wird eröffnet.
1912	General Friedrich von Bernhardi veröffentlicht ›Deutschland und der nächste Krieg‹.
11. 3. 1913	Deutsch-englisches Abkommen über die Führung der Grenze zwischen Kamerun und Nigerien von Yola bis zur Küste und über die Schiffahrt auf dem Crossfluß.
20. 3. 1913	Die Inseln im Mündungsgebiet des Rowuma werden in einem Notenaustausch zwischen dem Deutschen Reich und Portugal aufgeteilt.
30. 5. 1913	Der erste Balkankrieg wird durch den Präliminarfrieden von London beendet.
29. 6. 1913	Beginn des zweiten Balkankrieges.
10. 8. 1913	Der zweite Balkankrieg wird durch den Frieden von Bukarest beendet.
20. 10. 1913	Paraphierung eines deutsch-englischen Abkommens über eine mögliche Aufteilung der portugiesischen Kolonien in Afrika.
27. 11. 1913	Die Liman von Sanders-Krise nimmt ihren Lauf.
1913	Der Journalist Hans Plehn veröffentlicht ›Deutsche Weltpolitik und kein Krieg‹.
15. 2. 1914	Deutsch-französisches Abkommen über Eisenbahnbauten in der Türkei.
7. 6. 1914	Aufnahme der Gespräche über eine englisch-russische Militärkonvention.
15. 6. 1914	Paraphierung des deutsch-englischen Vertragswerkes über die Bagdadbahn.
28. 6. 1914	Der österreichisch-ungarische Thronfolger Franz Ferdinand wird in Sarajewo ermordet.
5./6. 7. 1914	Deutscher »Blankoscheck« für Österreich-Ungarn.
6. 7. 1914	Wilhelm II. bricht nach Norwegen auf.
23. 7. 1914	Österreich-Ungarn richtet an Serbien ein Ultimatum.
25. 7. 1914	Der russische Kronrat beschließt Serbiens Unterstützung. Österreich-Ungarn bricht Beziehungen zu Serbien ab.
26. 7. 1914	Der britische Außenminister Grey regt eine Botschafterkonferenz in London an. Österreich-Ungarn mobilisiert Truppen an der Grenze zu Rußland.
28. 7. 1914	Österreich-Ungarn erklärt Serbien den Krieg. Wilhelm II. plädiert für ein »Halt in Belgrad«.
30. 7. 1914	Anordnung der Generalmobilmachung in Rußland.

1. 8. 1914	Deutsche Generalmobilmachung und Kriegserklärung an Rußland.
	Italien erklärt seine Neutralität.
3. 8. 1914	Deutsche Kriegserklärung an Frankreich.
	Deutsche Truppen marschieren in Belgien ein.
	Rumänien erklärt seine Neutralität.
4. 8. 1914	England tritt in den Krieg ein.
11. 8. 1914	Frankreich erklärt Österreich-Ungarn den Krieg.
12. 8. 1914	England erklärt Österreich-Ungarn den Krieg.
23. 8. 1914	Japan erklärt dem Deutschen Reich den Krieg.

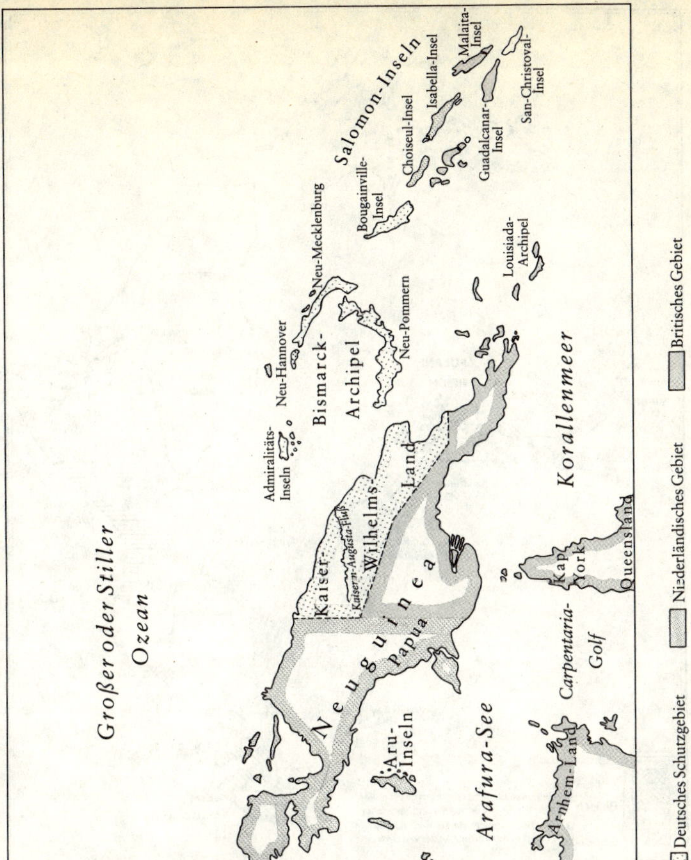

Quelle: Wolfgang J. Mommsen, Das Ringen um den nationalen Staat. Berlin: Propyläen Verlag 1993.

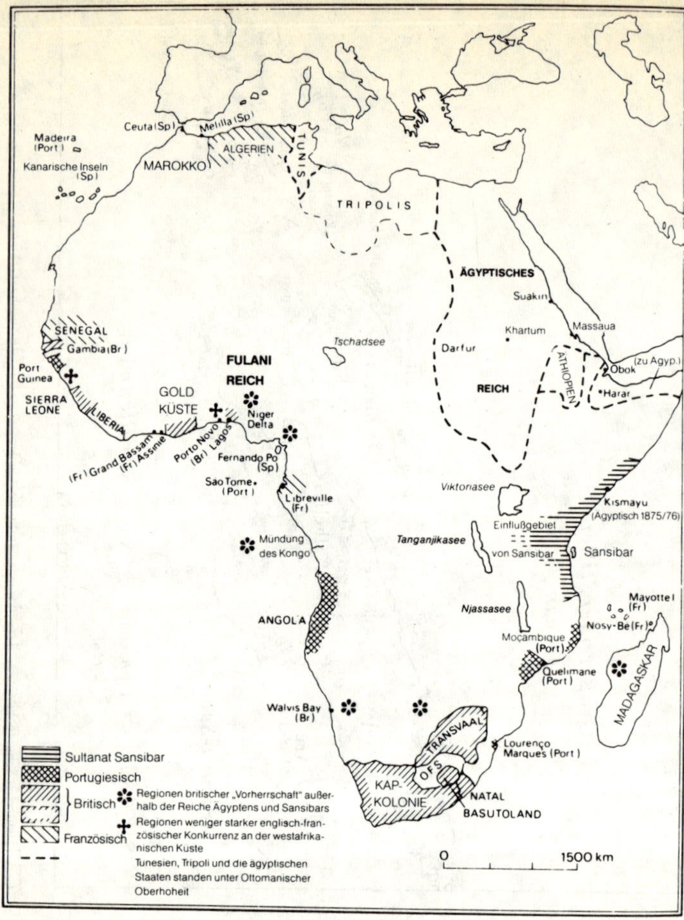

Afrika ca. 1878

Quelle für die vier Afrika-Karten: Wolfgang Reinhard, Geschichte der europäischen Expansion. Bd. 4: Dritte Welt, Afrika. Stuttgart: Kohlhammer 1990.

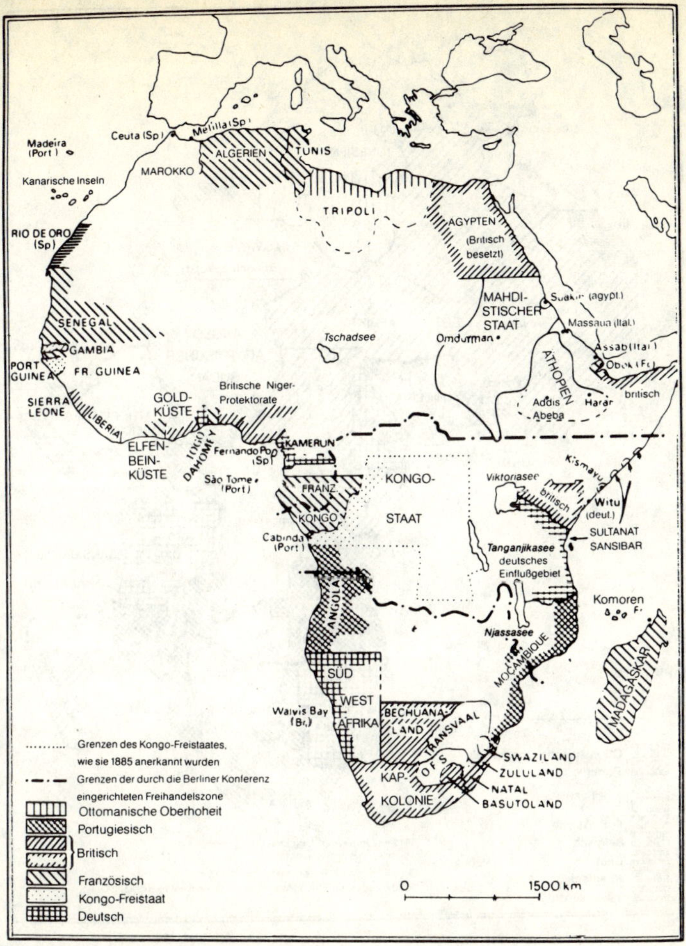

Afrika ca. 1887

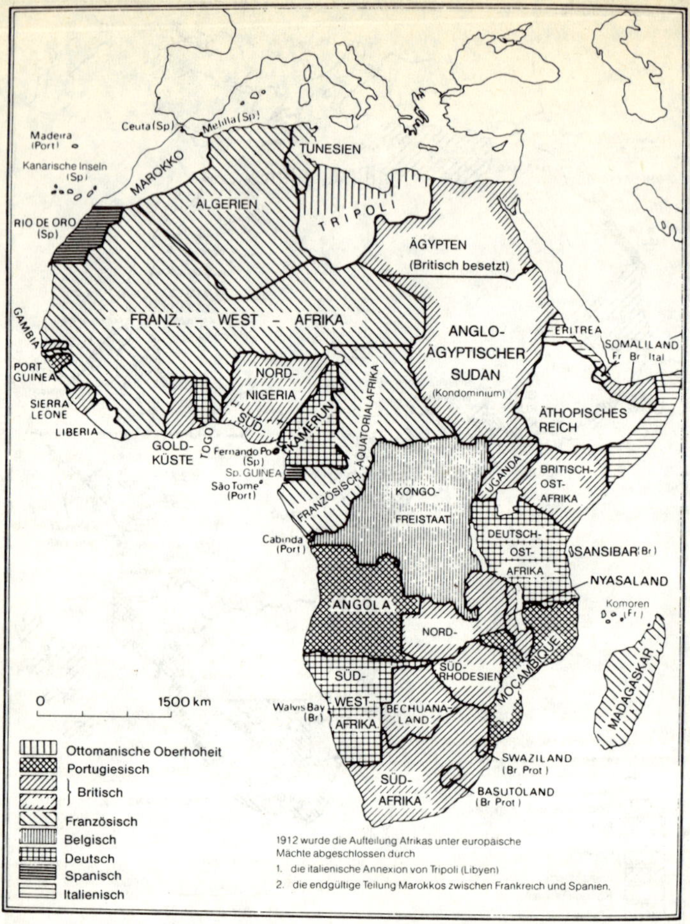
Madeira (Port)
Kanarische Inseln (Sp)
Ceuta (Sp)
Melilla (Sp)
MAROKKO
RIO DE ORO (Sp)
ALGERIEN
TUNESIEN
TRIPOLI
ÄGYPTEN (Britisch besetzt)
FRANZ. - WEST - AFRIKA
GAMBIA
PORT GUINEA
SIERRA LEONE
LIBERIA
GOLD-KÜSTE
TOGO
NORD-NIGERIA
SÜD-
KAMERUN
Fernando Po (Sp)
Sp. GUINEA
São Tome (Port)
FRANZÖSISCH-ÄQUATORIALAFRIKA
ANGLO-ÄGYPTISCHER SUDAN (Kondominium)
ERITREA
SOMALILAND Fr Br Ital
ÄTHOPISCHES REICH
UGANDA
BRITISCH-OST-AFRIKA
KONGO-FREISTAAT
Cabinda (Port)
DEUTSCH-OST-AFRIKA
SANSIBAR (Br)
NYASALAND
Komoren (Fr)
ANGOLA
NORD-
MOÇAMBIQUE
MADAGASKAR
SÜD-RHODESIEN
SÜD-WEST-AFRIKA
Walvis Bay (Br)
BECHUANA-LAND
SWAZILAND (Br Prot)
BASUTOLAND (Br Prot)
SÜD-AFRIKA
0
1500 km
Ottomanische Oberhoheit
Portugiesisch
Britisch
Französisch
Belgisch
Deutsch
Spanisch
Italienisch
1912 wurde die Aufteilung Afrikas unter europäische Mächte abgeschlossen durch
1. die italienische Annexion von Tripoli (Libyen)
2. die endgültige Teilung Marokkos zwischen Frankreich und Spanien.

Afrika 1902

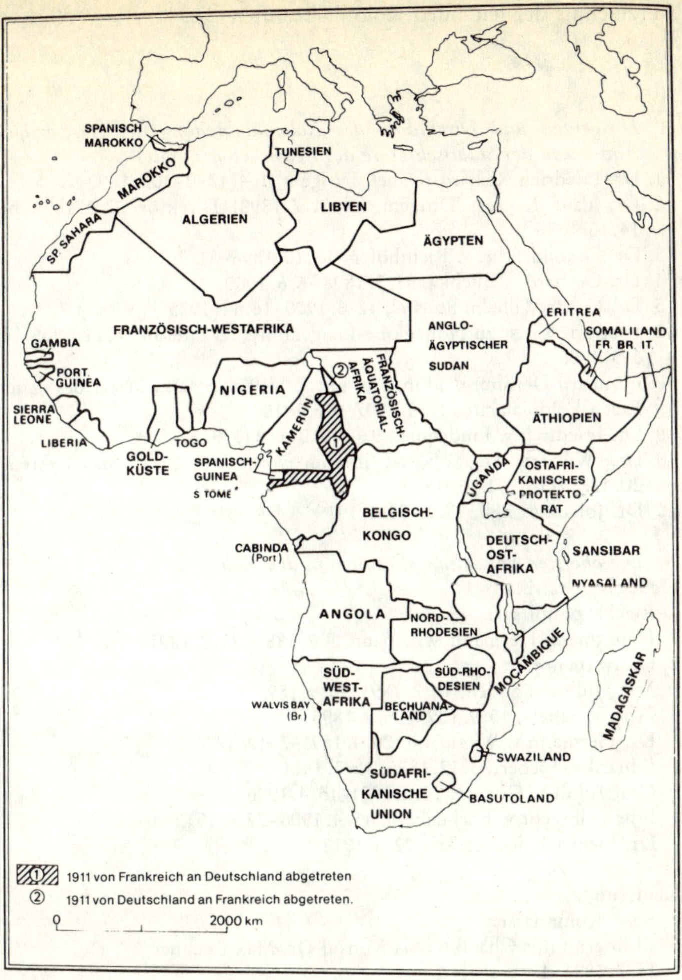
SPANISCH MAROKKO
MAROKKO
SP. SAHARA
ALGERIEN
TUNESIEN
LIBYEN
ÄGYPTEN
FRANZÖSISCH-WESTAFRIKA
GAMBIA
PORT. GUINEA
SIERRA LEONE
LIBERIA
GOLD-KÜSTE
TOGO
NIGERIA
KAMERUN
SPANISCH-GUINEA
S TOMÉ
FRANZÖSISCH-ÄQUATORIAL-AFRIKA
ANGLO-ÄGYPTISCHER SUDAN
ERITREA
SOMALILAND FR. BR. IT.
ÄTHIOPIEN
UGANDA
OSTAFRI-KANISCHES PROTEKTO RAT
BELGISCH-KONGO
CABINDA (Port)
DEUTSCH-OST-AFRIKA
SANSIBAR
NYASALAND
ANGOLA
NORD-RHODESIEN
MOÇAMBIQUE
MADAGASKAR
SÜD-WEST-AFRIKA
WALVIS BAY (Br)
SÜD-RHO-DESIEN
BECHUANA-LAND
SWAZILAND
SÜDAFRI-KANISCHE UNION
BASUTOLAND
① 1911 von Frankreich an Deutschland abgetreten
② 1911 von Deutschland an Frankreich abgetreten.
0 2000 km

Afrika 1914

Verzeichnis der leitenden Kolonialbeamten

A Dirigenten und Direktoren der Kolonialabteilung des Auswärtigen Amtes und der Staatssekretäre des Reichskolonialamtes.

1. Dr. Friedrich Richard Krauel, Dirigent, 1.4.1890–30.6.1890
2. Dr. Paul Kayser, Dirigent seit 1.7.1890, Direktor 27.3.1894 bis 14.10.1896
3. Dr. Oswald Frhr. v. Richthofen, 15.10.1896–31.3.1898
4. Dr. Gerhard v. Buchka, 31.3.1898–6.6.1900
5. Dr. Oscar Wilhelm Stuebel, 12.6.1900–16.11.1905
6. Erbprinz Ernst zu Hohenlohe-Langenburg, ad interim 16.11.1905 bis 5.9.1906
7. Bernhard Dernburg, ad interim seit 5.9.1906, Staatssekretär des neuen Reichskolonialamtes 17.5.1907–9.6.1910
8. Dr. Friedrich v. Lindequist, 9.6.1910–6.11.1911
9. Dr. Wilhelm H. Solf, ad interim vom 4.11.1911, Staatssekretär 20.12.1911–13.12.1918
10. Dr. Johannes Bell, 13.2.–20.6.1919

B Die obersten Verwaltungsbeamten in den Kolonien

Deutsch-Ostafrika

1. Reichskommissar:
   Hauptmann Hermann Wissmann, 8.2.1889–21.2.1891
2. Gouverneure:
   Frhr. Julius v. Soden, 14.2.1891–15.9.1893
   Frhr. v. Schele, 15.9.1893–25.2.1895
   Dr. Hermann v. Wissmann, 26.4.1895–3.12.1896
   Eduard v. Liebert, 3.12.1896–12.3.1901
   Graf Adolf v. Götzen, 12.3.1901–15.4.1906
   Frhr. Albrecht v. Rechenberg, 15.4.1906–22.4.1912
   Dr. Heinrich Schnee, seit 22.4.1912

Kamerun

1. Kais. Kommissar:
   ad interim mit Charakter als Konsul Dr. Max Buchner,
   14.7.1884–17.5.1885
2. Gouverneure:
   Frhr. Julius v. Soden, 26.5.1885–14.2.1891
   Eugen v. Zimmerer, 15.4.1891–13.8.1895
   Jesco v. Puttkamer, 13.8.1895–9.5.1907
   Dr. Theodor Seitz, 9.5.1907–27.8.1910
   Dr. Otto Gleim, 28.8.1910–29.1.1912
   Karl Ebermaier, seit 29.1.1912

Togo

1. Kais. Kommissare:
   Ernst Falkenthal, Juni 1885–1887
   Eugen v. Zimmerer, 3. 8. 1888–14. 4. 1891
2. Landeshauptleute (seit Nov. 1893):
   Jesco v. Puttkamer, Kommissar seit 16. 12. 1891, Landeshauptmann Nov. 1893–13. 8. 1895
3. Gouverneure (seit April 1898):
   August Köhler, Landeshauptmann 18. 11. 1895–18. 4. 1898, Gouverneur bis zu seinem Tod 20. 1. 1902
   Waldemar Horn, 1. 12. 1902–11. 5. 1905
   Graf Julius v. Zech, 11. 5. 1905–7. 11. 1910
   Edmund Brückner, 31. 3. 1911–19. 6. 1912
   Herzog Adolf Friedrich zu Mecklenburg, seit 19. 6. 1912

Deutsch-Südwestafrika

1. Kais. Kommissare:
   ad interim Dr. Heinrich Ernst Göring, Mai 1885–Aug. 1890
   ad interim Curt v. François, seit März 1891, seit Nov. 1893 Landeshauptmann bis 15. 3. 1894
2. Gouverneure (seit April 1898):
   Theodor Leutwein, ad interim 15. 3. 1894, etatmäßig vom 27. 6. 1895, Gouverneur 18. 4. 1898–19. 8. 1905
   Dr. Friedrich v. Lindequist, 19. 8. 1905–20. 5. 1907
   Bruno v. Schuckmann, 20. 5. 1907–20. 6. 1910
   Dr. Theodor Seitz, seit 28. 8. 1910

Deutsch-Neuguinea
(Altes Schutzgebiet: Kaiser-Wilhelmsland, Bismarck-Archipel, Salomon-Inseln)

1. Landeshauptleute der Neuguinea-Kompanie:
   Admiral a. D. Frhr. Georg v. Schleinitz, 17. 5. 1885 (im Schutzgebiet eingetroffen 10. 6. 1886)–März 1888
   Geh. Oberpostrat Reinhold Kraetke, 1. 3. 1888–31. 10. 1889
2. Kais. Kommissare:
   Gustav v. Oertzen, 1885–1886
   Regierungsrat Fritz Rose, ad interim 21. 8. 1889, etatmäßig 30. 9. 1890 bis 15. 6. 1892
3. Landeshauptleute der Kompanie:
   bisheriger Kanzler des Kommissariates Georg Schmiele, 20. 6. 1892–1895
   komm. Korvettenkapitän a. D. Rüdiger, 15. 2.–28. 8. 1896
   komm. Curt v. Hagen, 9. 10. 1896–13. 8. 1897
   komm. Rechtsanwalt Hugo Skopnik, 11. 9. 1897–1898
4. Gouverneure:
   Rudolf v. Bennigsen, 26. 3. 1899–19. 6. 1902
   Dr. Albert Hahl, seit 10. 11. 1902

Marshall-Inseln

1. Kais. Kommissare:
   Gustav v. Oertzen, 1885–1886
   Konsul Dr. Wilhelm Knappe, 1886–1888
   Vizekonsul Dr. Sonnenschein, 1888–1890
   Vizekonsul Biermann, April 1890–1891
   Dr. Wilhelm Schmidt, März 1892–1893
2. Kais. Landeshauptleute:
   Dr. Georg Irmer, 10. 12. 1893–März 1898
   Eugen Brandeis, ad interim 24. 3. 1898 (etatmäßig seit 22. 2. 1900) bis 28. 3. 1906

Samoa

Gouverneure:

Dr. Wilhelm H. Solf, 25. 1. 1900–19. 12. 1911

Dr. Erich Schulz, seit 19. 6. 1912

Kiautschou

Gouverneure (dem Reichsmarineamt unterstellt):

Kapitän z. S. Oskar Truppel, Febr.–April 1898

Kapitän z. S. Carl Rosendahl, 7. 3. 1898–10. 10. 1898

Kapitän z. S. Paul Jaeschke, 19. 2. 1899–27. 1. 1901

Kapitän z. S. Oskar (v.) Truppel, 20. 2. 1901–17. 8. 1911

Kapitän z. S. Alfred Meyer-Waldeck, seit 19. 8. 1911

Quelle: Horst Gründer, Geschichte der deutschen Kolonien. 2. Aufl. Paderborn 1991, S. 248ff.

Personelle Entwicklung von Heer und Flotte

	1875	1893	1903	1910	1911 31. 10.	1912 31. 10.	1913 31. 10.	1914 1. 4.
A. *Heer*								
1. Mannschaften	347 703	479 229	495 000	504 446	507 253	531 004	647 811	655 582
2. Unteroffiziere	53 596	77 864	81 079	85 226	86 442	90 416	104 377	105 856
3. Offiziere	17 213	22 458	24 354	25 718	25 880	27 267	30 253	30 739
4. Beamte/Ärzte	3 773	4 901	5 042	7 093	7 157	7 457	8 337	8 469
5. Einjährige	7 000	9 000	11 000	13 145	14 000	14 300	16 000	16 300
Summe A	429 645	593 452	616 475	635 628	640 732	670 444	806 778	816 946
B. *Flotte*								
1. Mannschaften/ Unteroffiziere			33 313	53 792	57 056	60 605	68 852	74 775
2. Offiziere/Beamte	6 000	10 000	1 872	2 999	3 165	3 337	3 654	3 889
3. Offiziersanwärter			583	583	583	583	643	693
Summe B	6 000	10 000	35 778	57 374	60 804	64 525	73 149	79 357
Summe A + B	435 645	603 452	652 253	693 002	701 536	734 969	879 927	896 303
Bevölkerung d. Reichs in 1 000	42 518	50 757	58 629	64 568	65 359	66 146	66 978	ca. 67 700
Prozentsatz der Angehörigen d. Streitkräfte v. d. Bevölkerung	1,0245 %	1,1888 %	1,1126 %	1,0765 %	1,0733 %	1,1111 %	1,3137 %	1,3239 %

Quelle: P. Witt, Finanzpolitik 1903–1913. Lübeck 1970, S. 387.

a) Schiffsbauplan nach der Novelle von 1906

Jahr der ersten Rate	Flottengesetz u. Novelle			Torpedo-boots-divi-sionen
	Linien-schiffe	Große Kreuzer	Kleine Kreuzer	
1906	2	1	2	2
1907	2	1	2	2
1908	2	1	2	2
1909	2	1	2	2
1910	2	1	2	2
1911	1	2	2	2
1912	1	2	2	2
1913	1	1	2	2
1914	1	1	2	2
1915	1	1	2	2
1916	1	1	2	2
1917	2	–	2	2
	18[1]	13[2]	24[3]	24

[1] Darunter ein noch ausstehender Neubau des Flottengesetzes.

[2] Darunter sechs Neubauten der Novelle.

[3] Darunter ein noch ausstehender Neubau des Flottengesetzes.

b) Plan der Ersatzbauten der Novelle von 1908

Ersatz-jahr	Linien-schiffe		Große Kreuzer		Kleine Kreuzer
1908	3	(2)	–	(1)	2
1909	3	(6)	–		2
1910	3	(1)	–		2
1911	3	(2)	–		2
1912	1	(2)	1		2
1913	1		1		2
1914	1	(1)	1		2
1915	1		1	(4)	2
1916	1	(1)	1	(2)	2
1917	1	(1)	1		1
	17	(16)	6	(7)	19

Die in Klammern beigefügten Zahlen lassen den tatsächlichen Ablauf der 20jährigen Lebensdauer erkennen.

Von 1918 an werden jährlich ersatzpflichtig: zwei Linienschiffe und ein Großer Kreuzer.

c) Gesamt-Schiffsbauplan nach der Novelle von 1908

Bau-jahr	Linien-schiffe	Große Kreuzer	Summe Capital Ships
1908	3	1	4
1909	3	1	4
1910	3	1	4
1911	3	1	4
1912	1	1	2
1913	1	1	2
1914	1	1	2
1915	1	1	2
1916	1	1	2
1917	1	1	2
	18[1]	10[2]	28

[1] Darunter 1911 ein noch ausstehender Neubau des Flottengesetzes.

[2] Darunter 1908–1911 vier noch ausstehende Neubauten der Novelle von 1906.

d) Übersicht über Fertigstellung der Großkampfschiffe (Capital Ships) nach dem Bauplan von 1908

Auf Stapel gelegt		Verwendungsbereit	
Im Jahre[1]	Zahl	Im Jahre[2]	Zahl
1906	2	1909	2
1907	2 + 1	1910	5
1908	3 + 1	1911	9
1909	3 + 1	1912	13
1910	3 + 1	1913	17
1911	3 + 1	1914	21
1912	1 + 1	1915	23
1913	1 + 1	1916	25
1914	1 + 1	1917	27
1915	1 + 1	1918	29
1916	1 + 1	1919	31
1917	1 + 1	1920	33
Summe	33	Summe	33

[1] Datum des Baubeginns Sommer des betreffenden Jahres.
[2] Bei normaler Bauzeit von 3 1/2 Jahren (36 Monaten Bauzeit auf der Werft und bis zu 6 Monaten Probefahrten) ist Fertigstellung im Herbst des betreffenden Jahres zu erwarten.

e) Schiffsbauplan nach der Novelle von 1912

Jahr	Linienschiffe	Große Kreuzer	Kleine Kreuzer
1912	1	1	2
1913	2[1]	1	2
1914	1	1	2
1915	1	1	2
1916	2[1]	1	2
1917.	1	1	2

1 Darunter ein Neubau der Novelle.
Das Baujahr für das dritte Linienschiff und die zwei neuen Kleinen Kreuzer bleibt offen.

Quelle: Alfred von Tirpitz, Aufbau der deutschen Weltmacht. Stuttgart 1924, Anhang.

Europäische Länder im Vergleich (1914)

	Deutsches Reich	Frankreich	Großbritannien	Italien	Österreich-Ungarn	Rußland
Bevölkerung	65 Mill.	40 Mill.	45 Mill.	35 Mill.	50 Mill.	164 Mill.
Mobilisierte Soldaten (4. 8. 1914)	4,5 Mill.	4,017 Mill.	0,975 Mill.	1,25 Mill.	3 Mill.	5,97 Mill.
Kriegsschiffe (Schlacht-/Kreuzer/U-Boote)	120 (40/57/23)	135 (28/34/73)	249 (64/121/64)	50 (14/22/12)	34 (16/12/6)	59 (16/14/29)
Handelsflotte-Tonnage	5 Mill. t	2 Mill. t	20 Mill. t	1,75 Mill. t	1 Mill. t	0,75 Mill. t
Kapitalexporte (umgerechnet in RM)	22,7 Mrd. RM	34,8 Mrd. RM	79,4 Mrd. RM	–	–	1,1 Mrd. RM
Exporte (umgerechnet in RM)	10,1 Mrd. RM	5,57 Mrd. RM	10,5 Mrd. RM	2,02 Mrd. RM	2,36 Mrd. RM	4,97 Mrd. RM
Importe (umgerechnet in RM)	10,7 Mrd. RM	6,82 Mrd. RM	15,4 Mrd. RM	2,95 Mrd. RM	2,89 Mrd. RM	2,95 Mrd. RM
Steinkohleförderung	190 Mill. t	40,8 Mill. t	292 Mill. t	–	16,05 Mill. t	(36,1 Mill. t)
Roheisenerzeugung	16,8 Mill. t	5,2 Mill. t	10,4 Mill. t	0,427 Mill. t	2,4 Mill. t	4,64 Mill. t

Quelle: Nach Gustav Schmidt, Der europäische Imperialismus. München 1985, S. 231

Abkürzungen

AA	Auswärtiges Amt
AfA	African Affairs
AfW	African World and Cape-Cairo-Express
An.	Anonymus
BIHR	Bulletin of the Institute of Historical Research
Bulletin	Bulletin des Presse- und Informationsamtes der Bundesregierung
CEH	Central European History
CR	The Contemporary Review
DBL	Deutsche Botschaft London
EmR	The Empire Review
FAZ	Frankfurter Allgemeine Zeitung
FO	Foreign Office
FR	The Fortnightly Review
GG	Geschichte und Gesellschaft
GP	Die Große Politik der Europäischen Kabinette 1871–1914
GWU	Geschichte in Wissenschaft und Unterricht
Hist.J.	Historisches Jahrbuch
HJ	Historical Journal
HPB	Das Historisch-Politische Buch
HZ	Historische Zeitung
JCH	Journal of Contemporary History
JICH	Journal of Imperial and Commonwealth History
JMH	Journal of Modern History
KR	Koloniale Rundschau
MM	Militärgeschichtliche Mitteilungen
NC	The Nineteenth Century
NCA	The Nineteenth Century and After
NDB	Neue Deutsche Biographie
Ndr.	Nachdruck
Nl.	Nachlaß
NPL	Neue Politische Literatur
NR	National Review
PA/AA	Politisches Archiv des Auswärtigen Amtes
PJ	Preussische Jahrbücher
PRO	Public Record Office
SEG	Schulthess' Europäischer Geschichtskalender
Sp.	Spalte
St	Das Staatsarchiv. Sammlung der offiziellen Actenstücke zur Geschichte der Gegenwart
Sten.Ber.	Stenographische Berichte über die Verhandlungen des deutschen Reichstages

SZ	Süddeutsche Zeitung
TLS	The Times Literary Supplement
VSWG	Vierteljahrsschrift für Sozial- und Wirtschaftsgeschichte
WS	War & Society
ZfG	Zeitschrift für Geschichtswissenschaft

Deutsche Geschichte der neuesten Zeit
vom 19. Jahrhundert bis zur Gegenwart
Herausgegeben von Martin Broszat, Wolfgang Benz, Hermann Graml in Verbindung mit dem Institut für Zeitgeschichte

Die »neueste« Geschichte setzt ein mit den nachnapoleonischen Evolutionen und Umbrüchen auf dem Wege zur Entstehung des modernen deutschen National-, Verfassungs- und Industriestaates. Sie reicht bis zum Ende der sozial-liberalen Koalition (1982). Die großen Themen der deutschen Geschichte des 19. und 20. Jahrhunderts werden, auf die Gegenwart hin gestaffelt, in dreißig konzentriert geschriebenen Bänden abgehandelt. Ihre Gestaltung folgt einer einheitlichen Konzeption, die die verschiedenen Elemente der Geschichtsvermittlung zur Geltung bringen soll: die erzählerische Vertiefung einzelner Ereignisse, Konflikte, Konstellationen; Gesamtdarstellung und Deutung; Dokumentation mit ausgewählten Quellentexten, Statistiken, Zeittafeln; Workshop-Informationen über die Quellenproblematik, leitende Fragestellungen und Kontroversen der historischen Literatur. Erstklassige Autoren machen die wichtigsten Kapitel dieser deutschen Geschichte auf methodisch neue Weise lebendig.

4501 Peter Burg: Der Wiener Kongreß
Der Deutsche Bund im europäischen Staatensystem
4502 Wolfgang Hardtwig: Vormärz
Der monarchische Staat und das Bürgertum
4503 Hagen Schulze: Der Weg zum Nationalstaat
Die deutsche Nationalbewegung vom 18. Jahrhundert bis zur Reichsgründung
4504 Michael Stürmer: Die Reichsgründung
Deutscher Nationalstaat und europäisches Gleichgewicht im Zeitalter Bismarcks
4505 Wilfried Loth: Das Kaiserreich
Obrigkeitsstaat und politische Mobilisierung
4506 Richard H. Tilly: Vom Zollverein zum Industriestaat
Die wirtschaftlich-soziale Entwicklung Deutschlands 1834 bis 1914
4507 Helga Grebing: Arbeiterbewegung
Sozialer Protest und kollektive Interessenvertretung bis 1914
4508 Hermann Glaser: Bildungsbürgertum und Nationalismus
Politik und Kultur im Wilhelminischen Deutschland
4509 Michael Fröhlich: Imperialismus
Deutsche Kolonial- und Weltpolitik 1880 bis 1914
4510 Gunther Mai: Das Ende des Kaiserreichs
Politik und Kriegführung im Ersten Weltkrieg

4511 Klaus Schönhoven: Reformismus und Radikalismus
Gespaltene Arbeiterbewegung im Weimarer Sozialstaat
4512 Horst Möller: Weimar
Die unvollendete Demokratie
4513 Peter Krüger: Versailles
Deutsche Außenpolitik zwischen Revisionismus und Friedenssicherung
4514 Corona Hepp: Avantgarde
Moderne Kunst, Kulturkritik und Reformbewegungen nach der Jahrhundertwende
4515 Fritz Blaich: Der Schwarze Freitag
Inflation und Wirtschaftskrise
4516 Martin Broszat: Die Machtergreifung
Der Aufstieg der NSDAP und die Zerstörung der Weimarer Republik
4517 Norbert Frei: Der Führerstaat
Nationalsozialistische Herrschaft 1933 bis 1945
4518 Bernd-Jürgen Wendt: Großdeutschland
Außenpolitik und Kriegsvorbereitung des Hitler-Regimes
4519 Hermann Graml: Reichskristallnacht
Antisemitismus und Judenverfolgung im Dritten Reich
4520 Hartmut Mehringer, Peter Steinbach: Emigration und Widerstand.
Das NS-Regime und seine Gegner
4521 Lothar Gruchmann: Totaler Krieg
Vom Blitzkrieg zur bedingungslosen Kapitulation
4522 Wolfgang Benz: Potsdam 1945
Besatzungsherrschaft und Neuaufbau im Vier-Zonen-Deutschland
4523 Wolfgang Benz: Die Gründung der Bundesrepublik
Von der Bizone zum souveränen Staat
4524 Dietrich Staritz: Die Gründung der DDR
Von der sowjetischen Besatzungsherrschaft zum sozialistischen Staat
4525 Kurt Sontheimer: Die Adenauer-Ära
Die Grundlegung der Bundesrepublik
4526 Manfred Rexin: Die Deutsche Demokratische Republik
Von Ulbricht bis Honecker
4527 Ludolf Herbst: Option für den Westen
Vom Marshallplan bis zum deutsch-französischen Vertrag
4528 Peter Bender: Neue Ostpolitik
Vom Mauerbau bis zum Moskauer Vertrag
4529 Thomas Ellwein: Krisen und Reformen
Die Bundesrepublik seit den sechziger Jahren
4530 Helga Haftendorn: Sicherheit und Stabilität
Außenbeziehungen der Bundesrepublik zwischen Ölkrise und NATO-Doppelbeschluß

Personenregister